国家级一流本科专业建设点配套教材
高等院校跨境电子商务专业"互联网+"创新规划教材

跨境电子商务

主　编　王　健
副主编　弓永钦　诸子怡
　　　　肖梦佳　吴　瑕

内 容 简 介

本书内容共5篇，分为17章，在内容上紧密结合跨境电子商务发展的实际，从跨境电子商务概述、运营基础、市场运营、管理决策和法规环境等方面，详细阐述了跨境电子商务的基本知识，同时加入了最新的跨境电子商务业务形态、商业模式和平台规则等内容，为读者了解跨境电子商务的运作提供参考。本书理论联系实际，通过引入相关案例链接和资料链接加深学生对理论知识的理解。

本书可作为高等院校跨境电子商务相关专业的本科生及研究生教材，也可以供跨境电子商务从业人员参考使用。

图书在版编目（CIP）数据

跨境电子商务／王健主编．—北京：北京大学出版社，2023.11
高等院校跨境电子商务专业"互联网＋"创新规划教材
ISBN 978-7-301-34320-3

Ⅰ．①跨⋯ Ⅱ．①王⋯ Ⅲ．①电子商务－高等学校－教材 Ⅳ．① F713.36

中国国家版本馆 CIP 数据核字 (2023) 第 149867 号

书　　　名	跨境电子商务 KUAJING DIANZI SHANGWU
著作责任者	王　健　主编
策 划 编 辑	巨程晖　郑　双
责 任 编 辑	巨程晖　郑　双
数 字 编 辑	金常伟
标 准 书 号	ISBN 978-7-301-34320-3
出 版 发 行	北京大学出版社
地　　　址	北京市海淀区成府路205号　100871
网　　　址	http://www.pup.cn　新浪微博：@北京大学出版社
电 子 邮 箱	编辑部 pup6@pup.cn　总编室 zpup@pup.cn
电　　　话	邮购部 010-62752015　发行部 010-62750672　编辑部 010-62750667
印 刷 者	北京溢漾印刷有限公司
经 销 者	新华书店
	787毫米×1092毫米　16开本　16.75印张　402千字 2023年11月第1版　2024年7月第2次印刷
定　　　价	49.00元

未经许可，不得以任何方式复制或抄袭本书之部分或全部内容。
版权所有，侵权必究
举报电话：010-62752024　电子邮箱：fd@pup.cn
图书如有印装质量问题，请与出版部联系，电话：010-62756370

前　　言

近年来，我国跨境电子商务（以下简称跨境电商）的发展速度之快令人瞩目。据中华人民共和国商务部（以下简称商务部）发布的《中国电子商务报告（2022）》显示，全国跨境电商进出口总额2.11万亿元，同比增长9.8%。特别是2020年年初出现的新型冠状病毒感染疫情（以下简称新冠疫情），推动了全球消费者线上购物的倾向，传统外贸企业也纷纷向线上转型。海关还推出了基于B2B跨境电商新的监管代码。跨境电商综合试验区政策已经扩展到165个城市。政府监管方式创新的探索与企业转型和商业模式创新交相辉映，形成中国外贸发展的新局面。党的二十大报告也要求我们要推进高水平对外开放。依托我国超大规模市场优势，以国内大循环吸引全球资源要素。跨境电商动态创新发展也成为我国外贸的新常态。

实际上，无论是企业界，还是学术界，大家对跨境电商的理解都存在着很大的差异。在国外，跨境电商通常被狭义地理解为跨境网络零售，其主要针对个体消费者进行网上交易、网上支付，甚至网上交付。这些交易在跨境电商出现之前是通过线下零售渠道来完成的，而现在这些面向国外消费者的零售业务可以在网上进行。因此，它不同于以往所描述的传统国际贸易的做法。通过跨境电商的方式，企业可以直接把产品卖给国外的消费者，消费者也可以直接进入全球市场进行采购，参与外贸活动。全球市场的差异化，以及消费者需求的细分化，给各国的很多中小微企业提供了参与全球贸易的机会。这些企业凭借自身优势，也可以方便地进入全球市场参与贸易活动。因此，全球贸易出现了碎片化的趋势。

上述所描述的跨境零售交易线上化的过程，只是跨境电商发展的一个方面。而实际上企业与企业之间的跨境贸易也呈现出线上化的趋势。换句话说，传统外贸也在往线上转型。而且，传统外贸的各个服务环节也基本上实现了线上化（无纸贸易），因此从某种意义上来讲，我国外贸的线上化转型体现在外贸的各个环节，发生在外贸的各个主体上。

我们考察外贸的价值链就可以发现，在交易环节的前期、中期和后期（交易前、交易中和交易后）都出现了与这些交易环节相关的网络平台服务。例如，在交易前出现的网上信息撮合模式，在交易中出现的网上交易达成模式，以及在交易后出现的外贸综合服务模式等。这些新模式、新业态和新服务，正在服务于中国众多的中小微企业。加上中国制造的优势，我国跨境电商正在不断发展并引领全球贸易创新趋势。

尽管跨境电商改变了传统贸易的方式，但其并没有改变贸易的实质，因为贸易的实质就是交易本身。无论是线下面对面达成交易，还是线上自动达成交易，跨境电商的贸易实质并没有发生变化。解释传统贸易的基本理论，如比较优势、资源禀赋等同样也可以应用于跨境电商的贸易过程。然而，如果跳出交易本身这个狭隘的视角，我们就会发现，在传统外贸的经营方式上发生的改变已经颠覆了传统的商业逻辑，从根本上改变了企业经营决策的逻辑，这使得全球贸易正在发生重大转型。因为，市场三个基本维度：市场的主体、市场的客体、市场的交易实现都发生了重大变化。

在市场的主体方面，跨境电商所反映的各种平台商业模式创新及跨境电商的服务主体，都已经在某种程度上实现了线上化。这些跨境电商的平台，目前都致力于网络虚拟价值链的创建，正在形成网络新的生态环境。

在市场的客体方面，物联网、人工智能、大数据及3D打印技术等应用正在赋能新产品和新服务。随着市场消费者需求的变化，产品迭代的速度越来越快。跨境电商围绕产品创新和服务创新已经连接了供求的两端，实现数据跨境的快速流动和深度应用。

在市场的交易实现方面，线上远程支付、在线交付和履行，以及远程虚拟办公、远程虚拟服务等已经带来了新的数字产品和数字服务，这又会使传统贸易出现增量。

而上述这一切市场商业逻辑和市场维度的变化，究其原因，都可以归纳为全球贸易数字化。因为无论是消费者还是企业的线上化的商业行为都是数字化的积累过程。贸易数字化已经成为全球贸易的趋势。

贸易数字化的过程给地方经济的发展带来了三个方面的重大契机。

第一个契机是数字化的过程可以大大地提高贸易的效率。贸易的效率提高，不仅仅是在原有贸易基础上的一种改进，还包括我们运用数字化的手段可以创造出与以往不同的企业经营方式，带来新产品、新服务，并且利用数据作为新的生产要素，可以大大提升企业的竞争优势。

第二个契机是数字化的过程可以给市场带来创新机遇。目前中国外贸大大突破了传统贸易的局限，让外贸企业与消费者直接建立了联系，催生了围绕着跨境电商出现的新服务和新生态。近几年来，物流供应链模式的服务创新、线上支付及跨境融资服务，以及众多年轻人在跨境电商领域的创新创业，都体现了市场创新的方向。

第三个契机是数字化的过程带来了普惠贸易。消费者的线上化，让市场出现需求的差异化和碎片化。由此使得众多的中小微企业可以参与全球贸易。特别是跨境电商的第三方平台，为这些中小微企业赋能。因为以往规模化的大企业很难适应全球市场差异化和碎片化的需求。这就给众多的中小微企业甚至个人带来了创新发展的机遇。

本书是基于上述对跨境电商的理解而展开来建立的知识体系。虽然跨境电商可以被广义化理解，且跨境电商带来了全球贸易市场的转型，然而，跨境电商本身还是以跨境网络交易为核心的，因此本书是以跨境网络交易为核心展开跨境电商的知识体系构建的，其目的就是要讲清楚跨境电商的内在商业逻辑。本书共5篇，分为17章从各个角度对跨境电商进行介绍。

第一篇跨境电子商务概述。这一篇主要围绕跨境电商的概念、特征、分类及商业模式进行介绍，旨在让读者对跨境电商有一个基本认识。

第二篇跨境电子商务运营基础。该篇首先介绍了跨境电商物流与配送的地位、特征、现状、发展趋势，让读者了解进口和出口跨境电商物流模式，然后介绍了跨境电商支付的相关内容，最后介绍了外贸综合服务的相关内容。

第三篇跨境电子商务市场运营。该篇主要从企业角度围绕跨境电商市场运营来介绍，旨在让读者了解跨境电商市场层面的内容，包括营销方法等。

第四篇跨境电子商务管理决策，该篇主要从企业角度围绕几个跨境电商关键管理决策来介绍，旨在让读者更深入地了解跨境电商在经营管理方面的关键决策点。

第五篇跨境电子商务法规环境，该篇主要从平台规则及法规政策等角度介绍与跨境电商经营相关的合规问题。

本书遵循由浅入深的教学规律，从大量的跨境电商经营实践中总结思考，分析企业跨境电商经营背后的商业逻辑，从而形成了对实践具有指导意义的知识体系。本书无论是对跨境电商的初学者，还是对跨境电商行业的从业人员都有参考价值。

鉴于跨境电商的创新实践都是来自企业探索，知识框架的形成离不开学术界的总结，更离不开企业人员的知识创新和知识贡献。这里要特别指出的是，本书的编写得到了陕西智诚跨境电商产业园的支持。本书的编写人员既有来自高校的，也有来自企业的。这也使得这本书兼具理论性和实践性。值得一提的是，本书实践部分内容来自吴瑕、赵松、范婷婷带领的智诚数据中心团队和陕驿海外仓团队，他们作为跨境电商行业的新生力量，一直在跨境电商数据库和贸易数字化方面进行积极探索，为本书的理论架构贡献了丰富的实践知识。书中的相关理论总结也是在不断经过实践验证后形成的知识框架体系。本书的完成是大家努力的结果。

在此，对所有支持、关心和参与本书讨论、编写、编辑的人员表示感谢。对本书中的不足之处，也希望广大读者能提出宝贵意见。

王 健
2023 年 6 月 3 日
对外经济贸易大学

目　　录

第一篇　跨境电子商务概述

第一章　跨境电子商务导论 …… 3
第一节　跨境电子商务的界定与分类 ……… 5
第二节　跨境电子商务的商业模式 ……… 10

第二篇　跨境电子商务运营基础

第二章　跨境电子商务物流与配送 …… 15
第一节　跨境电子商务物流与配送概述 ……… 17
第二节　跨境电子商务物流模式 ……… 20

第三章　跨境电子商务支付 …… 30
第一节　跨境电子商务支付概述 ……… 32
第二节　跨境电子商务支付的种类、原理与主要流程 ……… 33
第三节　跨境电子商务支付风险 ……… 42

第四章　外贸综合服务 …… 45
第一节　外贸综合服务产生的背景 ……… 47
第二节　外贸综合服务的定义 ……… 47
第三节　外贸综合服务企业的运行机制 ……… 48
第四节　外贸综合服务企业的本质及其价值创造 ……… 48
第五节　外贸综合服务流程介绍——以一达通为例 ……… 50
第六节　外贸综合服务企业的作用及其战略意义 ……… 55

第三篇　跨境电子商务市场运营

第五章　跨境网络零售 …… 61
第一节　跨境网络零售的概念 ……… 63
第二节　跨境网络零售的发展条件 ……… 64
第三节　跨境网络零售的经营模式 ……… 67
第四节　跨境网络零售的业务流程 ……… 70

第六章　B2B跨境电子商务 …… 74
第一节　B2B跨境电子商务概述 ……… 76
第二节　我国B2B跨境电子商务的现状 ……… 78

第三节　我国B2B跨境电子商务的困境 …… 80
第四节　我国B2B跨境电子商务的发展前景 …… 81

第七章　跨境电商独立站 …… 84
第一节　跨境电商独立站概述 …… 86
第二节　跨境电商独立站的发展现状 …… 88
第三节　跨境电商独立站运营的关键要素 …… 89
第四节　跨境电商独立站模式与平台模式的对比 …… 91
第五节　我国跨境电商独立站的发展前景 …… 92

第八章　跨境电商网络营销 …… 95
第一节　跨境电商网络营销概述 …… 97
第二节　跨境电商网络营销的类型 …… 100

第四篇　跨境电子商务管理决策

第九章　跨境电商选品策略 …… 111
第一节　电商产品结构 …… 113
第二节　选品时需注意的问题 …… 115
第三节　选品策略 …… 116

第十章　跨境电商数据分析与引流策略 …… 128
第一节　跨境电商数据分析 …… 130
第二节　跨境电商引流策略 …… 135

第十一章　跨境电商仓储模式 …… 145
第一节　出口仓储模式 …… 147
第二节　进口仓储模式 …… 155

第十二章　跨境电商企业成本控制 …… 160
第一节　采购成本 …… 162
第二节　生产成本 …… 163
第三节　营销成本 …… 163
第四节　物流成本 …… 168
第五节　支付成本 …… 169
第六节　质量成本 …… 170
第七节　财务成本 …… 171

第十三章　跨境电商代运营 …… 173
第一节　跨境电商代运营的发展背景 …… 175
第二节　跨境电商代运营的概念 …… 176
第三节　跨境电商代运营的业务环节 …… 176
第四节　跨境电商代运营的种类 …… 178
第五节　跨境电商代运营的收费模式 …… 179
第六节　跨境电商代运营企业的组织结构 …… 179
第七节　跨境电商代运营企业的职责分配 …… 180
第八节　对跨境电商代运营企业的选择 …… 182
第九节　联合运营 …… 183

第十四章　跨境电商服务生态 …… 190
第一节　跨境电商市场的新发展：服务成为市场竞争优势的核心 …… 192
第二节　跨境电商服务生态的概念及特征 …… 195
第三节　新型跨境电商企业：探索构建服务生态 …… 198

第五篇　跨境电子商务法规环境

第十五章　跨境电商平台规则 ………… 205
- 第一节　注册规则 ……………… 207
- 第二节　商品刊登规则 ………… 209
- 第三节　店铺评分规则 ………… 217
- 第四节　搜索排序规则 ………… 219
- 第五节　知识产权规则 ………… 221

第十六章　跨境电子商务的海关监管与政策 ………… 224
- 第一节　国外跨境电商的海关监管与政策 …………… 226
- 第二节　我国跨境电商的海关监管与政策 …………… 228

第十七章　跨境电子商务法律与规则体系 ……………… 239
- 第一节　跨境电子商务征税 …………… 241
- 第二节　网上争议解决 ………… 243
- 第三节　消费者保护 …………… 245
- 第四节　跨境网络安全 ………… 246
- 第五节　跨境个人数据保护与隐私规则 … 248
- 第六节　双边自贸协定中的跨境电子商务政策 …………… 251
- 第七节　跨境电子商务法律法规的国际协调 ……………… 252
- 第八节　跨境电子商务的法律管辖权 … 255

参考文献 ……………………… 258

第一篇　跨境电子商务概述

第一章　跨境电子商务导论

第一章 跨境电子商务导论

本章概要

本章为跨境电子商务导论部分,是学习本书后续篇章的基础。第一节主要介绍了跨境电子商务的界定与分类;第二节主要介绍了跨境电子商务的商业模式。

学习目标

- 掌握跨境电子商务的概念、特征与基本分类;
- 掌握跨境电子商务的商业模式。

思维导图

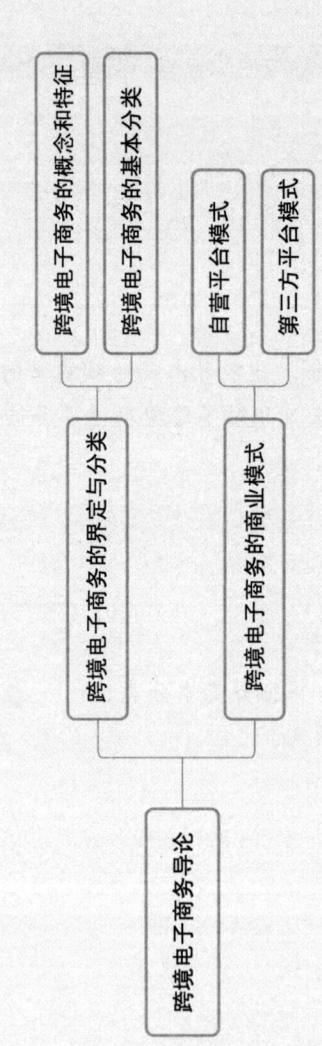

跨境电子商务导论
- 跨境电子商务的界定与分类
  - 跨境电子商务的概念和特征
  - 跨境电子商务的基本分类
- 跨境电子商务的商业模式
  - 自营平台模式
  - 第三方平台模式

第一章 跨境电子商务导论

第一节 跨境电子商务的界定与分类

我国加入世界贸易组织（World Trade Organization，WTO）以后的二十多年，互联网信息技术日新月异，电子商务伴随网络信息技术异军突起，它与国际贸易结合形成的新型交易模式给传统的国际贸易带来了极大的冲击，并得到了广泛的应用，推动着国际贸易向电子化、无纸化方向发展。随着技术、人才、政策等条件的逐渐成熟，跨境电子商务以其特有的优势正以惊人的速度向前发展，势头迅猛。

总体来看，电子商务在我国国际贸易领域的发展经历了以下几个阶段。

起步与准备期：1990—1997年是我国电子商务的起步与准备期。在这一时期金关、金卡、金税"三金工程"的提出，标志着我国外贸电子商务进入起步阶段。此外，1996年国务院信息化工作领导小组成立、金桥网与因特网正式开通；1997年广告主开始使用网络广告、中国商品订货系统开始运行。这些措施初步奠定了我国传统外贸向网络化转型的基础。

跨境电商历史演变

萌芽与发展期：1998—2002年是我国电子商务的萌芽与发展期。1998年，中国第一笔互联网网上交易成功，国家推出了"金贸工程"；1999年，8848、易趣、携程、阿里巴巴等电子商务网站建成，同年，兴起了电子政务、网上教育、远程诊断等服务项目。这一阶段，跨境电子商务领域网络黄页开始出现，因此这一阶段被称为跨境电子商务1.0时代。

成长与爆发期：2003—2012年是我国电子商务发展的成长与爆发期。从2003年开始，淘宝、京东、当当、卓越网、亚马逊、一号店、唯品会等电子商务平台不断涌现，我国电子商务进入了一个持续高速发展的时期。我国的跨境电子商务平台也不仅仅是提供信息黄页的展示，而是逐渐开始实现在线交易，部分支付、物流等关键环节的电子化，除阿里巴巴国际站、中国制造网等早期跨境电子商务网站外，还涌现出敦煌网、米兰网、兰亭集势等新型跨境电子商务平台，这一阶段被称为跨境电子商务2.0时代。

稳定发展与加速整合期：2013年至今，我国电子商务处于稳定发展与加速整合期，注重满足人的需求的商业模式不断涌现，我国跨境电子商务也进入了快速发展时期，特别是2013年"一带一路"倡议的提出，极大地推动了我国跨境电子商务的发展。移动互联网也在深刻地改变着跨境电子商务的发展，如移动电商购物App——Wish，致力于让消费者在移动端获得更加便捷的购物体验。我国跨境电子商务移动化逐渐成为主流。国内用户对国外高品质商品的追求，以及国外用户对国内新兴市场商品较高的需求，均促进了跨境电子商务朝着多元与个性化、品牌与精细化的方向发展，同时，跨境电子商务体验店也悄然兴起。这一阶段被称为跨境电子商务3.0时代。

了解我国跨境电子商务的发展历程，能为读者更好地理解跨境电子商务奠定基础。

在了解了跨境电子商务发展历程的基础上，我们可以对跨境电子商务进行界定，并分析跨境电子商务具有的特点，以及基于不同的标准对跨境电子商务进行分类。

一、跨境电子商务的概念和特征

（一）跨境电子商务的概念

跨境电商简介

跨境电子商务（cross-border e-commerce）简称跨境电商，有广义和狭义之分，早期的跨境电子商务的概念是狭义的，主要针对跨境网络零售业务，是指不同关境的交易主体通过网络跨越国界进行交易的一种贸易方式。消费者可以直接通过网络进行下单和支付结算，卖家通过跨境物流将商品投递到境外消费者手中。一般来说，交易完成需满足如下几方面的条件。

① 交易双方分属不同的经济体（国家或地区）。

② 通过电子商务手段达成交易。

③ 完成在线支付、办理运输等一系列基本流程。

④ 从事商品交换活动。

随着跨境电商的深入发展，它的概念逐渐变得宽泛，并逐渐被大众理解。跨境电商是国际贸易领域的一种新业态、新模式，对国际贸易产生了实质性的影响。它不仅包括跨境网络零售，也包括所有由技术驱动的跨境电商创新活动，如外贸综合服务、智慧外贸服务、跨境物流服务、供应链管理等，所有服务于进出口双方，在跨境电商生态系统中的各类主体、企业、新模式等都是跨境电商密不可分的一部分。

（二）跨境电子商务的特征

技术驱动的贸易带来市场转型

近年来，跨境电商快速发展，呈现出了全球性、即时性、无纸化、高效性、匿名性等外在特征。但究其本质，跨境电商具有如下三大特征。

1. 跨境电商是一种由技术驱动的贸易

跨境电商区别于普通国际贸易的第一大特征是它是一种由技术驱动的贸易。没有网络技术的发展与进步，就没有跨境电商的产生与快速发展。跨境电商的起步靠的是网络技术驱动，没有网络以及平台的搭建，跨越国界的消费者与卖家就无法与对方随时随地进行沟通；没有网络支付技术的成熟，消费者就无法便捷地进行跨境支付，商家也无法快速地进行结算，消费者与商家之间的信任体系就无法高效建立；没有跨境物流网络技术的进步，就无法对跨境包裹进行高效投递与追踪；各种跨境服务也是基于各种新技术而被创造出来的。所以，跨境电商本质上是一种由技术驱动的贸易形式，在此基础上产生了全球性、即时性、无纸化等外在特征。

2. 跨境电商是国际贸易领域的新业态、新模式

跨境电商的第二大特征是它是国际贸易领域的新业态、新模式。它归属于国际贸易领域，是一种国与国之间的交易，而不属于普通的商贸领域或国内市场交易范畴。同时它也是一种新业态和新模式。"新"体现在这种模式前所未有，它的业务模式与传统的国际贸易有本质的区别。传统的国际贸易批量大，物流以船运为主，买卖双方之间信息不对称，支付结算方式依靠纸质媒介，中间环节较多。而跨境电商交易的单笔金额小，批次多且呈碎片化，物流以小包为主，信息较为透明，支付结算方式简便，中间环节少，消费者与卖家可直接沟通。同时，跨境电商也催生了很多新的服务、新的商业模式、新的业态，以及新的就业岗位，并且随着技术的不断进步将催生更多的商业模式和商业形态。

3. 跨境电商体现了业务创新与监管环境之间的相互调整与适应

跨境电商作为国际贸易领域的一种新型交易方式，发展十分迅速，各种业务创新层出不穷。但是目前在国际贸易领域的商业规则还是适用于旧的商业模式的规则，而旧规则显然已跟不上新型贸易模式的发展步伐。这是因为随着跨境电商的发展，其在平台准入、通关、支付、税收、物流、数据流通、消费者保护等方面存在着很多突出的问题，风险触发的因素也较多，但在这些领域的法律法规与监管体系还不太完善，而且容易受到国际政治经济宏观环境和各国政策的影响。另外，各国跨境电商发展水平不一，国际上也未有统一的规则和标准去规避其各方面的不足，各方面规则的制定也需要根据商业实践缓慢摸索与总结规律。因此，跨境电商的诸多业务创新就注定了其与监管环境之间是一种相互调整与适应的关系，这构成了跨境电商区别于其他商贸活动的另一大特征。

二、跨境电子商务的基本分类

基于不同的分类标准，跨境电商的基本分类如下。

跨境电商 B2B 与 B2C 之比较

（一）按照市场主体划分

按照市场主体属性的不同，跨境电商（这里指跨境电商平台）分为 B2B、B2C 及 C2C 三种类型。

1. B2B 跨境电子商务

B2B（business-to-business）跨境电子商务（以下简称 B2B 跨境电商），是企业与企业之间通过互联网平台进行商品与服务等数据信息的传递而后达成交易并完成支付结算、线下物流配送等流程的国际商业活动。B2B 跨境电商的卖家一般为大中型企业提供商品与服务，最终客户为企业或集团。2020 年，在我国跨境电商市场交易规模中，B2B 跨境电商市场交易规模占总交易规模的比例达 77.3%，在跨境电商市场中，企业级市场仍处于主导地位。

代表性企业：阿里巴巴国际站、中国制造网、环球资源网、环球市场网、大龙网、易单网、敦煌网等。

2. B2C 跨境电子商务

B2C（business-to-consumer）跨境电子商务（以下简称 B2C 跨境电商），是指企业针对个人（消费者）开展的跨境电商零售活动，也是指分属不同关境的企业直接面向个人开展的在线销售商品和服务的活动。B2C 跨境电商是通过电商平台达成交易、进行支付结算，并通过跨境物流送达商品、完成交易的一种国际商业活动。它的上端卖方是企业，它所面对的终端消费者是个人。目前我国 B2C 跨境电商的交易规模在整体跨境电商的交易规模中的比重正在逐年攀升，在未来或将迎来大规模增长。

代表性企业：阿里巴巴速卖通（Aliexpress）、eBay、兰亭集势、京东国际等。

3. C2C 跨境电子商务

C2C（consumer-to-consumer）跨境电子商务（以下简称 C2C 跨境电商），是分属不同关境的个人卖方与个人买方依托第三方电商平台进行的跨境贸易活动，个人卖方对个人买方在线销售商品和服务，首先由个人卖方通过第三方电商平台发布产品和服务的信息与价格等内容，然后由个人买方进行筛选，最终通过电商平台达成交易、进行支付结算，并通过跨境物流将商品送达目的地、完成交易，是一种国际商业活动。这类跨境电商市场一直存在，虽然仍然处于小众，但是其发展的意义重大。

代表性企业：淘宝全球购、eBay 等。

（二）按照服务类型或交易流程划分

跨境电商：平台模式与生态

按照服务类型或交易流程，跨境电商平台可以分为信息服务平台、在线交易平台和外贸综合服务平台等。

1. 交易前——信息服务平台

信息服务平台主要是为境内（外）会员商家提供网络营销平台，展示与传递供应商等商家的商品或服务信息，促进供应商与采购商或买卖双方之间完成交易。

代表性企业：阿里巴巴国际站、中国制造网、环球市场、环球资源网。

2. 交易中——在线交易平台

交易前的信息撮合

在线交易平台不仅提供企业的产品、服务等多方面信息，并且可以完成搜索、咨询、对比、下单、支付、物流、评价等全购物链环节。在线交易平台模式正逐渐成为跨境电商的主流模式。

代表性企业：阿里巴巴速卖通、敦煌网、炽昂科技。

3. 交易后——外贸综合服务等服务平台

在交易双方完成了信息服务与在线交易等环节之后，外贸综合服务等服务平台为商户提供物流、通关等部分流程或全流程一条龙服务，并收取一定的服务费用。

代表性企业：一达通、世贸通。

（三）按照货物流动方向划分

按照货物流动方向，跨境电商可以分为出口型跨境电商和进口型跨境电商。

1. 出口型跨境电商

目前我国跨境电子商务还是以出口型为主，出口型跨境电商是指我国出口企业通过跨境电商平台进行商品展示、完成交易，并用线下跨境物流渠道将商品出口至境外市场的贸易活动。

代表性企业：阿里巴巴速卖通、亚马逊海外购、eBay、兰亭集势等。

2. 进口型跨境电商

进口型跨境电商是指将境外的商品通过跨境电子商务平台销售到我国境内市场，平台一般为自营型，即通过海外买手采购商品并将商品运送至国内的保税仓，通过在平台上展示商品、促成交易，买方一般为国内的终端消费者，物流速度相对较快，但一般慢于在国内电商平台上购买本国商品的配送速度。

代表性企业：天猫国际、京东全球购、洋码头、小红书。

（四）按照主体服务类型划分

按照主体服务类型不同，跨境电子商务可以分为代运营服务、外贸综合服务、支付服务、物流服务、供应链管理服务等与跨境电商相关的生态服务企业。

1. 代运营服务

跨境电商的代运营服务是指企业以合同方式委托专业的第三方，根据自身情况及需求，由电商第三方服务商为其提供的以营销推广为核心，包含电子商务平台建设、技术维护、物流、支付、经营推广、客户联络和服务、售后服务、涉外法律顾问等一系列全流程或部分环节的代运营服务。跨境电商代运营服务可以帮助企业有效地降低成本，获得更专业的服务，提高工作效率，以满足企业实施相关战略更好地拓展国外市场的需求。

2. 外贸综合服务

外贸综合服务是指为跨境电商中小企业提供外贸出口一条龙服务，主要以进出口业务流程服务外包为内容，以供应链服务平台为依托，采用流程化、标准化服务，提供一站式通关、物流、退税、外汇、保险、融资等政府性服务或商业性服务。

3. 支付服务

在传统国际贸易中，银行通过信用证方式起到了支付担保的作用，而在跨境电商中，第三方支付机构（如 PayPal 和 Alipay）承担了类似的支付担保作用。第三方支付机构的出现，适应了跨境电商支付小额化、多频化、信息化的诉求，为消费者提供了支付便利，较好地解决了跨境电商买卖双方的支付信任问题。

4. 物流服务

物流在跨境电商业务中承载着货物转移和交付的功能，是跨境电商不可或缺的组成部分。物流服务是指物流企业为跨境电商企业提供跨境物流支持，针对跨境物流国际化、分散化、对时效要求较高等特点，提供个性化、信息化的第三方物流服务，也为卖家提供多样化的物流模式，如境外仓、保税物流、集货物流等。

5. 供应链管理服务

供应链管理服务指跨境电商供应链管理企业针对跨境电商的特点，利用网络技术全面规划企业商流、物流、信息流、资金流等跨境供应链，对跨境电商中包含供应商、制造商、运输商、零售商及终端消费者等多个主体形成的链条进行优化并提供相关服务的过程。在此过程中，供应链管理服务既能够满足客户服务的需求，又能够降低企业经营的成本。

第二节　跨境电子商务的商业模式

跨境电子商务的商业模式可以分为三大类，它们分别为自营平台模式、第三方平台模式、独立网站（独立站）模式。本节重点介绍自营平台模式和第三方平台模式。独立站模式将会在第七章进行详细讲解。

一、自营平台模式

（一）什么是自营平台

自营型电商通过在线上搭建平台，平台方整合供应商资源通过较低的进价采购商品，然后以较高的售价出售商品，其主要以商品差价作为盈利模式。在自营平台模式中，从品牌吸引力到商品选择，从购物流程到配送，从售前导购到售后支持，都以使消费者获得良好的购物体验为经营核心。

由于商品基本上都是平台自营的，商品品质有保障，货源稳定，且综合服务、仓储、供应链等配套服务方便快捷，消费者信赖度较高。但其总体运营成本较高，平台得承担退换货、商品滞销等一系列问题，相比于第三方平台存在着较高的运营风险。

代表性企业：兰亭集势、炽昂科技、京东国际、考拉海购。

（二）综合型自营跨境电商平台

综合型自营跨境电商平台是国内较为典型的自营平台。

综合型自营跨境电商平台经营的商品种类繁多，类似于综合型的大超市，这类电商企业通常都有自己较为稳定的货品供应商，一般是建立在传统商业的基础之上。

代表性平台：亚马逊（Amazon）中国、兰亭集势、环球易购、大龙网、京东国际等。

综合型自营跨境电商平台在跨境经营方式中占有重要地位，拥有传统商业的规范与雄厚的商业链支持，具有自身先天的优势，但同时也有不足之处。其优势有：跨境供应链管理能力强、较为完善的跨境物流解决方案、后备资金充裕。其劣势为业务发展会受到行业政策变动的显著影响。

 案例链接

亚马逊建保税区仓库

亚马逊致力于成为全球最注重"以客户为中心"的公司，目前已成为全球商品种类最

多的网上零售商之一。2014年,亚马逊在中国(上海)自由贸易试验区(简称上海自贸区)设立仓库,以自贸模式(即保税备货模式),将海外的商品销往国内。海外电商在我国的保税区内自建仓库的模式,可以极大地提升跨境网购的速度,因此备受期待。

案例链接

兰亭集势的商业模式

兰亭集势成立于2007年,是一家自营型出口B2C跨境电商平台。该平台的主营产品包括服饰、电子配件等,在线商品达几十万种。将中国的本土产品出口并销售到海外个人消费者手中,获得产品的进销差价是其主要的盈利模式。兰亭集势整合了供应链服务的在线B2C资源,拥有一系列的供应商、自建数据仓库和长期的物流合作伙伴。2018年与新加坡电商ezbuy合并,打通东南亚的运营体系。2019年进一步加强对供应链的管理和投入,自建物流团队,取得零扣关率的好成绩。作为老牌的跨境电商平台,兰亭集势一直都在与时俱进,坚持供应链的持续开发投入,坚持专注于自营平台建设,不断优化客户体验。兰亭集势平台官网页面如图1-1所示。

图1-1 兰亭集势平台官网页面

二、第三方平台模式

第三方电子商务平台(简称第三方平台),也称第三方电子商务企业,通过线上搭建商城,并整合物流、支付、运营等服务资源,吸引品牌商、制造商等商家,以及经销商等买家入驻,为其提供跨境电商交易服务,服务内容包括但不限于"供求信息发布与搜索、交易的确立、支付、物流"。平台只提供跨境电子商务的基础设施和基础服务,本身不参与交易。同时,平台

第三方平台

以收取商家佣金及增值服务费作为主要的盈利模式,但其并不从事商品的购买与销售。一般地,这类平台上的商品种类较为丰富、网站流量较大,各项服务方便快捷,但不能很好地保障商品的质量。

代表性平台:阿里巴巴国际站、阿里巴巴速卖通、eBay、敦煌网、环球资源。

案例链接

洋码头的经营模式

洋码头是一家面向中国消费者的跨境电商第三方交易平台,其页面如图1-2所示。该平台上的卖家可以分为两类,一类是个人买手,模式是C2C;另一类是商户,模式是B2C。它帮助国外的零售产业与中国消费者对接,就是海外零售商直销给中国消费者,中国消费者直购,中间的物流是直邮,即三个直"直销、直购、直邮"。

图1-2 洋码头平台页面

本 章 小 结

跨境电商不能简单地理解为在网上所进行的跨境买卖或者交易,而应该从广义上进行理解,因为跨境电商的商业实践既反映了技术驱动的贸易,又涵盖了国际贸易的新业态、新模式,甚至还体现业务创新与监管环境之间的相互调整与适应。

在全球市场上,跨境电商的生态系统比较复杂,通常可以从不同角度分类理解。我们也应该承认,从不同角度理解,跨境电商实践的内容可能存在很大差异,它既可以体现国际环境下不同的市场主体之间所进行的商业和交易活动,还可以体现不同市场主体服务的内容不同,以及这些市场主体所逐步形成的新的跨境电子商务的商业模式等。因此,本书试图从基本的分类进行概括,尽量涵盖最新的外贸做法。

第二篇　跨境电子商务运营基础

第二章　跨境电子商务物流与配送
第三章　跨境电子商务支付
第四章　外贸综合服务

第二章

跨境电子商务物流与配送

本章概要

本章的主题是跨境电子商务物流与配送,内容共分为两节。第一节主要介绍跨境电商物流与配送的地位、特征、现状与发展趋势;第二节主要介绍出口跨境电商物流模式和进口跨境电商物流模式。

学习目标

- 了解物流与配送在跨境电商业务中的地位;
- 掌握跨境电商物流与配送的特征;
- 理解跨境电商物流与配送的现状;
- 了解跨境电商物流与配送的发展趋势;
- 掌握邮政物流模式、快递物流模式、海外仓物流模式;
- 掌握一般进口物流模式、集运进口物流模式、保税进口物流模式。

思维导图

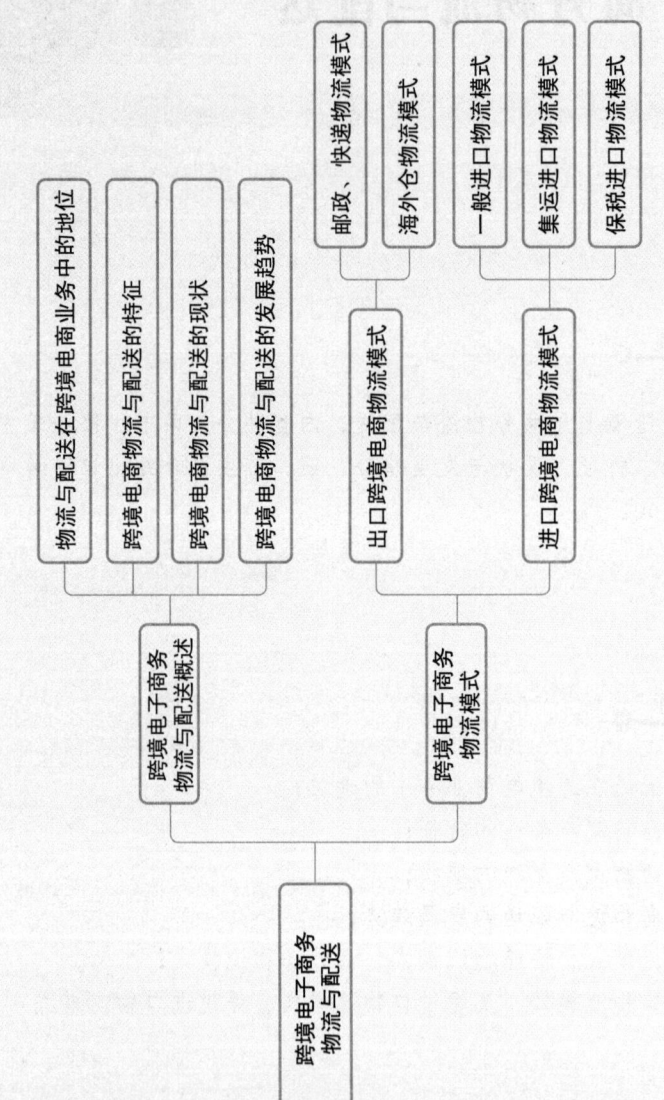

第二章　跨境电子商务物流与配送

第一节　跨境电子商务物流与配送概述

一、物流与配送在跨境电商业务中的地位

物流与配送是在贸易活动中被交易的实物标的从生产企业或商家仓储位置转移到买家手中的过程及其有关活动的总称。广义的物流不仅包括物的搬运，还包括与此相联系的包装、装卸、储存、配送和流通加工等步骤。本节中的物流是指物品的主干运输，而配送是指送货到家。

电商与物流相辅相成，电商的发展带动了物流的变革和发展，物流的发展又反过来支撑了电商的发展。在跨境电商领域亦是如此，跨境电商的发展必将带来跨境电商物流的变革和发展，跨境电商物流的发展将成为支撑跨境电商发展的关键因素。

1. 物流与配送是跨境电商的组成部分

跨境电商的贸易活动通常由信息流、资金流、物流三部分构成。首先，跨境电商网站是跨境电商信息流的表现形式。在跨境电商的发展过程中，信息流实现了由传统的线下展会形式对接向线上网站形式对接的转变，又进一步发展形成了B2B网站形式对接和B2C网站形式对接等多种模式。其次，资金的支付形式反映了资金流的形态，当前贸易的资金流也由传统的银行支付发展到了电子支付，随着跨境电商的进一步发展，又衍生出了多种在线支付资金流形态。最后，物流在跨境电商业务中承载着货物转移和交付的功能，是跨境电商不可或缺的组成部分，离开了物流，跨境电商交易将无法完成。

2. 物流与配送是跨境电商的核心环节之一

在贸易活动中，信息流促成了交易双方信息的对接，从而使双方达成交易意向；物流和资金流则使得这种交易意向得以执行和实现，它们分别反映了实物标的的流动和交易资金的流动。因此，物流自然成为贸易活动的核心环节之一，也是跨境电商的核心环节之一。在跨境电商业务中，交易双方分处不同国家，交易商品趋向具有个性化、定制化特征，如何安全、高效地将交易商品从企业仓库交付至买家手中是跨境电商商家重点关注的问题，也是当前跨境电商商家致力于解决的核心问题之一。安全、高效的跨境电商物流将大大改善跨境电商买家的消费体验，也是诸多跨境电商企业所追求的目标。

3. 跨境电商物流与配送亟待进一步发展和提升

目前，跨境电商物流是跨境电商发展中的一个瓶颈，这一点在零售模式的跨境电商业务中尤为突出。首先，跨境电商物流成本普遍偏高，如采用UPS、FedEx、DHL等国际快递运输商品，从我国运至欧美等主要市场的折扣后首重价格达100元人民币，部分商品的物流成本等同甚至超过出库成本；其次，跨境电商物流的运输时间普遍偏长，如当前部分跨境电商出口企业采用价格较为低廉的中国邮政小包邮运，其从我国到达欧美等主要市场的交付时间可能要50天以上，最短也需要7天；最后，物流过程的可追溯性有待提升，

尤其是对于价格低廉的邮政小包和 e 邮宝而言，部分的邮运过程甚至无法追踪。整体而言，目前还不能找到一家价格低廉、时效性强、过程可追溯的跨境电商物流供应商，跨境电商物流领域进一步发展和提升的空间巨大。

二、跨境电商物流与配送的特征

跨境电商物流与配送是为跨境电商服务的，是跨境电商的一部分。因此，跨境电商物流与配送（这里主要指跨境电商物流）自然具有了与跨境电商相对应的某些特征。具体来讲包括以下三个方面。

1. 国际化

跨境电商是国际贸易和互联网技术融合发展的结果，是国际贸易的表现形式之一，因此，跨境电商物流自然也是国际物流的一种表现形式。

跨境电商物流的国际性表现为以下两点：第一，每一笔跨境电商物流流程均需要经过两次通关，即一次出口通关和一次进口通关，因此，熟悉各国不同的通关政策也成为跨境电商物流企业的核心业务环节之一；第二，跨境电商物流的运营通常是由不同的业务主体在不同的国境之内开展业务的，即使这些业务属于同一业务主体，也有可能会因为处于不同国家而产生业务流程操作规范的差异。

2. 分散化

虽然跨境电商包括了批发模式（B2B）和零售模式（B2C/C2C）两种主要的交易模式。但是，零售模式才是当前跨境电商发展的热点，而且也是未来跨境电商发展的重点，所以一般的跨境电商概念指向零售模式。

零售模式下的跨境电商使得跨境电商订单呈现出扁平化、碎片化的特征，即来自不同国家和地区的买家直接在跨境电商商家下订单，越过了传统的批发渠道，而且订单也具有个性化特征。扁平化、碎片化的订单使得跨境电商物流呈现出分散化的特征。由于订单量小而且需要运输至不同的买家手中，因此跨境电商物流中的包裹大部分是用快递形式实现的，这与传统国际贸易的集装箱运输模式产生了明显的差异。

跨境电商领域目前已经提出了海外仓的概念。在使用海外仓的跨境电商物流业务中，虽然前程运输可能会采用传统的大批量运输方式，但是后程运输通常采用快递的运输方式来完成最终的配送。

3. 信息化

跨境电商本身就是信息技术革命产生的结果，跨境电商物流自然充斥着信息化的特征。在仓储环节，传统的订单分拣会消耗大量人力，先进的跨境电商仓库正在实现自动化分拣；在出运环节，运单信息的填制较为烦琐，ERP 软件已经较好地解决了这个问题，使得网络订单地址与快递运单实现自动匹配；在运输环节，客户希望能够随时看到自己购买的商品的运输进程，所以跨境电商物流的供应商正在为实现运输过程的可追溯化而努力。

三、跨境电商物流与配送的现状

随着跨境电商的迅速发展，跨境电商物流的发展也日新月异。当前跨境电商物流的发展可以总结为以下三点。

1. 以国际快递为代表的跨境电商物流发展迅速

国际快递是当前跨境电商物流的主要运输形式。电商零售模式下零散、扁平的跨境电商订单带动了快递业务的发展。近几年，快递业务呈现井喷式发展。根据《2020年邮政行业发展统计公报》，2020年全年快递服务企业业务量完成833.6亿件，同比增长31.2%。其中，同城快递业务量同比增长10.2%；异地快递业务量同比增长35.9%；国际快递业务量同比增长27.7%，实现业务收入同比增长43.6%。

2. 新的跨境电商物流模式不断涌现

跨境电商是随着世界经济全球化、扁平化、信息化而产生的新的贸易形态。昂贵的快递费用和漫长的运输时间一直是阻碍跨境电商业务以更高速度发展的核心瓶颈，这也促使跨境电商企业和跨境电商物流企业更加积极地探索新的更经济、更高效、更透明的跨境电商物流方案和模式。

海外仓是目前跨境电商出口领域普遍认可的一种模式。所谓海外仓，即由跨境电商企业或跨境电商物流企业在海外建设转运仓库，利用大数据分析市场需求从而做出需求预测，将跨境电商物流的前程运输转为运输时效差但成本低廉的海运模式，而后程运输则转为消费者所在国家的国内快递模式，从而实现降低成本、提高时效的目的。

在跨境电商进口领域，则形成了保税和集运两种新型模式。保税模式与出口的海外仓模式类似，即跨境电商进口业务经营者在国内的保税区内建立仓库，依据大数据预测消费者需求，先将交易货物通过海运运至保税区内的仓库进行存储，待消费者下单后再以国内快递的形式发货。集运模式则是在消费者下单后，首先由物流供应商将商品集中在海外的仓库中，然后通过海运运至国内，最后由国内快递公司运输。

3. 更加经济、高效、透明的跨境电商物流体系正在形成

为了进一步降低跨境电商物流成本，提高跨境电商物流时效，增强跨境电商物流的透明度，目前部分跨境电商企业正在配建自己的物流仓储系统，专业跨境电商物流企业也在完善自己的转运体系，同时专业的海外仓公司不断涌现，另外专门的跨境电商交易平台也纷纷建设自己的物流仓库。在新系统和新体系建设过程中，一个更加经济、高效、透明的跨境电商物流体系正在形成。

四、跨境电商物流与配送的发展趋势

跨境电商诞生于世界经济全球化、扁平化、信息化加速发展的进程中，国际化、分散化、信息化的跨境电商物流既体现了跨境电商交易的需求，也是未来跨境电商物流持续与健康发展需要关注的问题。在促进跨境电商物流顺应时代潮流发展的过程中，跨境电商物流将会呈现以下发展趋势。

1. 跨境电商物流便利化将持续推进

为了促进跨境电商的持续发展，各主要贸易国将采取措施为跨境电商物流通关提供多方位的支持，促进跨境电商通关便利化。例如，我国政府就适时建立了与跨境电商相适应的通关制度，对跨境电商进出口货物落实"清单核放、汇总申报"制度，大大便利了跨境电商货物通关；在国际领域中，在美国主导下形成的"WTO电子传输关税豁免"，大大促进了跨境电商和跨境电商物流的发展。在未来跨境电商物流便利化措施将会持续推进，通关便利化将助推跨境电商物流提效增速。

2. 跨境电商物流的标准化将会逐步形成

目前的跨境电商物流的发展还处于起步阶段，尚未形成特别明确的跨境电商物流模式的国际标准化制度。随着跨境电商的发展，跨境物流供应商将通过优化仓储布局来提升跨境电商物流的时效性、降低跨境电商物流成本。在跨境电商物流逐步规范化的过程中，通过各国的共同努力跨境电商物流的服务标准将会逐步形成，这不仅会大大提升物流的速度、降低物流的成本，而且有利于跨境电商从业者根据自己的产品特征选择不同的物流服务模式。

3. 跨境电商物流网络将会触及全球的每一个角落

跨境电商将不同国家或地区的市场运用互联网手段实现相互连接，跨境电商物流则通过整合不同国家或地区的物流供应商实现货物在全球范围内递送。随着跨境电商的快速发展，将会有越来越多的物流供应商加入跨境电商物流业务中，形成兼顾时效和成本的跨境电商全球物流网络，并将触及全球的每一个角落。

第二节　跨境电子商务物流模式

当前跨境电商物流模式主要是根据货物（商品）流动的方向来划分的，因此跨境电商物流模式可以分为出口跨境电商物流模式和进口跨境电商物流模式两大类。出口跨境电商物流模式可以根据运输方式的不同分为邮政、快递物流模式和海外仓物流模式两种主要形式；进口跨境电商物流模式可以分为一般进口物流模式、集运进口物流模式和保税进口物流模式三种主要形式。

一、出口跨境电商物流模式

在跨境电商出口业务中，有些卖家是通过邮政、快递等物流渠道直接将商品寄送给买家，这种模式可以称为邮政、快递物流模式；有些卖家是先将商品以B2B模式通过海运或空运运送至海外仓库，然后等买家下单后直接将商品从海外仓库发送至买家手中，这种模式称为海外仓模式。

(一)邮政、快递物流模式

当前中小企业开展的跨境电商 B2C 出口业务中,绝大多数是通过亚马逊、阿里巴巴速卖通、eBay 等跨境电商平台或自建网站平台向境外的消费者展开销售的。消费者下单之后,卖家通过邮政或快递等物流方式将商品寄给境外的消费者。

传统意义上,通过邮政、快递物流模式寄送跨境电商商品出境,在海关监管方面是按照个人物品出境的,商品出境后无法进行退税和结汇。为了促进和规范跨境电商的发展,我国海关总署于 2014 年 2 月增列了"跨境贸易电子商务(9610)"的监管代码,规范了邮政、快递跨境电商出口物流模式,对采用邮政、快递物流模式出口的跨境电商商品实施"清单核放、汇总申报",报关后可以退税和结汇。

1. 邮政物流模式

邮政物流模式主要是通过国际小包实现的。国际小包是指重量在 2 千克以内,外包装长宽高之和小于 90 厘米,且最长边小于 60 厘米,通过邮政空邮服务寄往国外的小邮包。国际小包分为普通空邮(normal air mail)和挂号空邮(registered air mail)两种。前者费用较低,不提供跟踪查询服务;后者费用稍高,可提供网上跟踪查询服务。一般跨境电商 B2C 卖家所销售的电子产品、饰品、配件、服装、工艺品都可以采用国际小包来发货。常见的国际小包服务渠道有:中国邮政小包、新加坡邮政小包、荷兰邮政小包、瑞士邮政小包和俄罗斯邮政小包等。中国邮政小包是指重量在 2 千克以内,通过邮政服务寄往国外的小邮包。各类小件物品,除禁止寄递和超过规定限量寄递的以外,都可以作为国际小包寄递。中国邮政小包价格较低,但运往大部分国家的时效不稳定,售后查询周期偏长。

整体来看,采用邮政渠道寄送商品,使用了万国邮政联盟(简称万国邮联)的庞大网络,具有寄送费用低、寄送方式简便、寄送范围广等特征。国际小包物流服务价格包括邮费、处理费、挂号费及保险费(如适用)。邮费是按照包裹的重量进行计费的,不计首重和续重,大大简化了运费核算与成本控制的流程,相对于其他运输方式(如快递)来说,国际小包服务有绝对的价格优势。采用此种发货方式可最大限度地降低成本,提高价格竞争力。此外,国际小包还可以将商品送达全球几乎任何一个国家或地区的客户手中,只要有邮局的地方都可以到达,大大扩展了跨境电商卖家的市场空间。

2. 服务特色

(1)覆盖全球的庞大网络,帮助客户拓展更广阔的市场空间。凭借万国邮联的庞大网络,邮政小包通达全球 200 多个国家或地区。

(2)顺畅的通关能力,有效提高发货时限。中国邮政与海关有长期良好的合作关系,使货物通关更加便利。

(3)更合理的资费,降低货运成本。采用国际小包能够最大限度地降低成本,提升价格竞争力。

(4)安全可靠的运输服务,免除后续烦恼。国际小包可以选择挂号服务,不但方便查询,还可以避免丢失小包的烦恼。

3. 服务优势

（1）提供仓储、理货、拣货、寄递一条龙服务。

（2）为国际电子商务市场提供整合的全球化物流服务，如图2-1所示。

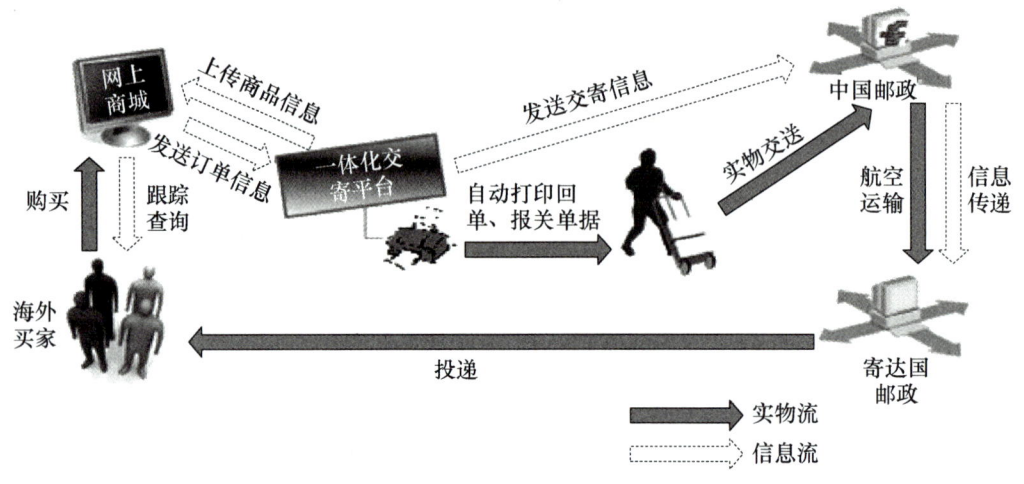

图2-1 全球化物流服务

（3）拥有快捷多样的运输方式。

资料链接

新加坡邮政小包

新加坡邮政是新加坡政府监管的公共邮政执照拥有者，也是一家上市公司，完全市场化的运作可以提供高效率和高品质的国内和国际邮政服务。同时，新加坡樟宜国际机场是一座大型国际枢纽机场，拥有高效、完善的转运机制，能使货物快速、经济地转口到其他地方。中国 eBay 卖家依托新加坡邮政小包服务，到欧美主要国家一般2～3天后即可上网查询实时物流。新加坡邮政小包丢包率较少、时效较快，它比中国邮政小包快4～7天。另外，新加坡邮政小包价格便宜。

新加坡作为亚洲的一个重要的自由贸易区，在全球各地具有较高的知名度，且拥有良好的声誉。新加坡邮政拥有全球最优质的物流转运服务，通过新加坡邮政小包运输物品，可以给国外买家更可信的形象，对增强客户购买的信心、增强产品销售成功率、降低交易成本、增加业务量很有帮助。

> **资料链接**
>
> ## 比利时邮政小包
>
> 比利时邮政创建于1830年，从2011年1月开始，比利时邮政从国企变成私企并改名为bpost。
>
> 在很多欧洲国家，从亚洲进口的物品（包裹或邮件）都要接受严格的海关检查，开包查验的概率很高，常常带来运输时间延迟等问题，这对跨境电商的物流配送造成了一定的困扰。比利时邮政推出的欧e达（MiniPak EU）物流解决方案正是基于欧盟海关的高查验率，以及约90%的B2C跨境电商销售的商品价值较低这些特性而研发的（货物重量在2千克以内，体积限制在长宽高之和小于90厘米，且单件货物价值不超过22欧元），它专门针对亚洲尤其是中国的跨境电商，在速度（包裹从中国到达欧洲主要国家需5~9个工作日）和价格上介于普通邮政小包和快递之间。MiniPak EU可享受欧盟海关为其提供的专属"低值小包海关绿色通道"，通关效率、服务水平都高于普通的邮政小包。商家使用MiniPak EU可随时进行货物追踪查询，无须支付其他附加费用，如欧盟进口关税、增值税等。目前，通过MiniPak EU运输的货物可进入欧盟27个国家。

2. 快递物流模式

快递物流模式主要是通过EMS、DHL、UPS、FedEx、TNT、顺丰等快递公司的国际快递业务将跨境电商售卖的商品递送至客户手中。快递递送跨境电商商品的优点是速度快、运输过程可查询，缺点是大部分快递公司的物流费用较高。因此采用快递递送的跨境电商商品主要是一些价值高、重量轻的商品，如贵重设备零部件、高档产品等。

中国邮政速递物流公司推出的国际e邮宝业务价格较为低廉，颇受跨境电商商家的青睐。国际e邮宝和邮政国际小包服务一样都是针对轻小件物品的空邮产品，目前，该业务仅限于为中国跨境电商卖家寄件人提供发往美国、加拿大、英国、法国和澳大利亚等国家（地区）的包裹寄递服务。例如，从中国使用国际e邮宝将货物发往美国，正常情况下7~10个工作日即可完成妥投，在国内段使用EMS进行发运，出口至美国后，美国邮政将通过其国内一级邮件（first-class mail）投递邮件。通关采用国际领先的EMI电子报关系统，保障投递的包裹迅速准确地运抵目的地。

DHL、UPS、FedEx、TNT等国际快递巨头在保障跨境电商商品递送时间方面具有绝对优势，但是高昂的运输费用使其仅仅适用于部分高附加值的商品运输。当跨境电商企业的发货量较大时，也可以从这些国际快递公司拿到较大的费用折扣。

国内快递巨头顺丰速运于2014年进军跨境电商国际快递领域。顺丰国际是顺丰速运集团最新打造的国际电商物流服务平台，致力于为全球消费者和电商商家提供专业化的全球物流解决方案。顺丰国际利用顺丰在全球丰富的物流网络资源，为电商企业提供保税仓储、海外仓储、集运和进出口电商包裹配送等服务。

专线快递是随着跨境电商的兴起而兴起的一类快递物流服务方式。这类快递公司专注于一个或几个目的国，负责集约货物从国内到目的国的运输，在送达目的国后与目的国国内快递实现有效对接，从而达到降低费用、保障时效的目的。

递四方的物流模式

深圳市递四方速递有限公司（简称递四方，4PX）始建于2004年，是递四方科技集团中以国际物流和全球仓储服务为核心的跨境电商供应链综合服务提供商，是专业的国际速递公共平台运营商，为客户和合作伙伴提供国际速递渠道及系统平台服务，在全球拥有1万多名员工，铺设近30个成熟的全球仓储网络。递四方在国内设有5个自营仓库（北京、上海、广州、深圳、义乌），还依托在美国、英国、日本、德国等地的海外仓库建立了自有物流渠道。它是eBay、PayPal、谷歌、亚马逊、阿里巴巴速卖通、敦煌网的官方合作伙伴及推荐物流商。递四方依托丰富的行业经验和技术创新能力，打造出三大类、20余种物流服务，可以满足跨境电商所有的物流需求，包括商业快递（DHL、FeDex、UPS、TNT、Aramex）、邮政服务（新加坡邮政、中国邮政的平邮、挂号、EMS等）、自有品牌服务（海外仓库订单宝服务、联邮通服务、专线服务等）。递四方通过业务合作和资本收购的方式，不断整合世界各地的优秀速递资源，铸就递四方多渠道辐射全球的国际速递网络平台。

三态速递的国际速递

深圳前海三态现代物流有限公司（简称三态速递）是深圳一家经营国际速递业务的第三方物流服务公司，拥有42 500平方米的操作中心，主要提供超低价格的国际速递和邮寄服务，所有国际速递均通过全球知名公司派送，三态速递还利用自主创新的中美、中欧等专线快递提供门到门的国际快递业务。三态速递日处理国际包裹数万件，送至全球200多个国家，是eBay、PayPal、贝通网、慧聪网等国际知名电子商务网站推荐的国际速递公司。三态速递还提供国际快递在线查询和交易服务，集成了多家国际知名速递公司的业务和每日价格，是客户的"国际速递比价网"和"国际快递超市"。

（二）海外仓物流模式

无论是邮政小包还是国际快递，要么速度慢，要么价格高，这些都成为跨境电商物流的最大障碍，也成为制约跨境电商发展的关键因素。为了解决这些问题，提升跨境电商的用户体验，跨境电商经营者和跨境电商物流企业都在积极研究解决方案。经过一段时间的摸索，目前业内普遍认为，海外仓物流模式是一个比较好的解决方案。

所谓海外仓物流模式，即在跨境电商买家所在国内建设存储仓库，利用跨境电商销售平台的大数据，分析未来一段时间可能的销售量，然后将所售货物先用普通国际贸易的海运或空运方式运至存储仓库，待客户下单后直接从本国的存储仓库寄送至买家手中的一种模式。这种模式一方面大大缩短了从买家下单到货物递送至买家手中的等待时间，提升了客户体验；另一方面，还利用了传统国际贸易的海运或空运物流通道，大大降低了跨境电商物流的成本和费用。

当前的海外仓物流模式包括跨境电商平台自建的海外仓、第三方专业物流公司建设的海外仓，还有跨境电商卖家探索建立的海外仓三种类型。跨境电商平台自建的海外仓中最著名的当数亚马逊的 FBA，另外 eBay 和阿里巴巴速卖通也已经在海外建设自己的或合作的海外仓。第三方专业物流公司建设的海外仓中比较有名的有飞鸟国际、出口易（CK1）、递四方等。第三方专业物流公司建设的海外仓通常会与跨境电商平台合作，为平台商家提供物流仓储服务。还有部分跨境电商卖家也在尝试自行在目的国市场建立海外仓。这些企业在目的国市场租赁或购买一个仓库甚至只是一栋房屋，然后注册一个公司，将货物由国内发往这家境外公司，接到客户订单后，从上述仓库或房屋包装分拣货物并寄给客户。下面分别分析三种代表性企业来说明不同的海外仓模式。

1. 自建海外仓——FBA

FBA 的全称是 Fulfillment by Amazon，即亚马逊提供的代发货服务。亚马逊在美国、加拿大、欧盟、日本都建有自己的配送仓库，为商家提供包括仓储、分拣、包装、配送、收款、客服与退货处理等一条龙式物流服务。亚马逊卖家使用 FBA 的优势包括：①提升卖家排名，FBA 可以帮助卖家成为特色卖家和抢夺购物车，提高客户的信任度，提高销售额；②提升配送时效，亚马逊具有多年丰富的物流经验，仓库遍布全世界（多靠近机场），采用智能化管理，大大提高了配送时效；③提供专业客服，减少由物流引起的差评纠纷，提升卖家形象；④亚马逊对单价超过 300 美元的产品免除所有 FBA 物流费用。但是 FBA 的劣势也很明显：①费用比国内发货偏高，但是也要看产品重量；②灵活性差，FBA 只能用英文和客户沟通，而且用邮件沟通回复不会像第三方专业物流公司的海外仓客服那么及时；③如果前期工作没做好，标签扫描出问题会影响货物入库，甚至入不了库；④目前亚马逊的 FBA 仓库不提供退换货服务，一般发生争议给予买家退款处理，如果由于卖家账号出现问题或产品有质量问题，亚马逊一般会有两种处理方式，货物退到由卖家提供的国外当地地址并由买家支付退货过程中产生的处理费及运费，或是直接销毁货物同时收取销毁费用。

2. 飞鸟国际

飞鸟国际是一家在英国注册的国际物流公司。英国海外仓储服务是该公司针对广大的中国电子商务卖家的需求，为卖家提供的仓储、分拣、包装、配送等项目的一站式服务。卖家将货物存储到飞鸟系统英国仓库，当买家下订单时，可以第一时间做出快速响应，及时进行货物的分拣、包装，并且从英国运送到其他欧洲国家不需要进行二次报关，减少了清关所占用时间。同时，借助于英国曼彻斯特强大的航空网络，再加上英国到其他欧洲国家运距短等特点，可以确保货物安全、准确、及时、低成本地送达终端买家手中。建设海外仓的第三方物流公司的国内操作中心多数集中在深圳,这些公司借助深圳和香港的便捷物流通道,将货物以较快的速度运至海外仓库。这类公司比较知名的还有出口易、递四方等,目前这类公司正如雨后春笋般崛起。

3. 兰亭集势

卖家自建海外仓储物流公司中比较著名的还有兰亭集势(LightInTheBox),2015年2月,该公司位于美国内华达州雷诺市的第一个北美海外仓正式投入运营。目前,全国各地的一些成规模的跨境电商卖家纷纷以各种形式在海外建立自己的发货基地。

二、进口跨境电商物流模式

进口跨境电商物流模式通常分为三种:①一般进口的物流模式,即最传统的邮运、快递等,也称为海淘、代购模式;②集运进口物流模式,即买家在进口跨境电商网站下订单后,由专业物流公司将货物在海外集运,然后以普通国际贸易海运或空运方式进口至境内;③保税进口物流模式,即进口跨境电商先将货物以普通国际贸易海运或空运方式进口至国内的保税区仓库,然后按照订单从保税区向买家寄送发货。保税进口物流模式突破了原有保税区的管理模式,为此海关总署于2014年7月出台了单独的监管模式"保税跨境贸易电子商务(1210)",之后该模式下的试点范围逐渐扩大。

1. 一般进口物流模式

一般进口物流模式即传统的邮运、快递物流进口模式,这与邮运、快递出口模式是对应的。 在跨境电商受到普遍重视之前,多数跨境电商领域售卖的商品都是先通过此种途径入境,再由国内快递寄送至消费者手中。

2016年以前,跨境电商进口商品是以个人物品形式完成进口通关的,因此也是以个人物品形式缴纳进口行邮税的。按照《中华人民共和国海关法》的有关规定,行邮税是行李和邮递物品进口税的简称,是海关对入境旅客行李物品和个人邮递物品征收的进口税。由于其中包含了进口环节的增值税和消费税,故也是对个人非贸易性入境物品征收的进口关税和进口工商税的总称。课税对象包括入境旅客、运输工具,服务人员携带的应税行李物品、个人邮递物品、馈赠物品,以及以其他方式入境的个人物品等。按照《中华人民共和国进出口关税条例》,关税税额在50元以下的一票货物可以免征行邮税,因此多数跨境电商进口货物的单票纳税额都被拆分到了50元以下。

为了保证一般贸易进口方式与跨境电商进口方式的公平,2016年3月24日,财政部、海关总署、国家税务总局共同发布了《财政部 海关总署 国家税务总局关于跨境电子商务零售进口税收政策的通知》,其中包含跨境电子商务零售进口税收的新政策。该通知规定,自2016年4月8日起,跨境电子商务零售进口商品将不再按邮递物品征收行邮税,而是按货物征收关税和进口环节增值税、消费税,以推动跨境电商健康发展。然而,为了体现对跨境电商的支持,在一定限额以内的跨境电商进口商品可以享受零关税,以及增值税和消费税按70%核收的优惠条件。2018年11月21日召开的国务院常务会议决定,延续和完善跨境电商零售进口政策并扩大适用范围,扩大开放,更大激发消费潜力。会议决定,从 2019 年 1 月 1 日起，延续实施跨境电商零售进口现行监管政策，对跨境电商零售进口商品不执行首次进口许可批件、注册或备案要求，而是按个人自用入境物品进行监管。在对跨境电商零售进口清单内商品实行限额内零关税、进口环节增值税和消费税按法定应纳税额 70% 征收的基础上，进一步扩大享受优惠政策的商品范围，新增群众需求量大的 63 个税目商品。提高享受税收优惠政策的商品限额上限，将单次交易限值由 2 000 元提高至 5 000 元，将年度交易限值由每人每年 2 万元提高至 2.6 万元。

2. 集运进口物流模式

由于传统的邮运和快递等方式物流成本较高，为了降低物流成本，专业物流公司在海外货源地建立仓库，将分散采购的跨境电商商品集中采用集装箱运输至国内，这种模式称为集运进口物流模式，又被称为海淘转运模式。为了适应跨境电商的快速发展，我国海关总署于 2014 年 2 月增列了"跨境贸易电子商务（9610）"的监管代码，在规范邮政、快递物流的跨境电商出口的同时，也允许跨境电商进口商采用"清单核放、汇总申报"的模式进口，即将集运进口货物通关时集中逐项扫描，仍然看作私人邮购、快件方式进境。

跨境电商零售进口 9610 模式

在物流企业方面，继顺丰、申通推出海淘转运服务后，韵达也于 2014 年 9 月初推出中美海淘转运服务，此外，韵达还上线了海淘代购网站"易购达"（www.ebuyda.com）。部分跨境电商专线物流供应商也利用自己的海外仓开通了海淘转运业务，如跨境电商专线物流供应商递四方就开通了"转运四方"平台（www.transrush.com）。目前，各大物流企业的海外集运仓主要集中在韩国、日本、美国、欧盟等进口商品主要来源地区。

3. 保税进口物流模式

集运进口模式或转运模式虽然降低了运输成本，但是运输时间依然较长。通常转运时间需要 10～15 天，较长的运输时间大大降低了客户的物流体验满意度。因此，部分跨境电商进口商将商品预先运至保税区仓库，待客户下单后再从保税区发货，这样就跟国内快递运输时间一致了，从而大大提升了客户的物流体验满意度。

但是由保税区内向保税区外个人发货突破了保税区原有管理规定。海关总署于 2014 年 7 月发布公告，增列"保税跨境贸易电子商务（1210）"监管模式。宁波 2013 年 11 月就开始了此类试点，是最早实施保税备货进口试点的城市，也是目前试点最成功的口岸。国内各大电商纷纷涉足跨境电商进口业务，阿里巴巴建设了天猫国际，京东商城建设了京东全球购，苏宁易购建设了苏宁海外购，各大独立进口跨境电商企业也纷纷崛起，如洋码头等，这些企业纷纷在试点城市的保税场所设立保税进口仓库。

整体来看，保税进口模式运费低、用时短、消费者体验较好，但是受地域限制，只能局限于试点城市的保税场所，而且需要跨境电商进口商运用大数据预测产品的销量，有可能造成库存积压。一般进口和集运进口虽不会产生库存积压，但是高昂的运费和较长的运输期限大大影响了进口跨境电商消费者的消费体验。未来跨境电商进口物流将会持续进行整合、调整。

本 章 小 结

跨境电商物流与配送是跨境电商的组成部分,也是跨境电商的核心环节之一,但其物流成本高、配送时间长、可追溯性差使其还有很大的提升空间。总体而言,跨境电商具有国际性、分散化、信息化的特征。目前,我国以国际快递为代表的跨境电商物流发展迅速,新的跨境电商物流模式不断涌现,更加经济、高效、透明的跨境电商物流体系正在形成。在未来,跨境电商物流便利化将持续推进、物流的标准化将会逐步形成、跨境电商物流网络将会触及全球的每一个角落。根据商品流向不同,跨境电商物流可以分为出口跨境电商物流和进口跨境电商物流两种模式,其中出口跨境电商物流模式包括邮政、快递物流模式和海外仓物流模式;进口跨境电商物流模式包括一般进口物流模式、集运进口物流模式和保税进口物流模式。

名词解释

1. **邮政物流模式**:邮政物流模式主要是通过国际小包实现的。重量在2千克以内,外包装长宽高之和小于90厘米,且最长边小于60厘米,通过邮政空邮服务寄往国外的小邮包,可以称为国际小包。国际小包分为普通空邮(normal air mail)和挂号空邮(registered air mail)两种。前者费率较低,邮政不提供跟踪查询服务;后者费率稍高,可提供网上跟踪查询服务。一般跨境电商B2C卖家所销售的电子产品、饰品、配件、服装、工艺品都可以采用此种方式来发货。常见的国际小包服务渠道有:中国邮政小包、新加坡邮政小包、荷兰邮政小包、瑞士邮政小包、俄罗斯邮政小包等。

2. **快递物流模式**:快递物流模式主要是通过EMS、DHL、UPS、FedEx、TNT、顺丰等快递公司的国际快递业务将跨境电商售卖的商品递送至客户手中。快递递送跨境电商商品的特征是速度快、运输过程可查询,缺点是大部分快递公司的物流费用较高。因此采用快递递送的跨境电商商品主要是一些货值高、重量轻的商品。

3. **海外仓物流模式**:所谓海外仓物流模式,即在跨境电商买家所在国内建设存储仓库,利用跨境电商销售平台的大数据,分析未来一段时间可能的销售量,然后将所售货物先用普通国际贸易的海运或空运方式运至存储仓库,待客户下单后直接从本国的存储仓库寄送至买家手中的一种模式。

4. **一般进口物流模式**:一般进口物流模式即传统的邮运、快递物流进口模式,这与邮运、快递出口模式是对应的。在跨境电商受到普遍重视之前,多数跨境电商领域售卖的商品都是先通过此种途径入境,再由国内快递递送至消费者手中的。

5. **集运进口物流模式**:由于传统的邮运和快递等方式物流成本较高,为了降低物流成本,专业物流公司在海外货源地建立仓库,将分散采购的跨境电商商品集中采用集装箱运输至国内,这种模式称为集运进口物流模式,又被称为海淘转运模式。

6. **保税进口物流模式**:部分跨境电商进口商将商品预先运至保税区仓库,待客户下单后再从保税区发货,这样就跟国内快递运输时间一致了,大大提升了客户的物流体验满意度,这种模式称为保税进口物流模式。

课后思考题

1. 简要阐述物流与配送在跨境电商业务中的地位。
2. 试分析跨境电商物流与配送的特征。
3. 试分析跨境电商物流与配送的发展现状与未来发展方向。
4. 试分析邮政物流模式、快递物流模式、海外仓物流模式、一般进口物流模式、集运进口物流模式、保税进口物流模式的联系与区别。

第三章 跨境电子商务支付

本章概要

本章的主要内容是跨境电子商务支付（简称跨境电商支付），共分为三节。第一节主要介绍跨境电商支付在我国的发展历程、跨境电商支付与传统国际贸易支付的区别；第二节主要介绍跨境电商支付的种类，以及跨境电商支付中付汇业务与收汇业务的主要流程；第三节主要分析跨境电商支付存在的问题以及跨境电商支付的行政管理。

学习目标

- 了解跨境电商支付在我国的发展历程；
- 理解跨境电商支付与传统国际贸易支付的主要区别；
- 掌握跨境电商出口支付和跨境电商进口支付的种类；
- 掌握跨境电商支付付汇与收汇业务的主要流程；
- 掌握跨境电商支付存在的问题；
- 了解我国在跨境电商支付领域的行政管理制度。

第三章 跨境电子商务支付

思维导图

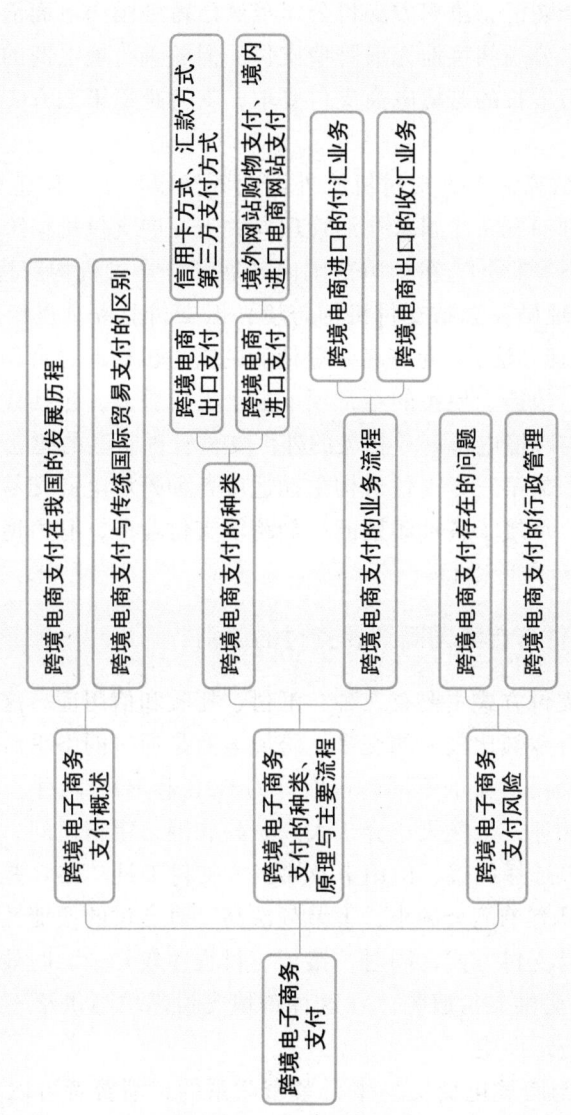

第一节 跨境电子商务支付概述

一、跨境电商支付在我国的发展历程

2013年以前，我国第三方支付机构（除银联以外）都不能直接进行跨境支付业务，只能由银行完成结售汇和购汇，第三方支付公司虽然已得到国内电商消费者的广泛认可，却只能通过在境外的离岸公司间接地完成跨境支付。但随着跨境电商的蓬勃发展，传统的银行业务已不能满足日益增长的跨境电商支付要求，支持跨境第三方支付业务的开展逐步被提上日程。

为方便跨境电商结算，促进支付机构外汇业务健康发展，防范外汇支付风险。2015年1月，国家外汇管理局发布《国家外汇管理局关于开展支付机构跨境外汇支付业务试点的通知》（汇发〔2015〕7号），在全国范围内开展部分支付机构跨境外汇支付业务试点。2019年，国家外汇管理局在总结支付机构跨境外汇支付业务试点经验的基础上，制定了《支付机构外汇业务管理办法》。允许名录登记后的支付机构通过合作银行为市场交易主体跨境交易提供的小额、快捷、便民的经常项下电子支付服务，包括代理结售汇及相关资金收付服务。这标志着与跨境电子商务相关的外汇支付管理制度的建立。

获得跨境支付牌照的第三方支付机构主动适应各种跨境电商交易平台的支付需求，不断创新跨境支付产品，承接了各种频繁的小额跨境支付业务，有力地支持了我国跨境电商的发展。

二、跨境电商支付与传统国际贸易支付的区别

传统国际贸易的支付方式主要有三种：汇付、托收和信用证。这三种支付方式均需通过银行进行操作，适合金额比较大的交易。跨境电商是通过网络平台进行交易的一种新型国际贸易业态，根据交易对象的不同，可以分为B2B和B2C两种。其中，B2B是企业对企业之间的跨境批发业务，金额大小介于大宗贸易和网络零售之间，可以选择传统的国际贸易支付方式，也可以选择网银、信用卡及第三方支付工具。B2C是企业对个人消费者的跨境网络零售业务，具有单笔金额小、下单频次高、对支付的便捷性要求高的特点，因此不适合传统的国际贸易支付方式，同时，银行支付程序较复杂，时效性较差，也不愿意为零散的跨境B2C交易提供支付服务。在这种跨境支付需求与供给不匹配的情况下，新型的跨境电商支付手段应运而生。

跨境电商支付是与跨境电商交易平台紧密联系的，消费者可以在购物时通过平台链接的网银、信用卡、第三方支付工具直接进行支付的一种支付方式。跨境电商支付可以满足货物贸易及服务贸易的支付需求，前者比如跨境网络零售业务，后者比如境外住宿、餐饮、留学缴费等服务。与传统国际贸易支付相比，跨境电商支付具有以下三个特点。

1. 支付金额小额化、多频化

随着跨境网络零售的高速发展，国际贸易走向微型化，订单可能随时随地产生，但是

订单金额很小。在跨境电子商务尤其是跨境网络零售的背景下，再让买方通过银行托收或是向开证行申请开立信用证就显得不太合适了，不仅速度很慢，而且成本很高。汇付对跨境小额 B2B 依旧适用，但是对于跨境 B2C 来说，消费者更喜欢使用国际信用卡、第三方支付等足不出户就可以付款的网络支付工具，所以跨境电商支付的一大特点是支付金额较小、支付频次较高。

2. 支付方式信息化、电子化

跨境电商的支付方式与传统国际贸易的支付方式和国内电子商务（也称国内电商）的支付方式都有相关性，并且与后者的相关性更大一些。跨境电商支付区别于传统国际贸易支付的特点是支付方式的信息化与电子化。跨境电商的支付方式与国内电商一样，都要借助网络支付手段，国内电商常用的网银、信用卡、支付宝在跨境电商支付中都可以找到类似的身影。跨境电商的支付方式与国内电商相比，实际上就多了一个外汇的问题，需要一些中间机构完成两种货币的转换，另外还需要解决外汇管制的问题，因为国家通常对外汇兑换数额有限制。

3. 担保方由银行向第三方支付机构转变

与传统国际贸易一样，跨境电商也涉及买卖双方的支付信任问题，即先发货还是先交钱的问题。在传统国际贸易中，银行通过信用证方式为买卖双方的交易提供了支付担保，而在跨境电商中，第三方支付机构（如 PayPal 和支付宝）承担了类似的支付担保作用。以 PayPal 为例，买方下单后使用 PayPal 进行付款，PayPal 会即时把货款打入卖方账户。但是如果买方在 45 天之内对商品不满意，向 PayPal 提出争议，PayPal 会做退款处理，严重时会冻结卖方的账户。第三方支付机构的出现，较好地解决了跨境电商买卖双方的支付信任问题。

第二节 跨境电子商务支付的种类、原理与主要流程

一、跨境电商支付的种类

按跨境支付机构所属的地域及承担的业务不同，可将我国跨境支付机构分为三大类：第一类，涉足跨境网购（进口 B2C）、出口电商市场的境内第三方支付机构，如支付宝；第二类，凭借强大的银行网络，不仅支持跨境网购、出口电商，还覆盖了境外 ATM 取款和刷卡消费等国际卡业务市场的境内传统金融机构，如银联（银联在线支付本身也可看作第三方支付机构）；第三类，以 PayPal 为代表的提供全球在线收付款业务的成熟境外支付企业。跨境支付企业经营模式如表 3-1 所示，跨境电商也正是通过这三类企业的支付业务完成其支付环节。

按进出口方向的不同，跨境电商支付可分为跨境电商出口支付和跨境电商进口支付。下面将这两种方式与其对应类别下的跨境电商支付方式及其代表性企业进行相关解析。

表 3-1 跨境支付企业经营模式

企业类型	企业名称	服务/产品	服务类别	服务对象	支付卡	结算币种	覆盖地区
境内第三方支付企业	支付宝	海外购	进口 B2C	支付宝会员	国内各大银行卡等	人民币	日本、韩国、英国、美国、意大利、澳大利亚等
		外卡支付	出口电商	境外持卡人	MasterCard、VISA 国际信用卡（人民币通道）	人民币	全球主要国家和地区
	快钱	国际收汇	出口电商	需拓展国际业务的外商企业	VISA、MasterCard、American Express、JCB 等主流国际信用卡，PayPal 账户	人民币	全球主要国家和地区
境内传统金融机构	银联	互联网认证支付服务（银联在线支付）	进口 B2C、出口电商	银联卡持卡人	银联卡	外币	日本、美国等
		境外 ATM 取款和刷卡消费	国际卡业务	银联卡持有人	银联卡（开通境外受理业务）	人民币	亚太、欧美、非洲、大洋洲等
境外第三方支付企业	PayPal	外贸一站通	出口电商、国际卡业务	需拓展国际业务的外商企业、PayPal 合作银行卡用户	全球超过 15 000 家银行卡、信用卡，PayPal 账户	商家所在地货币	全球主要国家和地区

资料来源：艾瑞咨询，华泰证券研究所。

（一）跨境电商出口支付

1. 信用卡方式

由于大部分国外消费者都有使用信用卡支付的习惯，而且大多数银行都是 VISA 和 MasterCard 的组织成员，因此我国的跨境电商网站都提供 VISA 和 MasterCard 的信用卡支付通道。目前国际上有五大信用卡品牌：VISA、MasterCard、American Express、

JCB、Diners Club，其中前两个使用较为广泛。跨境电商网站要开通信用卡支付网关[①]，一般需要到第三方支付公司开通办理。把网关接口连接到外贸商家购物车的后台，国外消费者点击购物车下订单后，点击付款，就可以进入支付网关界面，在线填写完信用卡的相关信息后，就可以进行支付。这种支付方式方便、快捷，符合国外消费者的消费习惯，是外贸商家的一个得力助手。

然而，对于卖家来说，信用卡支付方式也有缺点：一是接入国际信用卡收款的程序比较复杂，而且需要预存保证金；二是信用卡收款费用较高，而且"黑卡"很多，存在拒付（chargeback）风险。信用卡拒付指的是持卡人在支付后一定期限内（一般为180天，某些支付机构可能规定更长的期限），可以向银行申请拒付账单上的某笔交易。由于网络交易和面对面交易的差异性，无论卖家使用何种电子商务平台，此类风险都无法完全避免。例如，当买家通过信用卡支付阿里巴巴速卖通平台上的网上交易时，有可能会通过信用卡公司提出拒付。

国际信用卡在线支付方式与传统的收款方式不同，通常需通过第三方支付公司办理，因此款项不能即时到达商家账户。第三方支付起到中间担保的作用，消费者下订单、付款，商家根据订单发货，第三方支付公司再将款项结算给商家。在这个过程中，结算的时间和相关政策，每个支付公司都是不相同的。

2. 汇款方式

汇款是跨境小额B2B的常用支付方式，买家收款的银行会收取手续费，有的时候卖家付款的银行也会收取手续费。汇款方式的优点是：收款迅速，几分钟之内就可以到账；先付款后发货，保证商家利益不受损失。其缺点是：先付款后发货，买方的利益得不到保障；当客户群体较小时，会限制商家的交易量。常见的汇款工具有以下六种。

（1）西联汇款。

西联汇款（Western Union）是西联国际汇款公司的简称，是世界上领先的特快汇款公司，可以在全球大多数国家的西联代理所在地汇出和提款。手续费由买家承担，对买家来说风险极高，但对于卖家来说最划算，可先提钱再发货。在卖家未领取钱款时，买家可以将已支付的资金撤销。其优点是安全性好，到账速度快；缺点是手续费较高，需要买卖双方到当地银行柜台实地操作。西联汇款的适用范围是10 000美元以下的小额支付。

（2）速汇金汇款。

速汇金汇款是MoneyGram公司推出的一种快捷、简单、可靠的国际汇款方式，目前该公司在全球197个国家和地区拥有总数超过350 000个的代理网点。收款人凭汇款人提供的编号即可收款。单笔速汇金汇款金额不得超过10 000美元（不含），每天每个汇款人的速汇金累计汇出最高限额为20 000美元（不含）。其优点是：速汇金汇款在汇出后十几分钟即可到达收款人手中；在一定的汇款金额内，汇款的费用相对较低，无中间行手续费，

[①] 支付网关（payment gateway）是银行金融网络系统和Internet之间的接口，是将由银行操作的Internet上传输的数据转换为金融机构内部数据的一组服务器设备，或由指派的第三方处理商家的支付信息和顾客的支付指令。支付网关可确保交易在Internet用户和交易处理商之间安全、无缝地传递，并且无须对原有主机系统进行修改。

无电报费；手续简单，汇款人无须选择复杂的汇款路径，收款人无须预先开立银行账户，即可实现资金划转。其缺点是：汇款人和收款人均必须为个人；必须为境外汇款，必须符合国家外汇管理局对于个人外汇汇款的相关规定；客户如持现钞账户汇款，还需缴纳一定的钞变汇的手续费，国内目前有中国工商银行、交通银行、中信银行三家银行代理了速汇金收付款服务。

（3）PayPal。

PayPal是全球众多客户使用的国际贸易支付工具，因此国际知名度较高。PayPal还提供汇款服务，费率为2.9%～3.9%，无开户费及使用费，每笔收取0.3美元的银行系统占用费；提现每笔收取35美元，如果是跨境提现，每笔收取0.5%的跨境费。使用PayPal汇款的优点是国际付款通道满足了部分地区客户的付款习惯，在美国eBay旗下，尤其受到美国客户的信赖；缺点是PayPal更保护消费者利益而不是卖家利益，双方权利不平等，每笔交易除手续费外还需要支付交易处理费，商家账户容易被冻结，利益容易受损。PayPal更适用于跨境电商零售行业，特别是几十到几百美元的小额交易。

（4）CashPay。

CashPay是一种多渠道集成的支付网关，费率为2.5%，无开户费及使用费，无提现手续费及附加费。其优点是加快偿付速度（2～3天），结算快；支持商城购物车通道集成；提供更多支付网关的选择，支持多币种提现；通过了支付卡行业（Payment Card Industry，PCI）数据安全标准（Data Security Standard，DSS），有专门的风险控制防欺诈系统CashShield，并且一旦出现欺诈即100%赔付，降低退款率，专注客户盈利、资料数据更安全。

（5）Moneybookers。

Moneybookers的费用分为以下几种：从银行上载资金免费；从信用卡上载资金费率为3%；到银行取钱，固定费用1.8美元；通过支票取钱，固定费用3.5美元。其优点是较安全，因为Moneybookers以电子邮箱为支付标识，付款人不需要暴露信用卡等个人信息，客户必须激活认证才可以进行交易，登录时以变形的数字作为登录验证，以防止自动化登录程序对个人账户的攻击；只需要知道收款人的电子邮箱地址就可以进行汇款；可以通过网络实时进行收付款。其缺点是不允许一个客户拥有多个账户，一个客户只能注册一个账户，且须年满18岁才可以注册。

（6）Payoneer。

Payoneer是一家总部位于纽约的在线支付公司，主要业务是帮助其合作伙伴将资金下发到全球，同时也为全球客户提供美国银行/欧洲银行收款账户，用于接收欧美电商平台和企业的贸易款项。Payoneer的优点是：便捷，使用中国身份证即可完成Payoneer账户在线注册并自动绑定美国银行账户和欧洲银行账户；合规，可以像欧美企业一样接收欧美公司的汇款，并通过Payoneer和中国支付公司的合作完成线上的外汇申报和结汇；便宜，电汇设置单笔封顶价，人民币结汇不超过2%。Payoneer较适用于单笔支付资金额度较低，但是客户群分布较广的跨境电商网站或卖家。

3. 第三方支付方式

第三方支付是指具备实力和信誉保障的第三方企业和国内外各大银行签约，为买方和卖方提供信用担保的支付方式。通过第三方支付平台交易时，买方选购商品后，款项不是直接打给卖方而是付给中介，中介再通知卖家发货；买方收到商品后通知中介付款，中介再将款项转至卖家账户。在跨境电商领域中也活跃着很多第三方支付公司，如 PayPal、支付宝、WebMoney、QIWI Wallet、CASHU 等，其中 PayPal 的国际市场占有率最高，但是在某些地区，其他的第三方支付更为流行。

（1）PayPal。

PayPal 是目前全球最大的在线支付提供商，成立于 1998 年 12 月，总部位于美国加利福尼亚州圣何塞市，全球有超过一亿个注册账户，是跨国交易中最有效的付款方式。任何人只要有一个电子邮箱地址，都可以方便而安全地使用 PayPal 在线支付，避免了传统的邮寄支票或汇款的安全隐患。PayPal 支持 190 多个国家和地区的交易，支持 20 多个币种，快速、安全而且方便。对消费者的好处：一是安全，PayPal 保证信息的安全，消费者不用将银行卡或银行账户的详细信息透露给他人；二是快速，可以立即向有电子邮箱地址的任何人进行付款；三是方便，注册快捷，一旦成为用户，就可以与全球范围内 56 个市场（包括北美洲、亚洲及欧洲大部分国家）的卖家进行交易。对商家的好处：一是安全，PayPal 使用最先进的商用加密技术保护数据，财务信息不会透露给其他任何人；二是快速，买家付款后即时到账；三是方便，卖家可以使用 PayPal 的各种工具管理交易并提高效率。

（2）ClickandBuy。

ClickandBuy 是一家独立的第三方支付公司，1999 年在德国科隆成立，后迁址到英国，拥有约 1 300 万名客户，是世界上最受欢迎的电子钱包服务商之一。商家在收到 ClickandBuy 的汇款确认后，在 3～4 个工作日会收到货款。每次交易金额最低 100 美元，每天交易金额最高 10 000 美元。

（3）paysafecard。

paysafecard 购买手续简单且安全。除线上支付外，它还是欧洲游戏玩家的网游支付手段。客户可以用 16 位的账户数字完成付款。但是，要开通 paysafecard 支付，需要有企业营业执照。

（4）WebMoney。

WebMoney 是俄罗斯最主流的电子支付方式，客户在俄罗斯各大银行均可自主充值取款。

（5）CASHU。

CASHU 隶属于阿拉伯门户网站 Maktoob（Yahoo 于 2009 年完成对 Maktoob 的收购）。主要用于支付在线游戏、电信、IT 服务，以及实现外汇交易。CASHU 允许任何货币进行支付，但该账户始终以美元显示资金。CASHU 现已为中东等地区的广大网民所使用，是中东和北非地区运用最广泛的电子支付方式之一。

（6）LiqPay。

LiqPay是一个小额支付系统，一次性付款不超过2 500美元，且立即到账，无交易次数的限制。LiqPay用客户的移动电话号码作为标识。账户存款为美元，如果存入的是另一种货币，系统将根据LiqPay内部汇率进行折算。

（7）QIWI Wallet。

QIWI Wallet是俄罗斯最大的第三方支付工具，其服务类似于我国的支付宝。该系统使客户能够快速、方便地在线支付水电费、手机话费，以及网购费用，还能用来偿付银行贷款。

（8）NETELLER。

NETELLER是在线支付解决方案的"领头羊"，可免费开通，全世界数以百万计的会员选择使用NETELLER的网上转账服务。可以把它理解成一种电子钱包，或者一种支付工具。

（9）国际支付宝。

阿里旗下的支付宝在国内市场占有率极高，但是要作为出口收汇的工具还需要进一步在海外推广。现在国际支付宝（Escrow）已经接入了俄罗斯本土的WebMoney和QIWI Wallet两大支付工具，巴西的支付工具Boleto和TEF，以及全球化的信用卡支付体系组织VISA和MasterCard。从结构上，国际支付宝的支付模块被清晰地分割为四块：第一块专门用于信用卡支付、第二块专门用于俄罗斯客户支付、第三块专门用于巴西客户支付、第四块用于全球化支付的线下汇款等。

（10）易宝支付。

易宝支付（Yeepay.com）成立于2003年，总部设在北京，是第一批获得跨境支付牌照的第三方支付公司。易宝支付聚焦行业，主要为各种跨境电商平台提供后台的支付服务，如去哪儿、港中旅、敦煌网、豌豆公主等，易宝支付也是亚马逊网站的第三方支付合作公司之一。易宝支付的支付领域涵盖货物贸易、留学教育、航空机票、酒店住宿、国际运输、旅游服务、国际展览等，由于其主要为平台提供支付服务而不为消费者所熟知。

4. 香港离岸公司银行账户

卖家可以通过在香港开设离岸银行账户，接收海外买家的汇款，再从香港账户汇到内地账户。在香港开设离岸银行账户的优点是接收电汇无额度限制，不需要像内地银行一样，受到5万美元的年汇额度限制；不同的货币也可直接自由兑换。缺点是香港银行账户的钱还需要转到内地账户，较为麻烦；部分客户选择地下钱庄的方式，有资金风险和法律风险。这种方式对于传统外贸及跨境电商都适用，但一般适合已有一定交易规模的卖家。

（二）跨境电商进口支付

1. 境外网站购物支付

跨境电商进口支付主要用于本国人在境外电商网站购物并通过境外网站提供的支付工具进行支付。一般说来，境外电商网站会提供信用卡、PayPal，以及其他具有地方特色的支付方式。国内银行发行的双币种信用卡 VISA 或 MasterCard 都可以直接用于进口支付，还款时银行会自动将外币换算成人民币。PayPal 有中国公司，国内买家可以注册账号，完成本币与外币的兑换，使用人民币付款。如果要使用其他第三方支付工具，就要看它是否与本国银行或第三方支付公司有合作以及是否方便结汇。如果收款账户是个人，就要受国家外汇政策的约束，即每人每年不超过 5 万美元。

2. 境内进口电商网站支付

国内第三方支付公司也积极与国外银行、商户及第三方支付公司合作，为国内消费者跨境支付提供便利。支付宝直接与境外商户合作，目前已覆盖 30 多个国家和地区的上千家网站的购物付款，支持 15 种海外货币结算。用户可以通过支付宝使用人民币进行支付，再由境外电商网站或支付宝合作的转运公司将商品运送至国内。财付通与美国运通合作的"财付通美国运通国际账号"于 2012 年 11 月 19 日正式上线。用户可以在境外接受美国运通卡的商户进行购物，支付时按照当天的汇率直接换算成人民币，商品由商户或转运公司送至国内。中移电子商务有限公司于 2014 年 9 月 10 日宣布和美国运通合作，推出"和包"产品（原名手机钱包）。"和包"用户将账号与美国运通的电子旅行支票绑定充值，就可用电子旅行支票进行海外购物并查询电子旅行支票余额。

为了方便国人购买进口商品，政府和境内电商网站也在积极搭建进口商品平台，吸引外国品牌入驻平台。在这种情况下，国内消费者就可以使用境内常用的支付工具进行支付，再由支付机构负责换汇，把货款打给境外商家。

2013 年 12 月 28 日，全国首个跨境贸易电子商务试点平台"跨境通"在中国（上海）自由贸易试验区正式启动。"跨境通"由上海东方支付有限公司（简称东方支付）投资成立，采取了商户入驻的方式。由"跨境通"面向国内用户搭建跨境进口导购平台，由东方支付提供支付服务。该平台网站上都是人民币标价，商户可以按照 T+1 的实时汇率换算成商户期望的相应外币，根据商户的结算要求，直接付汇到商户的境外账户，这些操作全部可在线上完成。与东方支付进行支付结算合作的银行有中国银行、上海银行、中国民生银行、中信银行这几家银行的在沪分行。该平台也可以提供个人信用卡的支付通道，未来还会与其他第三方支付机构合作[①]。

天猫国际于 2014 年 2 月 19 日正式上线，为国内消费者直供海外原装进口商品。各个境外商户可在天猫国际开户，且入驻的境外商户需要注册支付宝海外版。中国消费者可以使用国内的支付宝进行付款，然后由支付宝公司将人民币换算成外币支付给境外商户。

二、跨境电商支付的业务流程

交易双方在跨境电商支付方面的需求主要有两种类型：一是中国消费者在跨境电商平台上购买国外的商品或服务，需要把人民币换算成外币，打入外国卖家的账户，也就是跨境电商进口的付汇业务；二是中国卖家在跨境电商平台上出售商品或服务，需要把外国消费者通过信用卡或第三方支付工具支付的外币换算成人民币，再打入中国卖家账户，即跨

---

① http://www.nbd.com.cn/articles/2013-12-31/799117.html.（2013-12-31）［2023-03-01］.

境电商出口的收汇业务。下文以第三方支付机构易宝支付的业务流程为例,介绍这两种跨境电商支付的业务流程。

(一) 跨境电商进口的付汇业务

1. 中国消费者付款

中国消费者在跨境电商交易平台上购买商品或服务的时候,需要进入平台链接的支付页面进行支付。交易平台通常会提供丰富的支付方式,如网银支付、App 支付、快捷支付和扫码支付等。各种支付方式都连接着消费者在某家银行的账户,银行会根据消费者的支付指令把相应的款项打给交易平台,而第三方支付机构(如易宝支付)就在交易平台的后台接收这些款项。

2. 支付单推送

由于这些款项需要出境支付给国外的卖家,因此需要接受中国海关以及国家外汇管理局的监管。中国消费者在完成支付后,交易平台会形成支付单,并且向海关推送。

3. 购汇

海关批准支付单后,第三方支付机构通过在银行开立的外汇备付金账户[①]进行购汇操作。根据《支付机构外汇业务管理办法》的规定,支付机构为市场交易主体办理的外汇业务均应通过外汇备付金账户进行。支付机构外汇备付金账户纳入外汇账户管理信息系统管理。

第三方支付机构根据当天外汇牌价向银行进行购汇。根据《支付机构外汇业务管理办法》,支付机构可集中为客户办理收付汇和结售汇业务,并按照要求实现交易信息的逐笔还原,且单笔交易金额原则上不得超过等值 50 000 美元。

4. 付汇

第三方支付机构将每笔交易支付购得的外汇通过环球银行金融电信协会(Society for Worldwide Interbank Financial Telecommunication, SWIFT)[②]通道转入境外卖家在境外银行的外币账户,完成付汇。

(二) 跨境电商出口的收汇业务

1. 境外买家付款

中国卖家可以选择在国内或国际的跨境电商平台上开店铺,前者比如阿里巴巴国际站、敦煌网、中国制造网等,后者比如亚马逊、eBay 等。外国消费者在平台上下单支付,

---

[①] 外汇备付金账户的收入范围为接受境内付款方外汇划转或购汇转入,境外付款方汇入,以及因交易失败由原路、原币种退回的外汇资金;支出范围为外汇划转,结汇转入人民币备付金账户或境内收款方人民币账户,汇出至境外收款方,以及因客户错汇、多汇或交易失败产生的原路、原币种退出的外汇资金。

[②] SWIFT,是国际银行同业间的国际合作组织,成立于 1973 年,运营着世界级的金融电文网络,银行与其他金融机构通过它与同业交换电文,目前全球大多数国家的大多数银行已使用 SWIFT 提供的服务。SWIFT 的使用,给银行的结算提供了安全、可靠、快捷、标准化、自动化的通信服务,从而大大提高了银行的结算速度。

中国卖家希望通过便捷且安全的方式收汇。外国消费者通常习惯用信用卡或第三方支付工具比如 PayPal 进行网络支付，国内第三方支付机构需要做的业务就是外卡收单。

2. 汇款

第三方支付机构与跨境电商交易平台对接，把外国消费者支付的款项划入第三方支付机构在境外的外币账户，再从境外账户汇入其在国内的外汇备付金账户。

3. 售汇

第三方支付机构按照当日外汇牌价出售外汇货款，换算成相应数量的人民币。结售汇也要符合国家外汇管理局和《支付机构外汇业务管理办法》的规定。

4. 收款

第三方支付机构将兑换后的人民币打入中国卖家的人民币账户，完成收汇。

图 3-1 所示为第三方支付机构进口付汇与出口收汇业务的主要流程。

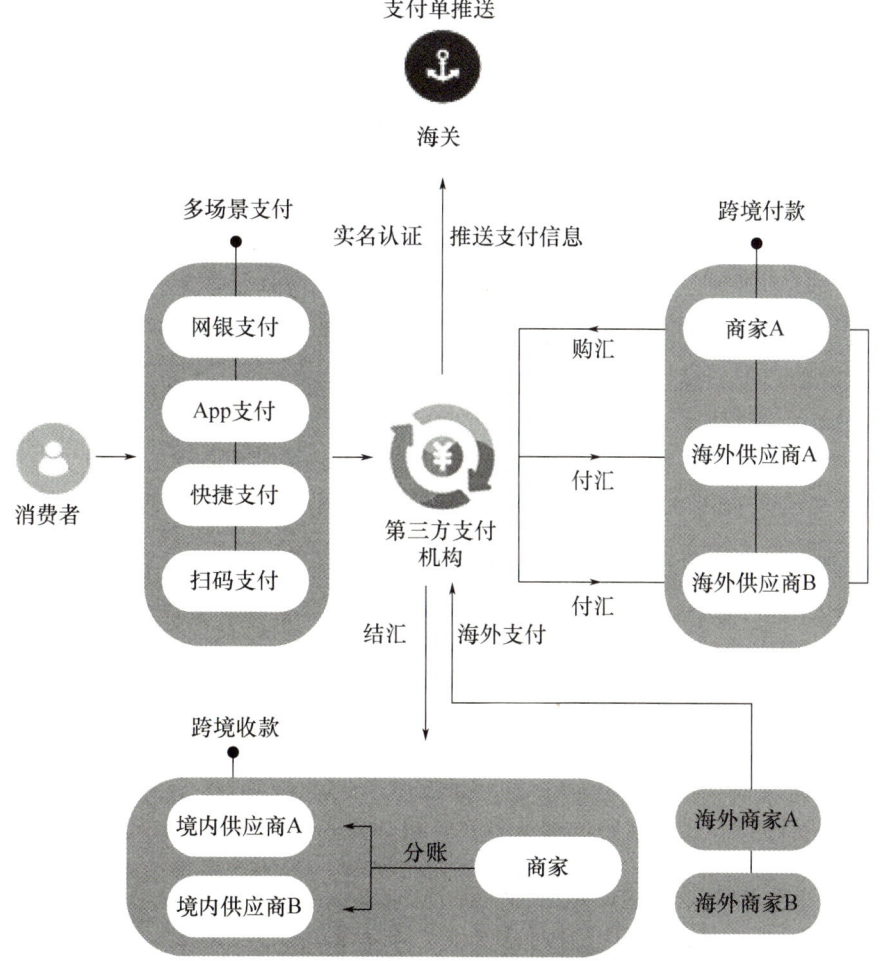

图 3-1　第三方支付机构进口付汇与出口收汇业务的主要流程

第三节 跨境电子商务支付风险

一、跨境电商支付存在的问题

（一）中国跨境电商网站缺乏国际性的支付工具

支付方式的普及对于提高跨境电商的交易量起着重要作用，很多国际消费者可能会由于支付方式不够方便，从而放弃一家电商网站，到另一家支付方式方便的网站购物。中国的跨境电商网站品类齐全，但是支付手段还比较单一。据调查，欧美消费者最喜欢的支付方式是信用卡和 PayPal。阿里巴巴速卖通和敦煌网都曾支持过信用卡和 PayPal 的支付方式，但是现在都终止了与 PayPal 的合作关系，只剩下信用卡作为主要的支付方式。阿里巴巴速卖通结束使用 PayPal 的原因是网站存在很多仿冒品牌，一旦被投诉，PayPal 就会冻结卖家支付账号。中国跨境电商网站缺乏国际性的支付工具会对其交易量产生较大影响。虽然阿里巴巴也在努力地推进支付宝在国际市场的认可度，并且已与 30 多个国家的电商网站建立了合作关系，但是使用者主要还是华人，难以撼动 PayPal 作为国际性第三方支付工具的地位。

（二）对第三方支付机构的监管存在漏洞

虽然我国对第三方支付机构颁发牌照，并且制定了监管政策，但是对公司的运营监控依旧不够全面。一方面，外汇监管部门的外汇统计可能会因为以下三个原因出现误差和统计错误：①不能完全掌握交易双方的各项信息和资金流向；②第三方支付平台存在的资金安全问题以及用户的多样性和分散性导致了其不能进行有效监管也不能统计真实的收支状况；③第三方支付机构经过一段时间再统一申报而立即还原每笔用款。另一方面，第三方支付机构作为连接付款国和收款国的媒介，可以采取丰富的手段完成货币的转换，使得一些国内收款方为避开 50 000 美元的用汇额度，用开设香港离岸账户等手段少报税或逃税，给我国外汇监管带来一定的挑战。总之，虽然第三方支付机构的运营比银行更加灵活，也是跨境电商发展的需要，但是监管起来仍然存在漏洞。

（三）"地下钱庄"问题屡禁不止

由于国家对外汇使用的限制，使得有些国内个人卖家无法按合法渠道结汇，涉嫌采取多种违法渠道：使用多个账号结汇、让亲戚帮着结汇、采用离岸公司接收款项并转账。在国内卖家结汇需求的支配下，出现了专门从事外汇兑换业务的"地下钱庄"，可以以较低的费率帮助国内卖家从国外收汇，并通过各种渠道转到卖家账户。

（四）可能存在资金沉淀的风险

一般情况下，在网络支付平台企业的账户中都会存在一定的资金储备，资金储备来自两个部分。第一部分来自买家在达成交易支付后钱款被划入第三方支付平台的账户中，而这些钱款一般是买家在系统中确认收货以后,才能从第三方账户划入卖家的账户,这中间因时间差而导致的资金停留是一种沉淀。如果卖方在这种虚拟账户中提取现金,则需要缴纳一笔按提取比例或提取次数计算的额外手续费,一般卖方为了降低这种提现成本,也会将资金滞留在账户里一次性支取,这也增加了资金沉淀量。第二部分来自卖家在支付平台被要求存留的预留备付金(应对交易纠纷产生的退款),这项规定也增加了资金沉淀量。但是在第三方支付平台里的资金量越大,资金沉淀的风险也会越大,这些风险包括:可能的洗钱、套现等非法行为给各方造成的损失;由于资金调度不及时等原因而导致管理失误,继而产生流动性风险。

(五)存在交易双方的信用风险问题

跨境电商中往往存在着诸如买家已经完成付款但卖家却迟迟不发货,或者卖家由于各种原因已事先发出货物,但买家却不付款的行为。针对上述情况,作为担保方的一般银行或第三方支付平台并不能完全掌握交易双方的信用状况以及实际的支付纠纷情况。同时,跨境的支付信用体系尚未建立起来,特别是在拥有不同信用等级的国别之间,由于第三方支付平台的归属国不同,各国在判决时并不能对所有国家的主体采取一视同仁的态度。例如,PayPal这种跨境交易支付平台,在处理支付纠纷时往往比较倾向于站在买家的立场,这对于我国跨境零售中小型出口电商来说,无疑被迫处于被动位置。

二、跨境电商支付的行政管理

(一)对个人购汇的限制

目前,我国对个人购汇的限制是一人一年50 000美元。不管持卡人使用哪家银行的卡购买境外网站的商品,都会在国家外汇管理局留下记录,发卡机构都可以查到持卡人已使用外汇的额度。同时,个人结汇的限制也是一人一年50 000美元,如果是C2C的卖家,个人收汇也会受到额度限制。

(二)对第三方支付机构的监管

目前我国在跨境支付领域的监管办法有:《跨境贸易人民币结算试点管理办法实施细则》在试点区域践行对跨境支付的监管并主要关注支付安全问题;《电子支付指引(第一号)》对电子支付的法律界定、服务申请程序、规范等内容作了规定,重点对支付损失责任进行了划定;《支付机构客户备付金存管办法》主要对客户备付金存管银行作出了具体规定;《支付机构互联网支付业务风险防范指引》对支付机构的支付安全保障和资金安全方面提出了规范化操作的要求;《非金融机构支付服务管理办法》主要对非金融机构支付服务的各项内容与准入门槛、终止业务机制、支付各方的权利与义务等进行规范;《支付机构外汇业务管理办法》针对小额跨境电商支付交易,对机构的准入与业务管理方面提出了要求。

其中,《支付机构外汇业务管理办法》规定,支付机构应尽职核验市场交易主体身份的真实性、合法性。为市场交易主体办理的外汇业务应当具有真实、合法的交易基础,且符合国家有关法律法规，不得以任何形式为非法交易提供服务。支付机构应按照外汇账户管理的有关规定，在每家合作银行开立一个外汇备付金账户（一家合作银行的多个币种外汇备付金账户视作一个外汇备付金账户），账户名称结尾标注 PIA（Payment Institute Account）。外汇备付金账户用于收付市场交易主体暂收待付的外汇资金。支付机构为市场交易主体办理的外汇业务均应通过外汇备付金账户进行。同名外汇备付金账户之间可划转外汇资金。支付机构应将外汇备付金账户资金与自有外汇资金严格区分，不得混用。支付机构外汇备付金账户纳入外汇账户管理信息系统管理，合作银行应及时按照规定将数据报送外汇局。

支付机构可集中为客户办理收付汇和结售汇业务，但应实现交易信息的逐笔还原轧差收付汇和结售支付。机构应在当天办理结售汇业务，及时向客户支付，不得故意延迟支付。支付机构应事前与市场交易主体就汇率标价、手续费、清算时间、汇兑损益等达成协议。支付机构应向市场交易主体明示合作银行提供的汇率标价，不得擅自调整汇率标价，不得利用汇率价差非法牟利。

本 章 小 结

随着跨境电商的蓬勃发展，传统的银行业务已不能满足日益增长的跨境电商支付要求，支持跨境第三方支付业务的开展逐步被提上日程。跨境电商支付具有：支付金额小额化、多频化；支付方式信息化、电子化；担保方由银行向第三方支付机构转变的特点。跨境电商出口支付方式主要包括信用卡支付、西联汇款与速汇金汇款等汇款方式支付、PayPal 等第三方平台支付和香港离岸公司银行账户支付四种形式；跨境电商进口支付主要分为境外网站购物支付与境内进口电商网站支付两种形式。跨境电商进口的付汇业务流程包括中国消费者付款、支付单推送、购汇、付款四个步骤；跨境电商出口的收汇业务流程包括境外买家付款、汇款、售汇、收款四个步骤。此外，跨境电商支付还存在着支付安全、信用风险、地下钱庄、资金沉淀、外汇监管等问题，虽然政府部门已出台相关政策支持与规范跨境电商支付行为，但完全规范这些行为还需要继续摸索，根据实际情况大胆创新，以适应跨境电商支付的发展。

课后思考题

1. 简要说明跨境电子商务支付在我国的发展历程。
2. 试分析跨境电商支付与传统国际贸易支付的主要区别。
3. 分别列举几种主要的跨境电商出口支付和跨境电商进口支付模式并说明其优缺点。
4. 试分析跨境电商支付付汇与收汇的流程。
5. 试分析跨境电商支付目前存在着哪些风险。

外贸综合服务

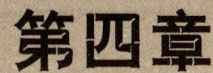
第四章

本章概要

本章的主题是外贸综合服务,共分为六节,分别是外贸综合服务产生的背景、外贸综合服务的定义、外贸综合服务企业的运行机制、外贸综合服务企业的本质及其价值创造,并以一达通为例,详细介绍了外贸综合服务的流程,最后对外贸综合服务企业的作用及其战略意义做了分析。

学习目标

- 了解外贸综合服务产生的背景;
- 掌握外贸综合服务的定义;
- 掌握外贸综合服务企业的运行机制;
- 理解外贸综合服务的本质及其价值创造;
- 掌握一达通的服务流程;
- 理解外贸综合服务企业的作用及其战略意义。

思维导图

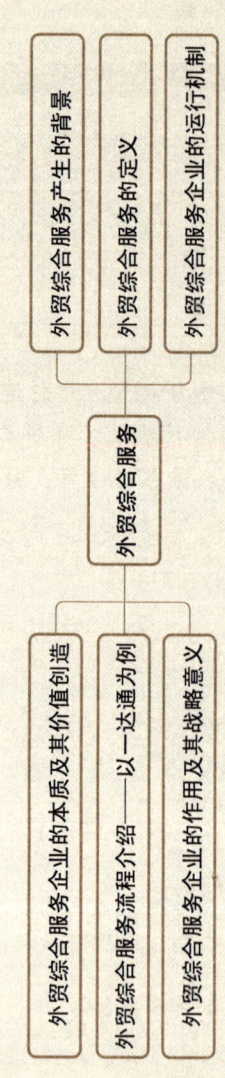

第四章　外贸综合服务

第一节　外贸综合服务产生的背景

由于受人民币升值、原材料价格上涨、用工成本攀升,以及国际市场疲软,欧债美债危机等因素影响,近年来我国中小微企业面临的外贸环境十分不景气。同时,严峻的资金短缺使中小出口型企业的生存更加艰辛。过去中国外贸出口的最大优势在于价格便宜,但现在中国制造业低成本的时代一去不复返,随着中国外贸进入微利时代,服务对外贸的作用将会从初期的忽略不计向产生决定性影响转变。

当前影响外贸发展的最大障碍在于金融和物流服务的缺失,要想打通中小微企业与金融、物流机构之间的障碍,让中小微企业也能够获得优良的金融和物流等专业化服务,必须通过一大批以电子商务为先导的全球整合型供应链服务平台来整合资源、集零为整。我国正处于经济转型和产业升级的关键时期,2013年7月24日,国务院常务会议提出了制定便利通关办法、支持外贸综合服务企业等六项举措,俗称"外贸国六条";2015年,国务院办公厅出台46号文件——《国务院办公厅关于促进跨境电子商务健康快速发展的指导意见》,其中第八条指出:建设综合服务体系。支持各地创新发展跨境电子商务,引导本地跨境电子商务产业向规模化、标准化、集群化、规范化方向发展。鼓励外贸综合服务企业为跨境电子商务企业提供通关、物流、仓储、融资等全方位服务。这正符合党的二十大报告中"支持中小微企业发展"的要求。支持企业建立全球物流供应链和境外物流服务体系。充分发挥各驻外经商机构的作用,为企业开展跨境电子商务提供信息服务和必要的协助。在此背景下,像深圳市一达通企业服务有限公司(简称一达通)、宁波世贸通国际贸易有限公司(简称世贸通)这样的外贸综合服务企业进入迅速发展时期,其发展也促进了我国外贸企业的转型和发展。本章将从外贸综合服务的定义、运行机制、价值创造、服务流程等方面对外贸综合服务进行详细分析。

第二节　外贸综合服务的定义

外贸综合服务是指以中小微外贸企业为服务对象,以电子商务为工具,以进出口业务流程服务外包为内容,以供应链服务平台为依托,采用流程化、标准化服务,为中小微外贸企业提供一站式通关、物流、退税、外汇、保险、金融等政府性服务或商业性服务。其主要特征如下。

1. 主要服务对象为国内的中小微外贸企业

外贸综合服务企业(有时也称外贸综合服务平台)的服务对象主要是国内的中小微外贸企业(尤其是中小微出口型企业)。由于该类企业外贸业务量不是很大,需要处理的外贸流程不是很多,但出口业务的外贸流程具有很强的专业性,中小微外贸企业没有必要为此设岗,通常把外贸流程业务外包给外贸综合服务企业。

2. 提供一站式服务

外贸综合服务企业深入企业交易流程,根据流程环节建立服务模型,通过互联网为中小微外贸企业提供通关、物流、退税、外汇、保险、金融等标准化、规模化、集约化的一站式服务。

3. 创新盈利方式

外贸综合服务企业打破了传统企业降低成本以赚取差价的盈利方式,立足于整个产业链,与各环节相关的企业都成为一个利益共同体,主要提供资金、信息、物流等增值服务,凭借信息、专业知识和人力资源来赚取增值利益,创造了新的盈利方式。

第三节 外贸综合服务企业的运行机制

外贸综合服务企业利用信息化手段整合传统外贸供应链中各环节的资源,在合规的前提下,进行标准化作业,缩短供应链,为广大中小微外贸企业提供通关、物流、退税、外汇、保险、金融等一体化全流程管控的外贸综合服务。外贸综合服务企业的运行机制如图4-1所示。

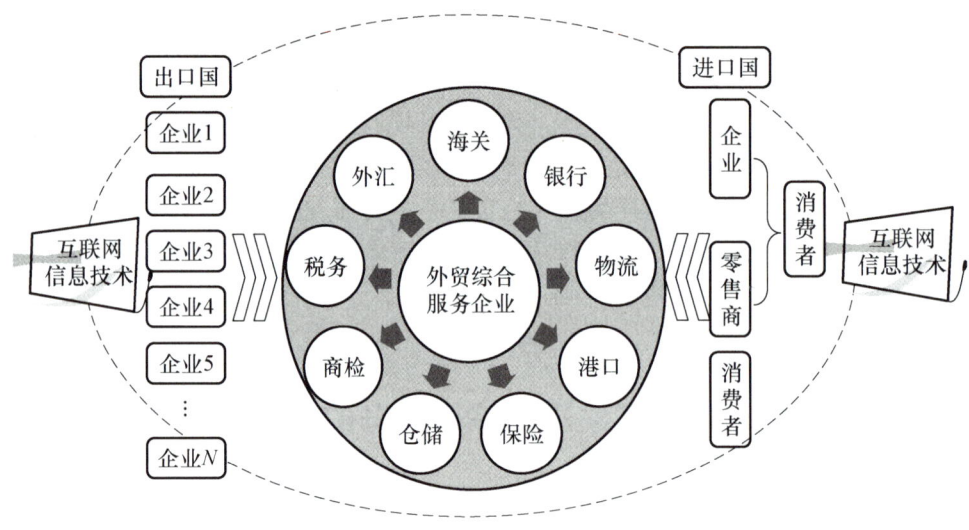

图4-1 外贸综合服务企业的运行机制

第四节 外贸综合服务企业的本质及其价值创造

一、外贸综合服务企业的本质

传统的贸易商是贸易与服务的混合体(图4-2),商品的交易价值由商品价值和流通成本构成,其流通成本又包括资金、物流、关务,其他中间贸易商的沟通成本,以及由于业务操作不规范或操作错误而导致的其他成本。传统外贸业务中,贸易流程复杂,贸易商需要和贸易涉及的海关、税务、商检、银行、物流等部门多头对接。由于外贸企业良莠不齐,这种分散的、多窗口的对接给政府和企业的工作造成了低效率和高成本。

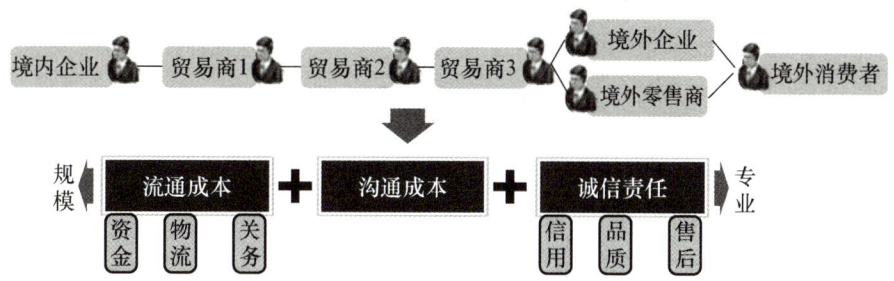

图 4-2　传统的贸易商是贸易与服务的混合体

在电子商务的背景下,出现了新的贸易业态——基于单一窗口/外贸综合服务平台的外贸综合服务(图 4-3),将贸易和服务分开,对接政府性服务(商检、税务、海关、法律、外汇等)和商业性服务(银行、保险、运输等),重新组合与贸易相关的各个服务环节,运用互联网信息技术打通与各环节窗口、数据的对接,从而实现集约化、标准化、规模化的外贸综合服务,重构全球贸易价值链,并据此进行新的价值创造。

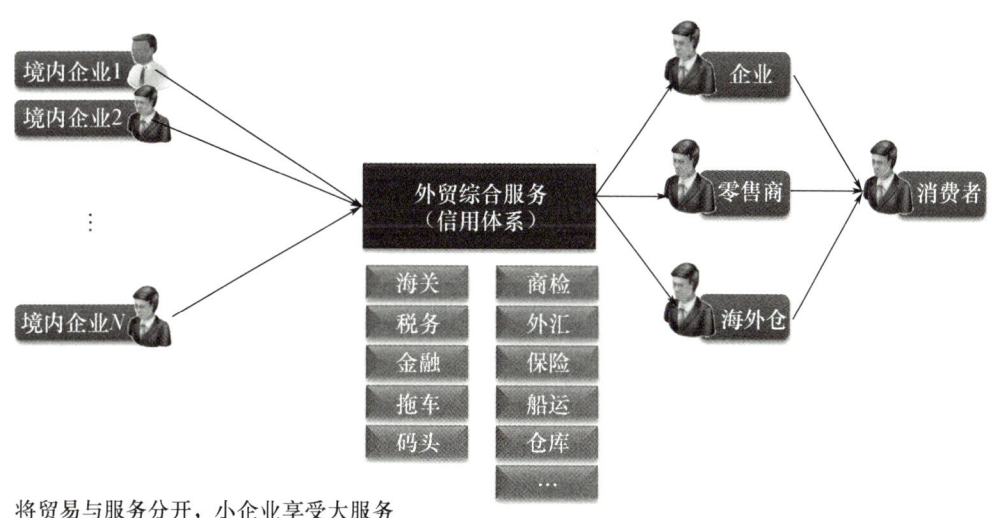

将贸易与服务分开,小企业享受大服务

图 4-3　基于单一窗口/外贸综合服务平台的外贸综合服务

从本质上看,外贸综合服务企业并没有改变传统的外贸流程,而只是运用了互联网信息技术,将外贸和服务分开,使分工更加专业、有效,如图 4-4 所示。

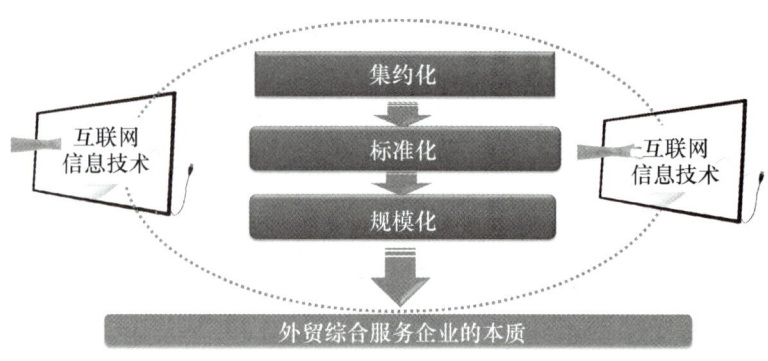

图 4-4　外贸综合服务企业的本质

二、外贸综合服务企业的价值创造

1. 为中小微外贸企业降低流通成本，提高竞争力

目前，非制造成本占我国企业经营成本的 45%，外贸出口中综合物流开支占比高达 30%，是国外的一倍以上，严重降低了我国企业的市场竞争力。外贸综合服务企业以电子商务平台为载体，为中小企业（如不做特殊说明，本章的中小企业指的都是为中小微外贸企业）提供进出口贸易过程中的通关、物流、金融等具有共性的交易流程外包服务，通过标准化、规模化、集约化的操作模式提升服务效率，降低企业运营成本。具体来看，实施供应链管理外包可以将运输成本下降 5%～15%，将整个供应链的管理运作费用下降 10%～25%；最高资质的通关速度能规避交期延误的风险，可使企业的准时交货率提高 15%，订单处理周期缩短 25%～35%。北美和西欧的经验数据表明，供应链管理外包可以使现金周期分别缩短 19.6% 和 26.7%。

2. 基于服务交易数据建立企业信用保障体系，创造其金融服务价值

外贸综合服务平台运用自身系统处理能力，将在其平台上进行服务交易所沉淀的数据，作为企业信用保障额度的累计数据，为中小企业提供集监管、申请、放贷、还款等贷前、贷中和贷后一体化的综合资金管理服务。在一定条件下，此信用保障额度累计数据，还将作为平台帮助供应商向买家提供跨境贸易安全保障的依据，形成中小企业的商业信用基础。另外，还可以为金融机构进行信息采集提供有效的存贷依据，降低贷款风险，并且跟进贷后资金运营监控，保证资金应用方向。同时能够全面激活中小企业的融资系统，有效缓解中小企业生产运营资金压力，帮助银行改变传统以"存贷差"为主的盈利模式，扩大银行业务的对象和范围。

第五节　外贸综合服务流程介绍——以一达通为例

"外贸国六条"中指出：支持外贸综合服务企业为中小民营企业出口提供融资、通关、退税等服务，创造条件对服务出口实行零税率，逐步扩大服务进口。在"外贸国六条"中第一次提出"外贸综合服务企业"这一概念,并且在之后涌现出一批以一达通为代表的外贸综合服务企业。

一达通提供的服务包含进出口通关、物流、外汇、退税、金融全流程:以通关、外汇等进出口监管环节为基础,保证贸易的真实性;以金融为核心,转变外贸交易方式,提升外贸竞争力;以物流为辐射,形成线下服务网络。一达通提供的基础类服务与金融服务如图4-5所示。

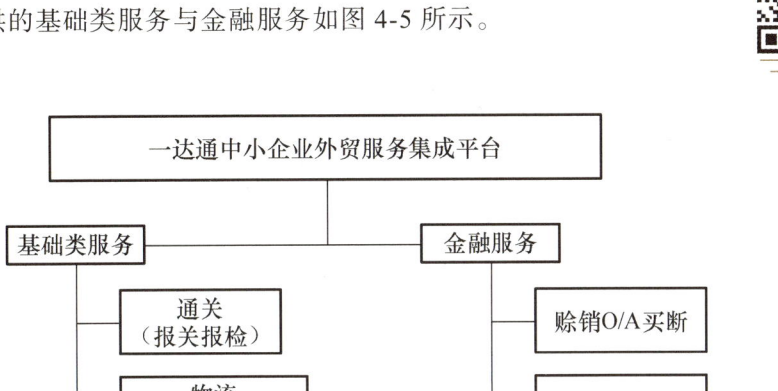

图4-5　一达通提供的基础类服务与金融服务

接下来从一达通的外部服务流程、内部服务流程、金融服务及风险控制四个方面来详细介绍外贸综合服务流程。

1. 外部服务流程

针对中小企业,一达通依据简便、快捷、安全、适用的原则,采用专人对接,团队服务的方式提供服务。一达通的外部服务流程如图4-6所示。

2. 内部服务流程

一达通的在线进出口服务系统,采用创新的数字化、标准化流程提供进出口服务,不仅可以实时查询进出口规模、进出口开支和各类文件往来,而且大大提升了服务品质、降低了服务成本,形成完整的信息化服务链条。在外部操作简单的同时,确保内部操作系统化、流程化。一达通的内部服务流程如图4-7所示。

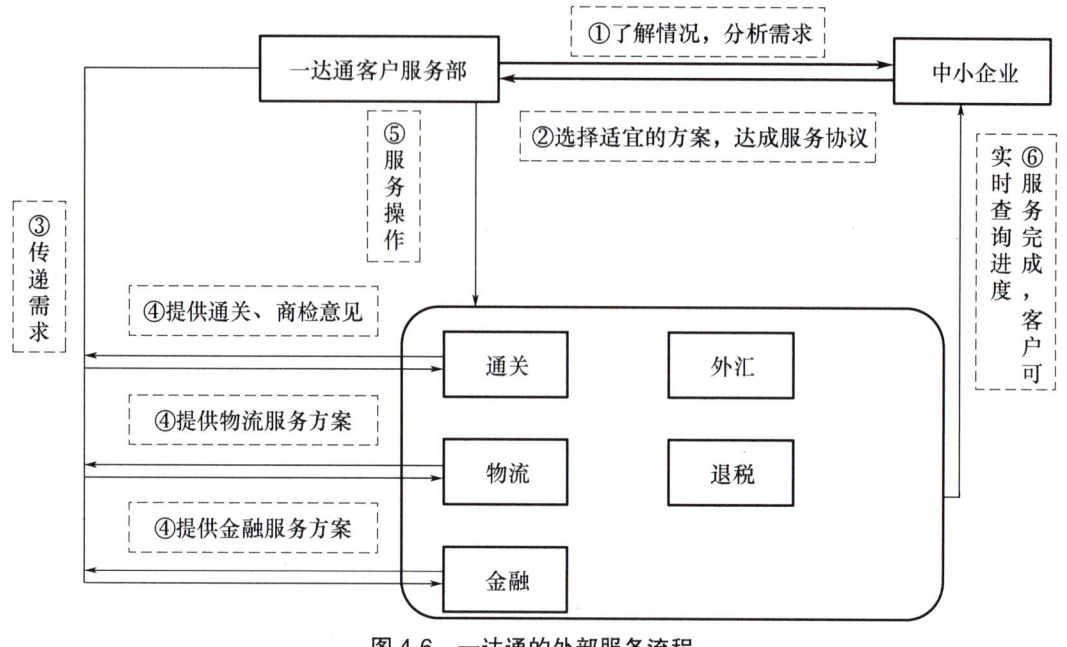

图 4-6 一达通的外部服务流程

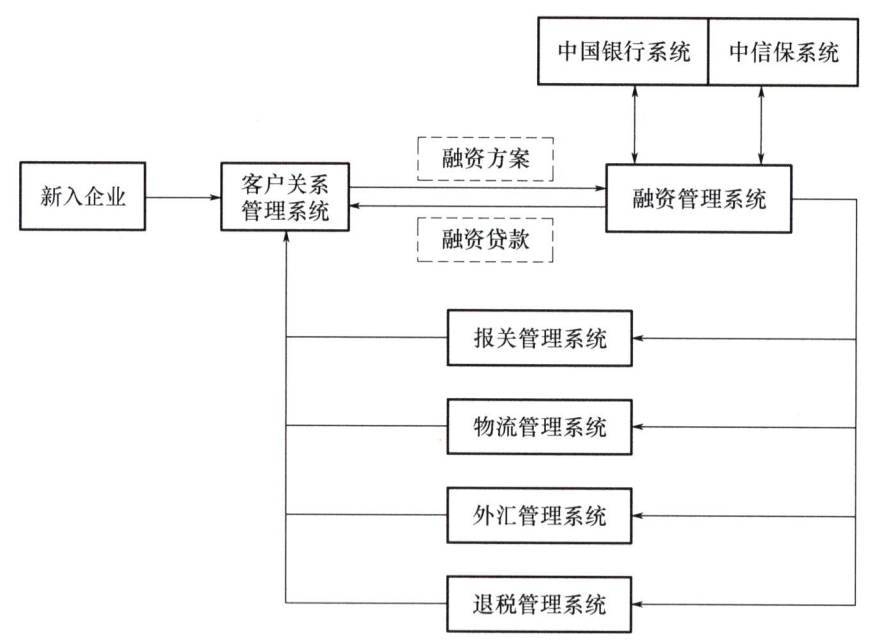

图 4-7 一达通的内部服务流程

3. 金融服务

一达通通过电子商务平台与银行信贷平台相结合,为中小企业客户提供供应链融资通道,集退税、融资、电子商务、支付结算于一体,为中小企业提供全方位、多层次的综合金融服务方案。运用自身系统处理能力,将监管、申请、放贷、还款等相关融资工作纳入统一的信息化网络处理平台，较好地满足了中小企业外贸供应链融资小额、动态的特点，为解决中小企业融资难的问题找到了一个可行的解决方案；同时，一达通为银行担负全部的坏账损失，转化银行的中小企业融资风险。银行针对一达通平台上的中小企业融资的需求，统一给予一达通贸易融资贷款授信，授信金额专款专用，对应相应的贸易融资产品，这也保证了银行对资金的控制和监管。

4. 风险控制

根据服务中小企业的实际情况，企业在风险管理方式上把横向点面式与纵向时间序列链条式结合起来，将海关、国检、外管、国税等各监管部门的风险管理要求与企业经营合理性监管有机地联系起来，在资源整合、信息互证的基础上，形成识别准确、反应敏捷、管理有效的企业风险控制体系，如图4-8所示。

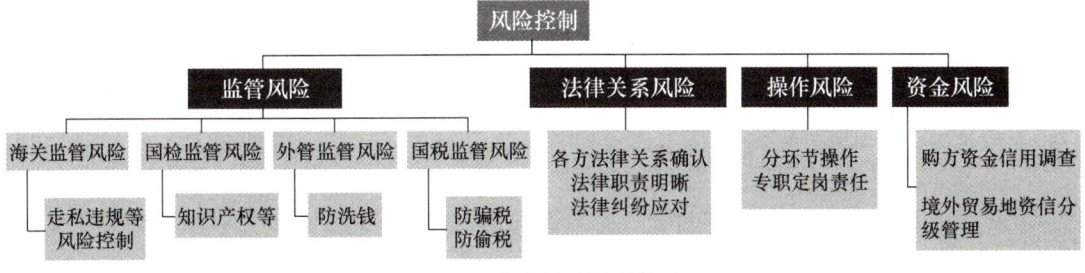

图4-8　企业风险控制体系

（1）风险控制体系说明。

风险控制体系主要是控制监管风险、法律关系风险、操作风险和资金风险。

① 监管风险。

一达通通过对企业状况进行评估来控制监管风险，评估内容包括企业当前的生产经营状况、性质、地理位置、税务历史等内容，并依据相应的评价指标体系进行静态评估。

- 除了通过线上方式对企业自身性质进行审核，还要采用实地考察与电话查验相结合的方式对企业的业务范围和生产经营状况进行审核，防止代开、虚开票证及其他不实贸易凭据，审核贸易的真实性。
- 将企业进出口活动在海关、国检、外管、国税等各监管环节所表现出来的各类风险特征集成交叉评估指标体系。
- 对企业生产销售的产品，按海关监管税则审核要素进行产品预审。
- 对企业内部财务状况和外部财务环境进行对比调查，对照国税关注的税务非正常企业进行警示风控。

② 法律关系风险。

一达通通过对企业进行法律层面的定位来进行法律关系风险的控制。

- 与国内外买卖双方确立相应的购销和供销关系，明确各方的法律关系。

③ 操作风险。

一达通对企业的操作风险控制包括如下两个方面。

◆ 采用流水线操作，对全部进出口流程进行环节分割。

◆ 各环节设专岗操作，环节间依据逻辑算法推进。

④ 资金风险。

一达通对企业的资金风险控制包括以下三个方面。

◆ 通过对买方信用、卖方信用的事前调查，降低贸易个体风险度。

◆ 根据不同国家、地区的资信评级，掌握区域性资金风险控制权。

◆ 深度介入贸易过程，掌握贸易的真实流向、货款收款权等，保证资金的回款率。

（2）风险控制网络。

一达通的风险控制网络结构如图4-9所示。

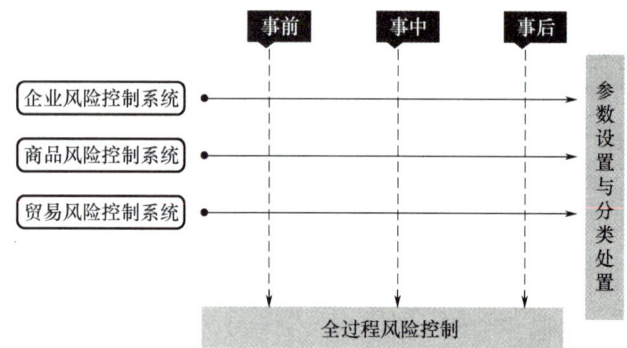

图4-9 一达通的风险控制网络结构

① 事前风险控制。

事前风险控制主要是指对产品进行通关预审和参照对比。

◆ 对任何产品都要进行产品通关预审，依据海关审查标准进行通关管理评估、物流监控评估、技术性监管评估。

◆ 对产品提取评估数据，纵向与企业历史数据进行参照对比，横向与同类产品数据进行参照对比。对数据不符合逻辑的情况，采取加强的特别审核，并转现场审核部门进行货物的实际审核。

② 事中风险控制。

事中风险控制主要包括判断贸易的真实性、复核单证细节、复核单货相符与否等。

◆ 就贸易事项直接与供货方和采购方沟通，根据贸易特征、下单情况、买卖双方的属性判断贸易真实性。

◆ 根据单证细节进行海关、国税、国检、外管审核重点的交叉比对复核。

◆ 在实际报关出货前，对现场货物做申报前实际校对复核，保证单货相符，对异常情况立即进行修正，将单货不符的货物返回并停止操作。

◆ 在实际退税前，围绕退税再进行一次贸易真实性复核。

③ 事后风险控制。

事后风险控制的主要方法是对历史数据的分析。

◆ 事后对历史数据进行综合分析，根据各类事故特征，增加风控指标。

第六节　外贸综合服务企业的作用及其战略意义

一、外贸综合服务企业的作用

外贸综合服务企业对我国的外贸转型升级起到了一定的促进作用，同时还对中小企业商业信用的建立提供了支持和帮助。外贸综合服务企业通过资源整合，为中小企业出口提供便利条件，从而降低它们的成本。另外，外贸综合服务企业还可以协助优化政府监管服务资源，有利于扩大进出口。

1. 支持外贸转型升级，扩大贸易参与群体

配套外贸服务的不完善成为阻碍我国外贸健康发展的原因之一。如21世纪初，国际上外贸采用信用付款比例越来越高，导致越来越多的国外买家要求货到付款，而中国外贸企业尤其是小微企业，由于无法从银行和保险公司得到必要的金融服务，因此只能接受款到发货的传统交易方式，从而与海外买家的冲突越来越大，并因此大幅度压低了中国产品的价格，甚至导致了接单困难。像一达通这样的外贸综合服务平台，通过介入交易流程，获取交易环节数据及信息，以第三方服务平台的角色验证企业贸易的真实性，从而解决中小微企业与银行等金融机构之间信息不对称问题，打通了金融机构与中小企业之间的障碍。将金融服务引入外贸交易过程中，实现外贸交易方式与国际接轨，引导中国外贸转型升级。

同时，外贸综合服务平台提供基于电子商务平台的外贸流程服务，包括外贸信息咨询和市场调研、外贸订单管理、外贸单据管理和通关服务、物流和仓储服务、贸易法律和知识产权保护等，降低了贸易门槛，突破了外贸的地域性，扩大了外贸参与群体。

2. 有利于中小企业商业信用的建立

企业商业信用缺失，尤其是中小企业商业信用缺失一直是我国社会经济的一个难题，也是中小企业融资难的根源所在。像一达通这样的外贸综合服务平台可以深入中小企业对外贸易的各个关键环节，采集最为真实全面的交易信息，并将这些宝贵的信息传递给银行用于融资分析和执行。随着企业交易的重复进行，这些信息得到不断累积和完善，从而有助于建立起一套动态可监控的企业商业信息系统，形成中小企业商业信用基础，可全面激活中小企业的融资系统。

3. 帮助中小企业降低成本，做精做细

外贸综合服务企业大多拥有专业的通关、物流、税务、金融、法务人员，为企业处理通关、物流、外汇结算等全套业务流程，极大地加快了中小企业进出口业务的处理速度，提高了外贸效率。依托平台整体规模优势，通过对物流、金融、保险等各方资源的整合，改变中小企业由于个体规模小、需求分散，导致的金融、物流、通关、渠道等服务环节严重缺少议价能力的现状，从而降低中小企业的外贸交易成本。通过将服务引入企业经营的方式，帮助企业返回核心业务，专注于本职，并且做精做细。

4. 协助优化政府监管服务资源，扩大进出口

通过外贸综合服务平台，对国内外中小企业的业务进行批量化处理，统一向海关、国税、国检等监管部门进行业务申请，对各中小企业的业务根据监管部门标准采取预审方式进行梳理，有利于扩大进出口。对出口：有助于减少政企矛盾、降低社会成本，还能起到协助优化外贸监管部门工作的作用；对进口：有助于海外中小企业解决不熟悉中国进口手续问题，使海外供应商出口中国更加便利，扩大中国进口范围和效率。

二、外贸综合服务企业的战略意义

我国已进入经济转型和产业升级的关键期，外贸综合服务企业有很大的发展空间，此类企业可以通过整合资源、创新交易模式、提供外贸服务外包，帮助制造业特别是中小企业实现业务管理流程升级，重塑核心竞争力，带动第三方服务业，提升我国产业的国际竞争力和定价话语权，发挥助推产业转型升级的引擎作用，从而拓展出巨大的市场发展空间。

1. 助推中国制造的转型升级

经过多年的发展，中国制造的能力已经非常强大，产品性价比不断提高，信息化建设取得了显著成效，海内外信息不对称的问题基本上得以解决。当前影响外贸发展的最大障碍是在金融和物流服务上的缺失，这种缺失对中小企业的影响更加明显，表现为"不是没有订单，而是做不了"。外贸综合服务平台有利于降低企业进出口及管理成本，能增加企业的议价空间，还能提供全面的付款方式（TT\LC\OA），从而增加中小企业的接单能力，以其最高资质的通关优势，帮助中小企业准时交货。同时海关、国检、国税等外贸监管部门也可以借助民间服务机构来服务中小企业和控制监管风险。这些都在一定程度上助推了中国制造的转型升级。

2. 帮助中小企业提升核心竞争力

外贸综合服务解决了广大中小企业参与国际贸易所面临的流程复杂、专业人才成本高等难题，从而使它们可以专注于产品的质量提升及国际营销。我国外向型中小企业数量众多、创新能力强、容纳就业量大，是我国外贸出口阵营的重要组成部分。外贸综合服务解决了广大中小企业参与国际贸易的后顾之忧，并为它们提供了方便的融资途径，将极大地释放我国中小企业的活力与创造力，提升核心竞争力，创建我国自己的民族品牌。

3. 推进区域经济布局的优化

我国外贸企业主要集中在沿海发达地区，"珠三角+长三角"占比达70%，土地及人工成本增长将必然使得生产企业向内陆转移，而内陆服务业落后是制约其外贸发展的重要

因素，以外贸综合服务企业支持外贸发展，可大范围辐射内陆市场，优化区域经济布局，消除内陆服务业落后的瓶颈制约。

4. 助推第三方服务业发展升级

外贸综合服务企业通过其搭建的类公共服务平台（进出口服务管理系统），将其服务流程环节通过互联网连接到各监管部门，涉及银行、海关、国检、国税等。通过信息化的模式，完成进出口服务的电子化操作。整合外贸、金融、物流等服务资源，用信息化工具吸引信用认证、法律支持、外贸咨询、供应链管理等更多的贸易配套服务资源，通过服务接包和转包，助推我国第三方专业化服务业的发展壮大，并通过打造"平台化国际贸易服务中心"，掌握物流、结算的话语权，助推国际物流中心和金融中心建设。

5. 为政府宏观调控和政策制定提供参考

外贸综合服务平台不仅是商业性的平台，同时因掌握大量中小企业进出口真实数据和信息而兼具类公共服务平台的属性和价值。外贸综合服务平台可以通过统计、分析和研究大量的、真实的动态数据，监控中小企业在对外贸易活动中的状况，如中小企业的外贸经营状况和资金压力状况，为政府宏观调控和政策制定提供参考。

本 章 小 结

随着中国外贸进入微利时代，服务对外贸的作用将会从初期的忽略不计向产生决定性影响转变，外贸综合服务企业应运而生。外贸综合服务企业利用信息化手段整合传统外贸供应链中各环节的资源，在合规的前提下，进行标准化作业，缩短供应链，为广大中小微外贸企业提供通关、物流、退税、外汇、保险、金融等一体化全流程管控的外贸综合服务。从本质上看，外贸综合服务企业并没有改变传统的外贸流程，而只是运用了互联网信息技术，将外贸和服务分开，使分工更加专业、有效。2013年之后涌现出一批以一达通为代表的外贸综合服务企业，一达通的运行分为外部服务、内部服务、金融服务与风险控制。这类服务企业的作用是支持外贸转型升级，扩大贸易参与群体，有利于中小企业商业信用的建立和核心竞争力的提升，推进区域经济布局的优化，助推第三方服务业发展升级，并为政府宏观调控和政策制定提供参考。

 名词解释

外贸综合服务：外贸综合服务是指以中小微外贸企业为服务对象，以电子商务为工具，以进出口业务流程服务外包为内容，以供应链服务平台为依托，采用流程化、标准化服务，为中小微外贸企业提供一站式通关、物流、退税、外汇、保险、金融等政府性服务或商业性服务。其主要特征为：服务对象为国内的中小微外贸企业；提供一站式服务；凭借信息、专业知识和人力资源来赚取增值利益，区别于传统国际贸易赚取差价的模式，创造了新的盈利方式。

课后思考题

1. 简要分析我国外贸综合服务出现的背景。
2. 什么是外贸综合服务?
3. 试分析外贸综合服务的运行机制。
4. 我国外贸综合服务的本质与价值创造是什么?
5. 试分析一达通的服务流程。
6. 试分析外贸综合服务企业的作用与战略意义。

第三篇　跨境电子商务市场运营

第五章　跨境网络零售
第六章　B2B 跨境电子商务
第七章　跨境电商独立站
第八章　跨境电商网络营销

第五章 跨境网络零售

本章概要

本章的主题是跨境网络零售,共分为四节。第一节介绍了跨境网络零售的概念,第二节分析了跨境网络零售的发展条件,第三节介绍了跨境网络零售的经营模式,第四节分析了跨境网络零售的业务流程。

学习目标

- 掌握跨境网络零售的概念;
- 理解跨境网络零售的发展条件;
- 掌握跨境网络零售的主要经营模式;
- 掌握跨境网络零售的业务流程。

思维导图

```
                    ┌─ 跨境网络零售的概念
                    │
            跨境网络零售 ─┤
                    │    └─ 跨境网络零售的发展条件
                    │
                    ├─ 跨境网络零售的经营模式 ─┬─ 跨境网络零售出口经营模式
                    │                        │
                    │                        └─ 跨境网络零售进口经营模式
                    │
                    └─ 跨境网络零售的业务流程
```

第五章 跨境网络零售

目前,国内外贸企业面临的跨境贸易形式也发生了不可逆转的显著变化:传统外贸"集装箱"式的大额交易正逐渐被小批量、多批次、快速发货的外贸需求所取代。受到资金链紧张及市场需求乏力等因素的制约,传统贸易进口商,尤其是一些中小进口商改变以往过度负债消费模式,将大额采购分割为中小额采购,将长期采购变为短期采购,以期分散风险。消费者希望能以较低的价格购买到同类商品,这种需求极大地推动了跨境网络零售业务的发展。

跨境网络零售作为跨境电子商务的一个重要组成部分,其产生和发展具有特定的条件:第一,20 世纪 80 年代电子数据交换(Electronic Data Interchange,EDI)技术提升了国际贸易的效率和便利化水平,改变了品类单一、数量庞大、周期较长的传统国际贸易运营方式;第二,以互联网、物联网、移动通信、电子商务技术为支撑的跨境电子商务,使得国际贸易的商品不再局限于大额贸易,小额多频次贸易也可以实现,这就给个人和个体经营商户提供了参与国际贸易的可能性,消费者可以通过网上下单、小包行邮的方式,购买国外销售商的商品,卖方也可以通过同样的方式将商品销售到国外;第三,金融支付和物流等支撑体系日益完善,大大推动了跨境电子商务的发展;第四,近些年来,伴随着电子商务的发展,催生了新一代的买家,他们数量众多、交易数额不大、交易周期短、频率高,分散在世界的各个国家,随着这一群体规模的扩大,跨境网络零售市场形成,从而推动商业化、规模化企业行为并不断创新,逐渐形成新业态和新产业。虽然从交易总额来看,跨境网络零售占比较小,但因参与门槛低,个人和个体经营者都可以参与其中,主体多、范围广,影响较为深远,因此本书将跨境网络零售作为一章内容进行详细讲述。

第一节 跨境网络零售的概念

跨境网络零售也称小额在线国际贸易,是指分处不同关境的交易双方,通过互联网达成交易并进行线上支付、完成物流等跨境贸易流程的网络零售活动。其主要特点如下。

① 交易双方分处不同的国家(或地区)。
② 在互联网上达成交易。
③ 交易额相对较小。
④ 购买者以国外个体消费者为主。

其中,第三点和第四点是跨境网络零售和其他类型跨境电商的关键区别。从范围上看,跨境电商包含跨境网络零售。跨境网络零售是跨境电商的一种模式,B2C、C2C 属于跨境网络零售。

第二节 跨境网络零售的发展条件

一、跨境网络零售的发展建立在电子商务发展的基础之上

互联网技术在国际贸易领域的应用最早可以追溯到20世纪。1990年,互联网技术对全社会开放;1997年之后,随着互联网在全球普及,在互联网基础上的商业应用获得了迅猛发展,带来了商业模式的创新,出现了一批新型的电子商务企业,如亚马逊、eBay、阿里巴巴等,不仅使交易主体发生了改变,还带来了市场结构的改变,给传统国际贸易也带来了前所未有的变革。全球涉足国际市场的生产、销售等企业纷纷采用电子数据交换、电子邮件、电子公告牌、电子转账、安全认证等多种技术方式积极开发和利用电子商务方式开展全球业务,大大提升了国际贸易的效率,带来了全球交易方式的变革,促进了跨境网络零售的发展。

二、跨境贸易网络平台的发展为跨境网络零售提供条件

随着跨境贸易网络平台的发展,出现了第三方跨境服务平台,该平台使得传统国际贸易中的多层贸易环节得到精简,极大地提高了国际贸易的效率(图5-1),对国际贸易产生了实质性影响,使得中小微外贸企业甚至个人都可以参与到国际贸易中来,从而为跨境网络零售的发展提供了便利条件。

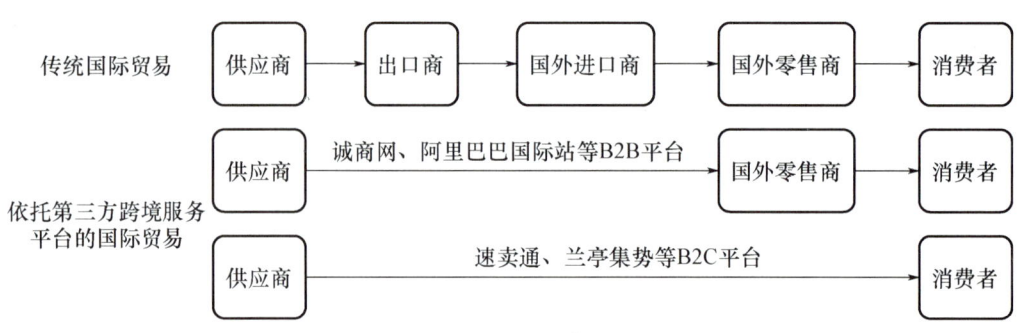

图5-1 第三方跨境服务平台提高了国际贸易的效率

根据万国邮联统计,全球跨境包裹(国际包裹)数量在2015—2020年年复合增长率为10.4%,基本处于增长趋势。全球包裹及信件数量增长情况如表5-1所示。即使在新型冠状病毒感染疫情防控期间,国际包裹数量较上年仅下降1.5%。但企业在从事外贸的过程中,不仅面临寻找贸易商的难题,拿到订单之后,还面临融资难、出口手续繁杂等问题。2001年一达通成立,通过网络技术手段,把国际贸易流程标准化,开创了规模化服务中小企业的先河,提供如融资、清关、运输、保险等一站式服务。中小企业可以在一达通的平台获得更优惠的运输、保险费率,更方便的融资渠道和更快捷的手续办理。2010年,阿里巴巴收购一达通,使得外贸综合服务平台可以发挥更大的作用。

表 5-1　全球包裹及信件数量增长情况

	2017 年数量（十亿）/ 件	2018 年数量（十亿）/ 件	2019 年数量（十亿）/ 件	2020 年数量（十亿）/ 件	2015—2020 年年复合增长率 /%
国内信件	310.87	295.76	300.91	259.99	-4.6
国内包裹	13.74	14.88	21.07	24.8	15.2
国际信件	3.66	3.55	4.19	3.03	-4.3
国际包裹	0.17	0.18	0.19	0.188	10.4

数据来源：万国邮联。

三、跨境物流的发展是跨境网络零售发展的关键因素

随着跨境电子商务的发展，外贸企业对跨境物流需求增多，极大地促进了跨境物流的发展。但跨境物流一直是制约整个跨境电商行业发展的关键因素，其发展水平直接影响着跨境电商的效率和效益。近年来，跨境电商物流供应链体系逐步完善，从最初单一的国际快递、国际物流服务向跨境物流产品化发展，一批依托外贸电商的跨境供应链服务平台应运而生。目前，跨境网络零售的物流有三种方式——国际小包和快递、海外仓、聚集后规模化运输。海外仓能够在第一时间对买家需求做出快速响应，因此在近年成为业内较为推崇的物流方式，国家、地方政府、跨境电商平台、物流企业等纷纷开始建设海外仓，海外仓的迅速发展进一步促进了跨境网络零售的发展。

前沿链接

物流企业纷纷抢滩海外市场

在国内物流企业当中，顺丰是最早布局海外市场的企业之一，其推出的欧洲专递服务是顺丰针对跨境电商出口市场的第三款产品。据介绍，该专递以深圳为始发站，5～8个工作日即可通达欧盟主要国家。与此同时，圆通速递也携手菜鸟网络正式开通"上海浦东—韩国仁川—青岛—香港—上海浦东"国际航线包机业务。中通快递也将目光投向了跨境物流领域，其旗下的中通国际专门从事国际物流、国际包裹、跨境电商出口或进口业务。顺丰海淘、圆通"一城一品"、韵达 U-DA（优递爱）也已先后上线，国内各大物流公司抢占跨境物流市场的雄心一览无余。

四、跨境网络支付的发展是跨境网络零售发展的重要条件

传统国际贸易的支付主要通过银行间的国际结算完成，跨境网络零售的支付则主要选择国际性的信用卡和第三方支付工具（如 PayPal）完成，随着跨境电子商务进入高速发展

期,跨境网络支付问题日益凸显。2013年3月,中信银行作为国内首批试点银行加入"跨境电子商务外汇支付业务"工作,并于2014年3月成功上线了国内首套"全程不落地"的跨境电子商务外汇支付系统。在国家外汇管理局的推动下,跨境电子商务外汇支付业务开始试点,包括支付宝、易宝支付、银联电子支付、钱宝在内的17家第三方支付机构获得首批跨境电子商务外汇支付业务试点资格。2014年4月,京东网银在线等5家第三方支付机构获得第二批跨境支付牌照。2015年2月,中央银行上海总部在上海自贸区启动了支付机构跨境人民币业务试点,银联支付、快钱、通联等5家支付机构与合作银行对接签约。跨境网络支付的发展为跨境网络零售插上了迅速腾飞的翅膀。2019年,国家外汇管理局印发《支付机构外汇业务管理办法》,将参与跨境电子商务外汇支付业务试点的支付机构的管理从"试点制"调整为"名录制",对支付机构外汇业务进行规范化管理。自2019年12月以来,国家外汇管理局已陆续向支付宝、财付通、汇付天下、平安壹钱包、连连支付、快钱、盛付通等十余家第三方支付机构发放跨境电子商务外汇支付业务的展业许可。

前沿链接

第三方支付助力跨境网络支付的发展

PayPal等国外第三方支付工具在我国早就可以使用,但其后台运行依靠人民币兑换成外汇再进行结算,汇率的波动可能会给消费者带来不小的损失,因此使用者较少。早在2007年,支付宝即开始与银行合作试水跨境支付业务,将货币兑换和付款流程由其托管银行完成,间接实现跨境支付。随后,财付通、快钱等第三方支付机构纷纷跟进。2012年,支付宝、财付通还分别与万事达卡旗下的DataCash集团和全球知名电子支付提供商Cybersource、AsiaPay达成战略合作协议,发展跨境支付业务,为用户提供国际支付解决方案。2015年8月,国内知名跨境支付服务公司钱海网络正式发力俄罗斯市场,宣布与俄罗斯三大电子钱包公司(WebMoney、QiWi Wallet、Yandex.Money)、两大银行(Sberbank、Alfa-Bank)建立长期稳定的合作伙伴关系,为国内跨境电商企业提供支付网关、收单、风险管理等产品。盛付通也长期致力于完善我国的跨境支付服务,与洋码头、新蛋等多家境内大型跨境电商平台企业达成合作,积极协助国内企业开拓国际市场,还联合国外企业为我国消费者提供上万种品牌商品。

跨境业务发展快于相关政策制定,跨境电商、通关、退税等跨境业务的产业链复杂,都制约着跨境支付和结算的推进。同时,国外企业还需要开设人民币账户,得到监管机构的认可等,这些都需要花费较长的时间。而不少行业人士也对跨境网络支付表示出了担忧,认为其有可能会违反外汇管理等政策,诱发洗钱、支付系统风险等金融风险,业务操作不透明也会带来监管风险,这些都是需要监管部门和行业成员时刻防范和尽快解决的问题。

五、跨境网络零售的发展离不开国家政策的扶持

电子商务在中华人民共和国国民经济和社会发展第十二个五年规划纲要（简称"十二五"规划）中已经被列入国家战略性新兴产业的重要组成部分。国家先后出台了多项政策对跨境电子商务的各个方面给予支持，表5-2中列出了部分文件。这些政策的出台和实施极大地促进了跨境网络零售的发展。

表 5-2 各部门促进跨境电子商务发展的相关政策

年份	部门	文件名称
2012	商务部	《商务部关于利用电子商务平台开展对外贸易的若干意见》（商电发〔2012〕74号）
2013	财政部、税务总局	《财政部 税务总局关于跨境电子商务零售出口税收政策的通知》（财税〔2013〕96号）
2018	财政部、海关总署、税务总局	《财政部 海关总署 税务总局关于完善跨境电子商务零售进口税收政策的通知》（财关税〔2018〕49号）
2021	海关总署	《海关总署公告2021年第70号（关于全面推广跨境电子商务零售进口退货中心仓模式的公告）》
2022	国务院	《国务院关于同意在廊坊等33个城市和地区设立跨境电子商务综合试验区的批复》（国函〔2022〕126号）
2023	财政部、海关总署、税务总局	《关于跨境电子商务出口退运商品税收政策的公告》（财政部 海关总署 税务总局公告2023年第4号）

第三节 跨境网络零售的经营模式

跨境网络零售的经营模式根据商品流向不同可以分为出口经营模式和进口经营模式，现分述如下。

一、跨境网络零售出口经营模式

跨境网络零售出口经营模式主要指B2C模式，又可细分为独立网站经营模式、第三方平台开店经营模式、出口企业零售退税模式和出口企业无票免税网络零售模式。其中，前两种是从商业角度划分的经营模式，后两种是从监管角度划分的经营模式。

1. 独立网站经营模式

独立网站经营模式是指，出口企业通过本部门IT团队打造或者外包给专业网站设计团队建成自有网站，并在该网站上投放产品，发布优惠活动，海外买家直接在这些网站上购买喜欢的商品的一种经营模式。这种经营模式需要大量的资金、人力去维护，对企业要

求很高，一般有系列产品的大型传统外贸企业，或者资金雄厚、有品牌意识的新型电商企业会采用这种模式。这种经营模式的优点是：第一，可以按照自己的经营特色，以及市场特点推出适销对路的产品，打造企业品牌；第二，独立网站上的所有数据都属于企业自身，数据的安全有保障，还可以对数据进行二次挖掘分析，实现数据增值；第三，企业具有极高的自主性和灵活性，可以避免第三方平台规则的制约。这种经营模式的缺点是网站前期投入成本很高并且运营维护成本也很高。

2. 第三方平台开店经营模式

第三方平台开店经营模式是指出口企业通过交纳一定的会员费或服务费，在已经建好的第三方平台上设置自己的商品店铺，铺设商品，并通过各种营销活动吸引消费者，最终与买家完成交易的经营模式。这种经营模式门槛低，所需费用及人力少，因此许多小企业或新兴企业会采用这种模式。这种经营模式的优点是：第一，第三方平台一般有着强大的资源和客户群体，方便企业引流；第二，第三方平台不需要站点网络维护与站点推广，可以节省运营成本；第三，在第三方平台开店经营比企业自建网站周期短，也相对容易。这种经营模式的缺点是：第一，受到平台规则的约束，平台每变化一次规则，企业就得投入时间与成本去学习与适应这些规则，并且有时候平台制订的促销方式和优惠区间并不适合企业；第二，平台价格竞争激烈，因为平台具有海量的商家，消费者很容易通过关键词搜索发现更低价的同类商品，企业的竞争压力更大。

3. 出口企业零售退税模式

跨境电商零售出口9610模式

出口企业零售退税模式是指在海关总署增列海关监管方式——代码"9610"（监管代码的详细介绍参见第十六章）后，传统外贸出口企业可以参与到跨境网络零售中来，并通过"分送集报，合并同类项"，产品提前和海关备案，进行统一申报退税的经营模式。也就是说，海关总署实施跨境电子商务零售出口非涉税商品集中监管，采用"清单核放、汇总申报"的方法，对于跨境电商企业以邮寄、快递等方式运输到海外的出售货物，分批核放出境，之后定期将已核放的清单归并形成报关单，并根据相关合作机制通过电子口岸将报关单电子数据提供给税务、外汇管理部门，便利电子商务企业办理退税、结汇手续。这样一来，跨境电商零售出口正式成为海关认可的一种国际贸易方式，出口企业原有的碎片化零售出口业务可以按照"9610"的申报要求进行申报，实现快速通关、结汇、退税以及融资授信。但是这种经营模式的缺点在于，如果想要获得出口退税，就必须获得进项增值税专用发票。

4. 出口企业无票免税网络零售模式

出口企业无票免税网络零售模式是指根据《关于跨境电子商务综合试验区零售出口货物税收政策的通知》（财税〔2018〕103号）的要求，对跨境电子商务综合试验区（以下简称综试区）内的跨境电子商务零售出口货物执行以下税收政策。出口货物未取得有效进货凭证（这里指进项增值税专用发票）但同时符合下列条件的跨境电子商务综试区出口企业，试行增值税、消费税免税政策，即无票免税网络零售模式。

（1）电子商务出口企业在综试区注册，并在注册地跨境电子商务线上综合服务平台登记出口日期、货物名称、计量单位、数量、单价、金额。

（2）出口货物通过综试区所在地海关办理电子商务出口申报手续。

（3）出口货物不属于财政部和税务总局根据国务院决定明确取消出口退（免）税的货物。

出口企业只要登记相应的销售方名称、纳税人识别号、货物名称、数量、单价和总金额等进货信息，就可以享受免征增值税的优惠。这种经营模式的优点在于：第一，在跨境电商实践中，部分开展跨境电商业务的企业采购货物用于出口，在取得合法有效进货凭证方面存在一定难度，因此只能按内销征税，增加了跨境电商的赋税负担，而无票免税网络零售模式为这些企业带来便利，有利于企业发展；第二，无票免税大大减轻了跨境电商企业的人力、时间成本，加快了退税进程。这种经营模式的缺点在于：该模式下的企业所得税征收方式还未确定，选择这种经营模式的企业比较少，大部分企业还是选择由外贸综合服务平台代为申报。

二、跨境网络零售进口经营模式

跨境网络零售进口经营模式主要分为海外直购经营模式、海外代购经营模式和保税备货经营模式，现分述如下。

1. 海外直购经营模式

海外直购经营模式也就是传统的海淘模式，是一种典型的进口 B2C 模式，即中国国内消费者直接在国外的 B2C 电商网站上购物，然后通过转运或直邮等方式把商品邮寄回国的购物方式。除直邮品类之外，中国消费者只能借助转运物流的方式完成收货。简单来讲，就是在海外设有转运仓库的转运公司代消费者在位于国外的转运仓地址收货，之后再通过第三方或转运公司自营的跨国物流将商品发送至中国口岸。这种经营模式的优点是：第一，消费者可以直接在海外网站上购买商品，可以选择的品类多样，同时购物不受时间、地点的限制；第二，消费者直接从海外网站购货，商品的质量一般能够得到有效的保障；第三，海外网站的促销活动力度大，商品比国内专柜便宜，可以节省消费者成本。这种经营模式的缺点是：运输时间较长、运费较贵、消费者维权难等。

2. 海外代购经营模式

海外代购经营模式是指消费者在网站上请境外机构或个人代购商品，代购方先将商品发到转运公司，等转运公司聚集到一定量的商品后，再一起发货至国内关口，待海关清关后，最终到达消费者手上的一种经营模式。消费者一般可以通过海外代购平台或者微信朋友圈获得代购商品。海外代购平台可以连接海量的卖家与买家。这类平台一方面通过收取入驻商家的入场费、交易费、增值服务费等获取利润；另一方面不会深度涉入采购、销售及跨境物流环节，主要是给拥有海外采购能力但是从事跨境贸易能力较弱的商家或个人提供与海外消费者交易的机会。海外代购经营模式也有一些弊端。海外代购平台虽然商品种类丰富，用户流量大，但是入驻商家的竞争优势小且消费者对入驻商家的资质缺乏信任。另外，微信朋友圈代购也是一种常见的海外代购方式，它是依靠熟人/半熟人社交关系从移动社交平台自然生长出来的原始商业形态,虽然社交关系对交易的安全性和商品的真实性起到了一定的背书作用,但消费者上当受骗的例子并不在少数。

3. 保税备货经营模式

保税备货经营模式是指跨境电商从供应链处批量采购商品并存放于保税仓,用户下单后商品直接从保税仓发出,在海关处清关缴税后由物流公司将商品直接送到消费者手里的一种经营模式。这种经营模式的优点包括:第一,采用试点商品暂存模式,消费者在平台下单之后,货物直接从保税仓发出,避免了货物国际运输的时间,消费者能够较快取到商品,获得较好的消费体验;第二,集中采购能够大幅降低商品的采购成本和物流成本,能为进口产品带来更高的利润和更具竞争力的价格;第三,保税备货经营模式的商品符合国家正面清单,按个人物品处理,在商检上采用备案制,大大简化了商品检验的流程,也可以购买到之前未备案的产品。这种经营模式的缺点包括:第一,商品品类比较单一,同时很难控制采购量,容易出现囤货过多或过少的问题;第二,商品退货成本高,保税备货经营模式下商品无法退回保税仓,只能是自建退货仓存放退货商品而且商品无法二次销售[1];第三,消费者在此种模式下的消费额度有限制[2]。

第四节　跨境网络零售的业务流程

无论是国际贸易还是国内贸易,无论应用传统贸易手段还是应用电子商务手段,企业都要首先明确自己的战略定位。跨境网络零售不同于传统的国际贸易,具有金额小、批次多、成交量小的特点。开展跨境网络零售的企业主体不同,在开展贸易时的目的也有所差异。一般来说,大企业通常都有自己的战略部署,具有知识产权或固定品牌的企业开展跨境网络零售的主要目的是宣传自己的产品,树立品牌,建立网上分销渠道。但参与跨境网络零售的企业以中小企业居多,往往没有自己的品牌,开展跨境网络零售的目的更多的是获得盈利。下面,通过中小企业开展跨境网络零售的步骤来分析跨境零售电商的业务流程。

一、定位目标市场

目标客户群体直接关系到企业在选择产品和进行营销时的策略,跨境网络零售的客户群体范围一般是国外中小企业客户和个人客户,企业在确定目标客户群体时,要注意从客户的国别、年龄、性别、收入、家庭等方面进行市场细分,确定适合自己的市场范围。

---

[1] 《关于完善跨境电子商务零售进口税收政策的通知》:已经购买的电商进口商品属于消费者个人使用的最终商品,不得进入国内市场再次销售。

[2] 《关于完善跨境电子商务零售进口税收政策的通知》:跨境电子商务零售进口商品的单次交易限值为人民币5 000元,年度交易限值为人民币26 000元。完税价格超过5 000元单次交易限值但低于26 000元年度交易限值,且订单下仅一件商品时,可以自跨境电商零售渠道进口,按照货物税率全额征收关税和进口环节增值税、消费税,交易额计入年度交易总额,但年度交易总额超过年度交易限值的,应按一般贸易管理。

二、选择产品

确定了企业的目标客户群体之后,应该针对客户群体选择适合自己的销售产品。在进行产品选择时,首先要保证产品有合适的盈利空间。简单来讲,单产品毛利＝销售单价－采购单价－单品运费成本－平台费用。但在实际操作中,还会有许多其他的费用,如引流成本、运营成本等。在确定有合适的盈利空间的条件下,对产品的选择还应从以下几个角度进行考虑。

1. 目标客户的消费特点

目标客户的消费特点包括其消费产品的质量、价格、款式、品牌等,综合考虑目标客户的消费偏好,选择适合的产品。另外在考虑目标客户的消费特点的同时,还要对市场现有产品和竞争对手进行分析,尽量选择具有竞争优势、差异性的产品。

2. 物流费用

由于跨境网络零售的物流一般为小包行邮,商品的实际价格是由商品价格和物流费用的总值构成的。卖方在选择产品时,应尽量选择重量轻、体积小而价值高的产品。例如,体育用品中的哑铃就不太适合,其商品本身的运费可能比自身价格还要高出很多。

3. 法律法规

在跨境网络零售中尤其需要注意的法律法规方面的要求是,要注意是否侵权,包括知识产权侵权和销售侵权。一方面,在选品过程中要注意避免那些有侵权嫌疑的产品,在知识产权保护全面的国家,销售此类产品可能导致法律纠纷;另一方面,有些品牌产品的销售需要获得品牌公司的授权,如一般代理、独家代理等,如果没有获得销售代理权就会构成销售侵权。

三、确定产品线

一般来说,产品种类越丰富,对于客户来说,就越便利,但是,广铺产品线不仅会增加客服人员的压力,提高企业运营成本,而且很难跟踪市场变化,容易出现畅销产品缺货、冷门产品滞销的情况。所以,企业要注意选择合适的产品线,既能跟得上市场的变化,满足消费者的需求,又不会带来巨大的运营成本。当然,产品线的选择并不是一次就能到位的,而是根据销售情况,不断调整、优化形成的。

四、选择货源

在确定了目标客户群体和产品线的种类后,需要选择合适的货源。货源渠道可以通过电子商务网站、实体批发市场和生产商寻找。目前,有小部分小微企业采取现采模式,即本身不保留库存,当客户下单后,迅速到货源供应地进行采购。一般这些小微企业都会选择靠近货源供应地的区域,但是这种模式并不能支持规模较大的企业,当产品种类和订单增加时,会大大增加采购成本。

五、网络营销

网络营销是企业获得海外订单的重要环节，企业在这一阶段要注意两方面的问题：一是营销渠道的选择，二是营销方式的选择。企业在对营销渠道进行选择时，要充分考虑成本收益，将自建网站成本和平台费用，以及两者的收益进行比较，选择适合自己的营销渠道。企业在选择平台时，应综合考虑平台费用、平台规则的公平性、平台流量，以及平台所提供的附加服务。选择平台作为营销渠道的企业要注意优化搜索关键词的设定以及产品展示的方式，为自己吸引更多的浏览量和交易额。企业进行网络营销时可以采用自建网页、发布广告、平台服务和外包服务等方式，在进行营销时，要注意对各种营销方式的比较，将宣传费用花在最有价值的营销方式上。

六、选择物流方式

企业在进行物流选择时，可以选择海外仓，也可以选择小包行邮。海外仓模式主要是通过租用仓储公司或大企业的海外仓进行发货，小包行邮模式主要是通过快递、邮政、航空公司进行发货。企业在进行物流方式选择时，要从买家角度出发，为买家所购商品做全方位考虑，包括运费、安全度、运送速度、关税等，在保证商品安全度和速度的情况下尽量选择运费低廉的物流方式。另外，也可以将商品发货支持的物流方式在网页上标明，由买方根据自己的需要来进行选择。

七、选择融资与支付方式

关于中小企业融资问题，许多服务平台都与银行进行合作，为中小微外贸企业提供贷款支持。一般来讲，平台会根据企业在平台上的历史交易数据对企业进行信用评价，相当于利用交易数据建立了一个信用体系，银行根据平台为企业建立的信用体系对优质企业发放贷款。

在支付方面，目前，跨境网络零售支持的支付方式有信用卡、支付平台（如 PayPal、支付宝）等，卖方在选择支付方式时要注意考虑提供支付服务的公司对买卖双方的保护政策，避免使自己处于不利地位，另外还要综合考虑支付手续费，保证自己的盈利空间。

八、清关和退税

处理跨境电商零售业务的清关和退税流程需要充分了解目标市场的法规和要求，并进行合规操作。清关时，必须准确地填写与申报货物相关的信息，包括商品描述、数量、价值、规格等，根据目标市场的要求，可能需要提供特定的通关文件和证明，如进口许可证、原产地证书等，确保提前了解和准备这些文件，准确申报，以免造成困扰和延误。

跨境网络零售有金额小、批次多的特点，企业自己办理退税的过程较为烦琐，所以很多中小企业不进行申报，也不办理退税，这对于企业来讲是一种损失。目前，提供退税服务的典型服务平台有一达通等，企业可以通过相关服务平台办理退税。

本 章 小 结

本章首先介绍了跨境网络零售的概念。然后分析了其发展条件:(1)跨境网络零售的发展建立在电子商务发展的基础之上;(2)跨境贸易网络平台的发展为跨境网络零售提供条件;(3)跨境物流的发展是跨境网络零售发展的关键因素;(4)跨境网络支付的发展是跨境网络零售发展的重要条件;(5)跨境网络零售的发展离不开国家政策的扶持。接着分析了跨境网络零售的不同经营模式:出口经营模式和进口经营模式,出口经营模式主要指B2C模式,又可细分为独立网站经营模式、第三方平台开店经营模式、出口企业零售退税模式和出口企业无票免税网络零售模式;进口经营模式主要分为海外直购经营模式、海外代购经营模式和保税备货经营模式。最后给出了中小企业开展跨境网络零售的业务流程,包括定位目标市场、选择产品、确定产品线、选择货源、网络营销、选择物流方式、选择融资与支付方式,以及清关和退税。

 名词解释

跨境网络零售:也称小额在线国际贸易,是指分处不同关境的交易双方,通过互联网达成交易并进行线上支付、完成物流等跨境贸易流程的网络零售活动。

 **课后思考题**

1. 试论述什么是跨境网络零售。
2. 跨境网络零售有哪些发展条件?
3. 跨境网络零售的主要模式有哪些?
4. 试分析跨境网络零售的业务流程。

第六章 B2B 跨境电子商务

本章概要

本章共分为四节。第一节 B2B 跨境电子商务概述，给出了 B2B 跨境电商的定义并介绍了 B2B 跨境电商的类型和发展历程；第二节分析了我国 B2B 跨境电子商务的现状，介绍了我国 B2B 跨境电商的规模、政策支持，以及一些具有代表性的 B2B 跨境电商平台；第三节分析了我国 B2B 跨境电子商务当下面临的困境；第四节分析了我国 B2B 跨境电子商务的发展前景。

学习目标

- 掌握 B2B 跨境电商的定义和具有代表性的 B2B 跨境电商平台；
- 了解 B2B 跨境电商的类型、发展历程和现状；
- 理解目前我国 B2B 跨境电商的困境及其发展前景。

第六章　B2B 跨境电子商务

思维导图

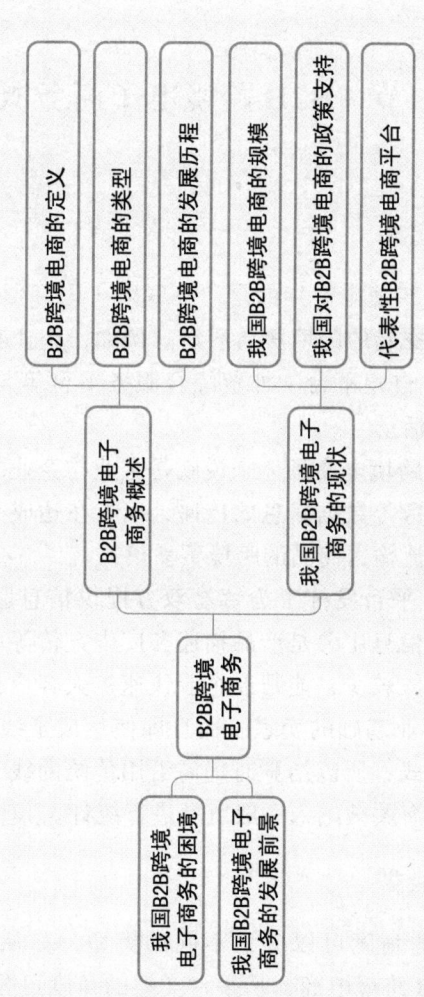

在过去的对外贸易中，中国制造企业由于营销推广能力不足、对海外环境不了解等原因，议价与获客能力都很弱，很难将产品直销至海外，经销商、进口商等中间商能从中赚取大部分利润，而制造商只能沦为赚取薄利的代工（原始设备制造商，OEM）厂商，无法形成自身品牌。随着数字贸易的发展，尤其是B2B跨境电商的兴起，我国的外贸出口企业得以通过B2B跨境电商等平台直接与国外的商户进行产品信息对接和交易，这种交易模式极大地降低了信息的不对称，提高了贸易的效率。下面将对B2B跨境电商的定义、类型、发展历程、现状与困境以及我国B2B跨境电商的发展前景等问题进行详细介绍。

第一节　B2B跨境电子商务概述

一、B2B跨境电商的定义

从广义层面来看，B2B跨境电商指的是"互联网+国际贸易"，即运用互联网相关工具进行企业间对接、沟通和交易的跨境贸易活动。例如，企业利用网络搜索引擎、社交媒体网站、第三方贸易平台或自建平台、外贸综合服务平台等与互联网有关的工具搜寻客户、流转货物、达成交易等活动。

从狭义层面来看，B2B跨境电商具体来说就是企业与企业之间通过线上的跨境信息平台和交易平台进行商品与服务等数据信息的传递，双方在达成交易意向后进行线上支付或线下结算，然后通过跨境物流输送商品的跨境贸易模式。

在这种贸易模式之下，平台发挥了为贸易双方提供信息服务与交易撮合的作用。其中，企业卖家在线上传递的信息主要是产品描述和广告宣传等内容，其面对的客户不属于终端客户，对销售的成本投入较少，能帮助企业快速扩大客户群，但这种模式的竞争也非常激烈，一般适合有一定商业基础的卖家。而且即使达成了线上订单，因结算金额较大，很难实现"先款后货"的方式，所以结算时仍需沿用传统的线下结算方式，其本质仍是传统的国际贸易模式，目前在海关被纳入一般贸易进行统计。

二、B2B跨境电商的类型

B2B跨境电商从不同的角度可以分为不同的类型，如从进出口角度可分为出口型B2B跨境电商和进口型B2B跨境电商，从平台类型的角度可分为第三方B2B跨境电商交易平台和自建B2B跨境电商交易平台，从B2B跨境电商的业务形态可分为信息提供型平台、交易撮合型平台和全方位服务型平台三种。其他分类这里不再赘述。

前两种分类方式下的B2B跨境电商类型已在前面的章节讲过，这里只讲第三种分类方式下的B2B跨境电商。

（1）信息提供型平台。

信息提供型平台是 B2B 跨境电商中最简单和易操作的一种平台类型。这类平台只为外贸交易中的各方提供需求信息而不提供交易服务。这类平台的信息量大、覆盖面广，针对会员企业还有专门的信息提供，很适合产品品种多并且外贸能力强的企业使用。典型的信息提供型平台有中国诚商网、环球资源网等。

（2）交易撮合型平台。

交易撮合型平台是指为撮合买卖双方之间达成交易而建立的平台。这类平台在为交易双方提供需求信息的同时，还会通过各种辅助工具帮助卖家和买家之间达成交易，典型的交易撮合型平台有阿里巴巴国际站等。按照买方主导和卖方主导，可将交易撮合型平台分为两类。①买方主导型 B2B 跨境电商交易撮合平台，其主要的业务模式是采购招标，即买方根据自己的需求，通过招标的方式寻找最合适的卖方企业，双方依托这种 B2B 跨境电商形式达成交易。在 B2B 跨境电商的实践历程中，这种采购招标模式一直是最基础，应用最广的交易模式。因为大多数企业与企业之间的交易往往都是基于买方对采购原材料的需求，通过这种招标报价可以产生竞价效果，从而选出最具竞争力的供应商。这种方式在国外也常被称为逆向拍卖。②卖方主导型 B2B 跨境电商交易撮合平台则是采用以销售为主导的经营模式，即卖方通过交易撮合平台，为生产的产品和服务寻找最具竞争力的买方。

（3）全方位服务型平台。

全方位服务型平台不仅为交易双方提供买卖需求信息，撮合双方交易，还能提供从订单到结算再到物流的全方位配合服务，涵盖国际市场行情、竞争者动态、订单处理、支付、物流及售后服务沟通等一系列环节。这类平台往往需要很强的国际贸易专业知识和技能。由于现阶段我国 B2B 跨境电商的支撑性条件还不完善，因而很多服务还必须通过线上和线下相结合的方式才能完成，无法形成 B2B 跨境电商交易的闭环。因而这类平台还有很大的潜力和发展空间。现阶段最符合这种模式的有敦煌网等。

三、B2B 跨境电商的发展历程

我国 B2B 跨境电商的发展历程大致可以分为三个阶段。

第一阶段（20 世纪末—2003 年）：这一阶段 B2B 跨境电商平台主要提供信息展示与交易撮合的服务，盈利模式以收取会员费为主。后来平台慢慢衍生出竞价排名、线下展会以及搜索引擎优化（search engine optimization，SEO）推广等增值服务。这一阶段的代表性平台有阿里巴巴国际站、中国制造网、环球资源等。

第二阶段（2004—2012 年）：从 2004 年开始，B2B 跨境电商从纯信息展示逐步过渡到线上交易阶段，物流、支付、客户管理等交易信息开始实现线上化。也是在这一阶段，B2B 跨境电商网站打破了原先的会员制度，盈利模式开始转变为在买卖双方的交易中收取佣金。但是在这一阶段，B2B 跨境电商还是以中小额交易为主，而且也没有形成在线交易的闭环。

第三阶段（2013 年至今）：这一阶段，大宗型 B2B 跨境业务上线，B2B 买家呈现规模化趋势，大额跨境线上交易开始实现，并且中等额度和大额交易占比逐渐上升。与此同时，品牌制造商和大型服务商开始涌入，产业内垂直电商兴起，移动跨境电商也开始起步。

第二节　我国 B2B 跨境电子商务的现状

一、我国 B2B 跨境电商的规模

从跨境电商发展规模来看，2022 年我国跨境电商总交易规模达 15.7 万亿元，较 2021 年同比增长 10.6%。在模式结构方面，2022 年我国跨境电商的交易模式中跨境电商 B2B 交易占比达 75.6%，跨境电商 B2C 交易占比 24.4%（数据来源：《2022 年度中国跨境电商市场数据报告》）。可见 B2B 模式仍为跨境电子商务的主流模式。

从地域发展情况来看，我国跨境 B2B 出口总体上呈现出东强西弱的特征。党的二十大报告中指出，优化区域开放布局，巩固东部沿海地区开放先导地位，提高中西部和东北地区开放水平。东部沿海地区，如广东、浙江、江苏、上海、福建等地由于电商发展起步早、基础好等原因，其出口交易规模在全国较为领先，且这些地区的优势产业突出，例如，广东的 3C 产品、浙江的家居用品，以及福建与江苏的服装鞋帽等。但随着普惠贸易的不断发展以及中西部地区基础设施的不断完善，未来中西部地区的数字贸易有着很大的发展空间，与东部沿海地区的差距也会逐渐缩小。

二、我国对 B2B 跨境电商的政策支持

从政策支持角度来看，在中央层面，国务院从 2016 年至 2022 年多次发布关于设立跨境电商综合试验区的批复文件，均提到要着力在跨境电商 B2B 模式相关环节的技术标准、业务流程、监管模式和信息化建设等方面探索创新。

在地方层面，杭州在 2019 年发布的《杭州市人民政府关于加快推进跨境电子商务发展的实施意见》（杭政函〔2019〕99 号），鼓励企业通过线上综合服务平台申报业务。按照跨境 B2B 认定标准，对服务跨境电子商务企业在线上综合服务平台完成跨境 B2B 通关申报的外贸综合服务企业、为杭州服务的外贸货运代理企业、报关行及其他相关企业，给予单家企业不超过 15 万元的资金扶持。上海在 2021 年发布的《关于印发〈上海口岸 2022 年深化跨境贸易营商环境改革若干措施〉的通知》（沪商自贸〔2021〕335 号）提出研究探索跨境电商 B2B 出口海运清单模式。广东在 2021 年发布《广东省人民政府办公厅印发关于推进跨境电商高质量发展若干政策措施的通知》（粤办函〔2021〕328 号），积极推动完善跨境电商 B2B 出口增值税和所得税税收政策，为开展跨境电商出口海外仓业务的企业提供涉税辅导个性化服务。由于篇幅限制，其他地方政策这里不再赘述，可以看出，各综试区均在积极采取措施支持 B2B 跨境电商的发展。

三、代表性 B2B 跨境电商平台

目前在国内运营较好的代表性 B2B 跨境电商平台有阿里巴巴国际站、中国制造网、环球资源、环球市场、大龙网、易单网等，其他拥有 B2B 跨境电商业务的平台还包括网盛生意宝、聚贸、外贸公社、信诺网等。下面将选取一部分代表性平台进行详细介绍。

1. 阿里巴巴国际站——全球最大的 B2B 跨境电商平台之一

阿里巴巴国际站创立于 1999 年，是连接国内出口商和其他国家公司的在线贸易平台，也是目前全球最大、成立时间最久的 B2B 跨境电商平台之一。作为全球 B2B 模式的代表，阿里巴巴国际站拥有超过 3 500 万个用户，服务项目涉及金融、信息、物流等领域，包括外贸直通车、一达通、网商贷、顶级展位、信用保障、金品诚企等。2010 年，阿里巴巴收购了专注于外贸综合服务的一达通。2015 年 3 月，阿里巴巴与一达通推出"信用保障"服务，试图打造全球首个 B2B 跨境电商交易闭环，并开始从 B2B 跨境信息平台向 B2B 跨境在线交易平台转型。

2. 中国制造网——转型中的行业领导者

中国制造网创立于 1998 年，作为电子商务行业的领导者，该平台线上所售的所有产品均为中国制造，是全球最成功的 B2B 网站之一。2003 年年底，该网站推出"中国供应商"会员服务，开始向会员收费，这种盈利模式使中国制造网摆脱亏损，并逐步开始盈利。但自 2011 年以来，中国制造网的收费会员数一直稳定在某一数值，这导致平台的利润连年下滑。为改变这一局面，中国制造网采取了相关举措：一是设立焦点进出口服务有限公司，为客户提供报关、报检、物流、退税、结汇等一站式服务；二是在美国设立品牌孵化公司 inQbrands Inc.，旨在为出口至美国的客户提供行政、仓储、展示、客服等本土化的营销服务；三是收购了美国商品直发服务平台 doba，旨在帮助出口商拓展海外的分销渠道。

3. 环球资源——独创"杂志 + 展会 + 电商"模式开展差异化竞争

环球资源是一家拥有"杂志 + 展会 + 电商"模式的 B2B 跨境电商公司，主打亚洲市场。创始人于 1970 年创立了 *Asian Sources* 贸易杂志，即为环球资源的前身。该杂志产品线丰富，同时在芝加哥与阿姆斯特丹设有推广部。1995 年，环球资源创始人推出了 Asian Sources Online 电子商务平台。1999 年，Asian Sources 更名为 Global Sources，即环球资源。除了电商功能，环球资源还推出了展会功能，并且很快将展会发展成为环球资源的支柱性业务，目前公司有一半的收入来自展会。在接下来的工作计划中，环球资源将依靠电商和展会的双重优势，形成线上线下互动局面，更好地帮助客户建立良好的关系。

4. 环球市场——GMC 标准准入机制助力中国卖家走向全球

环球市场创立于 1995 年，并于 1997 年建立中国企业网，正式启动 B2B 跨境电商业务。与阿里巴巴国际站和中国制造网一样，环球市场也是一个匹配国内供应商与国外批发商需求的 B2B 信息平台。环球市场的一大特色是在 2005 年启动了平台 GMC（Global Manufacturer Certificate）标准准入机制。在陷入运营困境后，为寻找一条差异化竞争的

道路，保障平台健康经营以及维护各方客户利益，平台推出了由专业机构认证的八项量化标准，用来评判与区分卖家优劣，淘汰那些不符合标准的商家，专注于服务那些优质的商家。目前，在平台注册的买家超过 150 万家，活跃买家超过 87 万家，经平台认证的供应商也达到了 3 万多家。

5. 大龙网——应用 O2O 模式的行业黑马

大龙网创立于 2010 年 3 月，是一家依托 O2O（线上线下相结合）模式实现差异化竞争的 B2B 跨境电商企业。在线上，大龙网主要是通过 18985.com 来对接国内的制造与贸易商，通过 osell.com 来对接国外的批发商和零售商。此外，大龙网还通过移动 App——全球商人在线沟通交易平台"约商"（OSELL），让全球买卖沟通实现了实时无障碍。在线下，大龙网通过开设海外线下体验馆，将在海外落地的外贸展会（网贸会）与海外仓有机结合，使网贸馆前面是展厅，后面是仓储，更方便其提供本土化服务。大龙网这种线上线下相结合的模式，极大提升了客户的体验感、提高了交易的成交率。

6. 易单网——背靠大企业专注建材行业的细分平台

易单网创立于 2011 年，依托于中国建材集团，是一家专注于建材行业的 B2B 跨境电商平台，同时也提供出口代理、营销推广、信用保险、物流、金融等外贸综合服务。易单网并非真正开放的第三方平台，因为当客户询盘时，平台会首先考虑集团的供应能力，能力不足时再向供应商询价，这也解释了为什么入驻平台的供应商以工厂为主。首先，平台背靠大企业，有充足的资金支持其运作；其次，中国建材集团也能为其提供大量与建材有关的核心资源，如国内数万家供应商资源、全球数十万家客户资源。此外，建材行业产品款式较为固定的特点决定了平台非常适合海外仓的仓储模式，这大大降低了供应商海外备货的风险。

第三节　我国 B2B 跨境电子商务的困境

1. 出口产品附加值低，品牌化效应弱

从企业的产品层面看，我国的出口 B2B 存在着很多问题。一是产品附加值低。由于 B2B 跨境电商行业竞争激烈，产品的同质化现象也较为严重，大量替代品的存在加剧了同一行业中的价格竞争，也大大压缩了某个品类或行业的利润。这就导致一些企业为获得利润而开始大量生产低档的、假冒伪劣的产品。此外，很多国内厂商所生产产品的产品质量、外观设计等方面也无法与那些优质的国外商品相抗衡，这些都导致了产品附加值较低。二是产品品牌化率低。在过去的外贸时代，我国的制造商大多以赚取薄利的代工厂商为主，较难形成自身品牌。随着数字贸易的发展，B2B 跨境电商为一些出口企业建立自身品牌提供了机会，但是由于历史和现实的各种因素，我国企业品牌化率并

不高。2012年，某网站曾因为平台上假货泛滥、品牌化率低等因素被PayPal终止合作。所以中国外贸企业要想"走出去"必须有自己的品牌，而这需要企业和平台长期的共同努力。

2. B2B跨境电商支撑性服务不完善

虽然B2B跨境电商潜在的市场规模巨大，但其在融资、支付、物流、外贸综合服务等方面的支撑性条件并不完善。B2B交易涉及很多工业产品，而这些工业产品往往只是一些产业的中间产品，其中附带的服务非常重要，是产品在整个生命周期的外延服务。但是目前的B2B跨境平台还很难去满足这种服务需求，因为现有的平台本身没有独立的第三方支付和外贸综合服务平台，基于此供应商一般也倾向于选择用线下的方式达成交易。所以，目前的B2B跨境电商平台还不能全面地实现交易闭环，因此很多数据也无法通过完整的交易整合沉淀。

3. B2B跨境电商相关政策仍需完善

贸易政策的关键问题即是高效问题。一方面，我国的全国通关一体化的举措还未完全实现；另一方面，政府在推进B2B模式下通关便利化措施方面，还需进一步完善。

2020年6月，海关总署新增"跨境电子商务企业对企业直接出口"模式，监管代码为"9710"。2021年7月1日起，该模式在全国铺开。在"9710"模式下，新增便捷申报渠道，单票金额在人民币5 000元（含）以内且不涉证、不涉检、不涉税的货物，可通过系统以申报清单的方式在符合邮快件监管场所设置标准的场所开展，并进行通关，申报要素比以报关单方式申报减少57项，让企业零散、小额、流动的出口交易变得简单化，通关成本进一步降低。这是政府在推进跨境电商B2B模式下通关便利化方面所做出的政策突破。目前这一模式的实效还需进一步跟进和完善。

第四节　我国B2B跨境电子商务的发展前景

1. 跨境电商将逐步从消费型互联网渗透至产业端

虽然目前我国跨境出口的线上销售主要是面向终端消费者的小订单，但是随着数字贸易的深入发展、网络技术的不断进步以及各项政策的改革创新，可以预见在不远的将来，大宗贸易也将进入数字贸易阶段，B2B出口跨境电商或将迎来爆发式增长。这正符合党的二十大报告中"推动货物贸易优化升级，创新服务贸易发展机制，发展数字贸易，加快建设贸易强国"的要求。从敦煌网十几年沉淀的数据来看，跨境电商无论是用户层次还是交易金额都在不断升级。全球的买家正在从大C、小B等次终端用户，逐渐升级为中B型用户，交易的金额也从小额向几万美元迈进，甚至有些金额超过了20万美元。店铺的复购率也逐渐提高，一半以上的店铺每月的复购率已达到4次。这些发展都在潜移默化中促进了我国企业与工厂的转型，并推动跨境电子商务逐步从消费型互联

网渗透至产业端,从而引发传统外贸业的巨大变革。

2. B2B 跨境电商品牌效应将不断增强

随着我国人口红利的逐渐消失以及资源成本的不断上升,"中国制造"需要不断向高端化转型升级。而 B2B 跨境电商作为顺应时代发展趋势的产物,将极大地助力中国品牌提升内在技术,改善质量与服务,更好地走向世界。从相关跨境交易品牌数据看,我国跨境 B2B 出口品牌商品自 2014 年开始增速明显。相关第三方平台也在为中国商家的优质化转型和品牌效应提升做出努力。例如,环球市场推出的 GMC 标准,提高了平台制造商的准入门槛;敦煌网专门为品牌产品设置的区域"Brand Zone";等等,这些举措都在一定程度上促进了中国品牌走向世界。

3. B2B 跨境电商平台将向数据化、交易移动化方向转型

由于 B2B 跨境电商涉及许多繁杂的关务流程,贸易数额也较大,平台难以承担较大的违约风险,因而目前大多数 B2B 跨境电商平台还不能成为一个真正的在线交易平台,而是处于撮合平台向交易平台转型的过程之中。但是一旦平台转型成功,大部分交易数据就能在平台上沉淀下来,B2B 跨境电商将会进入一个数据技术(data technology,DT)驱动的时代,向数据化转型。出口商可以依托数据获得信用和金融支持,并更好地被买家评估,有利于获得用户黏性,买家的评价数据也能促使其改进自身产品、提供个性化定制服务;服务商可以利用数据提供相对应的服务,如保费、银行利率与贷款金额等;平台也可以利用数据资源获利。此外,交易移动化也将成为一种趋势。例如,大龙网开发的移动 App"约商",让全球买卖实现了随时随地的沟通无障碍。

4. "一带一路"涉及的国家和地区将成为我国 B2B 跨境电商发展的重点区域

"一带一路"涉及的国家和地区的人口占世界人口的 43.4%,由于其人口基数大、经济发展水平不高,因而贸易总额只占全球的 21.7%,对全球 GDP 的贡献约为 16%。随着"一带一路"倡议的深入发展,我国与这些国家和地区之间的经贸合作将不断深化。据麦肯锡全球研究院预测,到 2050 年,"一带一路"涉及的国家和地区将会贡献世界 GDP 增量的 80%,潜力巨大。随着我国"一带一路"倡议以及数字贸易的深化发展,这些国家和地区 B2B 跨境电商的不断发展将为中国的外贸增长提供新动能。

本 章 小 结

B2B 跨境电商是一种企业与企业之间通过线上的跨境信息平台和交易平台进行商品与服务等数据信息的传递,双方在达成交易意向后进行线上支付或线下结算,然后通过跨境物流输送商品的跨境贸易模式。按照业务形态可将 B2B 跨境电商平台分为信息提供型、交易撮合型和全方位服务型三种,其中交易撮合型还可按照买方主导和卖方主导分成采购招标和销售两种主要业务。B2B 跨境电商的发展主要经过了信息展示与交易撮合、从纯信息展示过渡到线上交易、大额跨境在线交易开始实现三大阶段。从 B2B 跨境电商的发展现状来看,目前,B2B 出口模式仍为跨境电商的主流模式,"一带一路"涉及的国家和地

区成为我国"走出去"战略的重点区域。我国跨境 B2B 出口总体上呈现东强西弱的特征。此外，现阶段在国内运营较好的代表性 B2B 跨境电商平台有阿里巴巴国际站、中国制造网、环球资源、环球市场、大龙网、易单网等。虽然我国 B2B 跨境电商目前存在出口产品附加值低、品牌化效应弱、支撑性服务不完善、相关政策仍需健全等问题，但展望其前景，跨境电商将逐步从消费型互联网渗透至产业端，品牌效应将不断增强，B2B 跨境电商平台将向数据化、交易移动化方向转型，"一带一路"涉及的国家和地区也有望成为我国 B2B 跨境电商发展的重点区域。

名词解释

B2B 跨境电商：从广义层面来看，指的是"互联网＋国际贸易"，即运用互联网相关工具进行企业间对接、沟通和交易的跨境贸易活动；从狭义层面来看，是企业与企业之间通过线上的跨境信息平台和交易平台进行商品与服务等数据信息的传递，双方在达成交易意向后进行线上支付或线下结算，并通过跨境物流输送商品的跨境贸易模式。

课后思考题

1. 什么是 B2B 跨境电商？
2. B2B 跨境电商平台按照业务形态可以分为哪几类？
3. 简述我国 B2B 跨境电商的发展现状。
4. 列举几种代表性的 B2B 跨境电商平台并简述其商业模式。
5. 你认为目前我国 B2B 跨境电商存在的问题有哪些？
6. 试分析我国 B2B 跨境电商的发展前景。

第七章 跨境电商独立站

本章概要

本章共分为五节。第一节介绍了跨境电商独立站的定义、优势和发展历程；第二节分析了跨境电商独立站产生的背景，并介绍了一些具有代表性的独立站相关企业；第三节介绍了跨境电商独立站运营的关键要素；第四节对跨境电商独立站模式与平台模式进行了对比分析；第五节分析了我国跨境电商独立站的发展前景。

学习目标

- 掌握跨境电商独立站的定义和具有代表性的独立站相关企业；
- 了解跨境电商独立站运营的关键要素；
- 了解跨境电商独立站的发展历程、发展现状以及发展前景。

思维导图

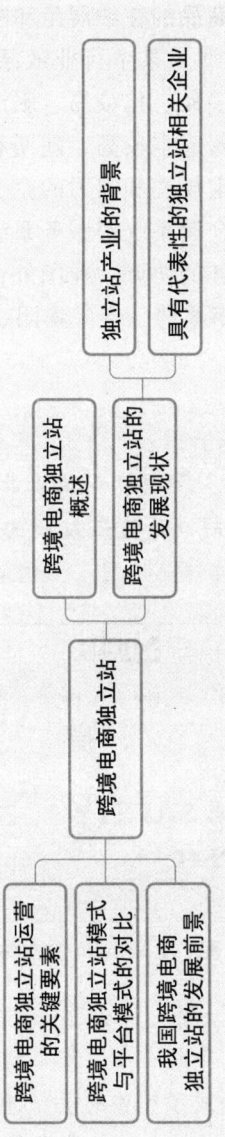

第一节　跨境电商独立站概述

一、跨境电商独立站的定义

跨境电商独立站（以下简称独立站）是指企业自行建设、独立运营，用于开展跨境电商业务的网站，通过自有网站进行商品的在线展示和在线交易。

一般而言，独立站所售商品仅涉及某个行业或某个细分市场，并在这一领域做大做深，如母婴产品、建材、食品、奢侈品、化妆品、服饰等，其优势是供应商管理能力相对较强。但是也存在很多不足，如运营成本较高，前期和运营过程中都需要较大的资金支持对网站进行维护，所以只有具备一定规模和实力的企业才会采用独立站的形式销售跨境商品。独立站本身也没有支付系统、仓储系统等服务系统，无法像跨境电商大型平台那样用一个平台进行数据的打通和各项服务的协调。在国外，特别是在欧洲，品牌独立站数量较多。国内具有代表性的独立站有兰亭集势、寺库集团、SheIn 等。

案例链接

自有品牌 SheIn 于 2014 年创立，聚焦快时尚女装，通过建立独立站（图 7-1），在全球范围内进行跨境电商销售。根据胡润研究院发布的《2023 年全球独角兽榜》，SheIn 以 4 500 亿元（人民币）位列第 4 名。

图 7-1　SheIn 独立站

SheIn 采用品牌思维来运营潮流女装。一方面，进行产品定位，利用流量营销优势运营品牌，重视社交媒体与广告的引流，不断布局海外市场。另一方面，在商品备品和供应链管理方面针对品牌的发展进行布局，形成了完整的供应链体系，拥有设计开发、纸样打版、成衣制造、新品上架、终端运营、仓储物流、售后服务等完整业务流程，具有较强的柔性采购能力和较强的库存周转能力。数据沉淀及数据导向是 SheIn 供应链管理体系搭建的前提。

资料来源：https://mp.weixin.qq.com/s/CHivTQWRE4Qvdpzy2HUhoQ.（2022-03-07）[2023-07-18].

二、跨境电商独立站的优势

1. 企业具有自由运营的空间

由于网站属于跨境电商卖家自身，企业可以根据自身的战略定位，自行选择市场、销售品类、定价、销售渠道、供应链上的合作伙伴等，而不受其他平台的约束，自由运营的空间较大。

独立站自由运营的优势具体表现为以下几个方面。在成本和定价方面，企业不需要缴纳平台（这里指第三方平台）入驻费及平台高昂的竞价广告营销费，节省了在平台上的开支，可将更多的资金运用在自主性的流量积累和品牌打造上。不同于平台上同品类商家的价格竞争，独立站的定价更为灵活自主。在运营方面，一些平台对商家的回款周期较长，这会直接导致一些企业的资金链出现问题，而独立站的企业能够自行寻找供应链上合适的合作伙伴，建立符合自身运营需求的服务体系。在市场方面，企业可以不受限于交易平台的市场布局，通过在全球性的互联网上进行营销推广来寻找合适的市场。

2021年，亚马逊指控一些卖家三番五次违反规定，引导、购买虚假评论，封禁了大批账户。不同于以往多次的整治和封禁，此次封禁涉及多家在亚马逊单品销量排行榜排名靠前的"大卖"，以及其关联公司，导致行业巨额损失。这使诸多跨境电商企业对平台规则的不确定性感到担忧。加之平台上的激烈竞争，独立站逐渐成为跨境电商企业，尤其是中小企业跨境电商运营渠道的又一重要选择。

2. 企业获得自有流量，利于品牌打造

跨境电商交易平台为入驻企业提供了一个流量池，贸易商可获取平台流量。但平台上的诸多商家不可避免地存在流量竞争，在平台广告投放工具中投入多的卖家，会占据更为显眼的广告位，以及获得更靠前的搜索排名，而广告投放工具中投入少的中小型卖家，除了通过创新产品吸引一部分客户外，很容易被淹没在搜索结果中。相比之下，初建独立站本身不带流量，获取流量是独立站运营的难点和重点。但是独立站企业可利用全球性的互联网平台，如Google、Meta、YouTube等进行营销推广，通过优化自身的营销方式和客户管理方式，获得询盘和交易的客户，使这些客户成为企业自身的客户资源，而非跨境电商平台上供商家共享和争夺的流量。在供给端，通过维护客户关系，独立站企业可将其发展成为长期的客户，由此，逐渐积累起自身的客户基础；在需求端，客户所识别到的是独立站企业自身的品牌，而非跨境电商平台的品牌。

三、我国跨境电商独立站的发展历程

我国跨境电商独立站的发展历程大致可以分为以下两个阶段。

第一阶段，2003—2012年，为跨境电商独立站的成长期。除阿里巴巴国际站、中国制造网等早期的跨境电商平台外，米兰网、兰亭集势等跨境电商垂直型自营网站，即早期的独立站，也是在这一阶段建成的。独立站自建供应链系统、ERP系统，通过线上展示自营产品达成交易。但这一时期跨境电商供应链的相关服务还处于起步阶段，独立站自行搭建产

品、营销、市场、供应链、技术、售后、物流和仓储等跨境电商全链路的投入成本高，最初也较难获得买家的信任，这些都成为独立站进一步发展的难点。

第二阶段，2013年至今，为跨境电商独立站的加速整合期。围绕跨境电商全链路的服务，如海外仓、第三方支付平台、软件即服务（software as a service，SAAS）云平台、客户关系管理（customer relationship management，CRM）系统等服务向成熟化发展。帮助企业搭建独立站的服务平台和工具，如Shopify、富通天下等，在行业竞争激烈，平台流量成本高企的市场背景下，为企业发展和创新提供了更多的选择。

第二节　跨境电商独立站的发展现状

一、独立站产生的背景

通过跨境电商平台或互联网渠道进行同类同质产品的分销，或者跟卖的模式，往往会导致比较激烈的价格竞争，甚至是恶意竞争。因此，跨境电商企业更加关注本土化消费需求，开始意识到打造品牌的重要性。提供创新产品的品牌不断崛起，如以SheIn、Anker等为代表的新兴的独立站品牌受到市场的热捧，给予跨境电商行业更大的想象空间。不少跨境电商卖家希望通过运营独立站找到新的利润增长点。受我国跨境电商卖家青睐的Shopify近五年来销售业绩稳步提升，2021年第三季度营收达11.24亿元，同比增长46.43%。

二、具有代表性的独立站相关企业

按业务类型划分，独立站相关企业可以分为独立站品牌企业和独立站服务企业。

1. 独立站品牌企业

我国较为典型的独立站品牌企业有兰亭集势、米兰网、SheIn、Anker等，这些独立站品牌企业的共同特征是具有强大的供应链管理能力、多样化营销能力和创新能力。SheIn紧握前端流量和后端柔性供应链两大竞争优势，使其位居苹果应用商店购物类App排行榜前列。引用《商业评论》麦考密克（P. McCormick）提到的，若早期的ZARA是快时尚，Fashion Nova、boohoo是超快时尚，则SheIn可被视为实时时尚。SheIn打造了一条实时连接供需的系统，实现了从工厂车间到SheIn客户端整条价值链的控制。

2. 独立站服务企业

对于中小卖家而言，自建独立站投入成本过高。而独立站服务企业（也称独立站建站服务平台）可以为这些中小企业建立独立站提供建站、网页设计、渠道引流、数据分析等服务，并且能够与跨境支付企业、物流企业等进行系统对接和合作，为企业的支付和物流活动提供选择，如Shopify、富通天下、外贸快车等，都可以为客户提供建站、管理、营销等独立站建设和运营解决方案。

第三节　跨境电商独立站运营的关键要素

在这一节，将会介绍独立站运营的关键要素，按照大致的先后顺序进行表述。独立站运营的关键要素包括网站搭建、选品与营销、客户关系管理、供应链管理、收款。

1. 网站搭建

目前，独立站网站搭建的方式有三种。

第一种，企业自主建设网站。此类独立站需要企业聘用和组织专业的技术人员进行交互设计、编码、开发及运维。因而企业需要投入大量的人力、物力和财力，建站的成本较高。但交易成本相对较低，自有技术团队作为企业的核心部门，能更有效地完成企业对网站页面、功能和运营逻辑的设想。在网站建成后，运维成本相对较低。另外，企业可以依靠开源软件进行开发。目前市场上的开源软件主要有 Mangento、Opencart、WordPress 等。但开源软件对开发团队的技术要求较高，依旧需要组建专业的技术团队进行开发。

第二种，企业选择技术外包。此类独立站选择将网站外包给专业化的技术团队进行开发，初始投入成本低。但相应的，交易成本较高，另外，企业和外包团队存在沟通成本，如果企业需求与外包团队的理解存在偏差，还可能导致建站失误。

第三种，企业基于独立站建站服务平台开发网站。独立站建站平台嵌入了网页设计、渠道引流、物流支付、数据分析等功能。一般都采用 SaaS 系统，操作便捷，且往往与 Meta、Google、YouTube 等平台有合作。因此，大多数中小卖家建独立站选择这种方式。

海外网站的搭建涉及服务器和域名的设置问题，运营独立站的企业需要在当地购买服务器和域名，或者向 Shopify 等独立站建站服务平台，以及阿里云（海外地区）、Google Cloud 等云服务平台支付服务费，从而使用云服务器和域名。

2. 选品与营销

不同于企业依托第三方平台的流量，初建的独立站本身不具有流量，不具有第三方平台的信用背书，因此选品和营销成为独立站运营的重点和难点。运营独立站的企业包括自营产品的企业，也包括使用工厂一件代发的采购商和分销商。选品对于这两种企业均十分关键，对于自营产品的企业而言，选品过程是为指导市场导向型产品的创新和开发。对于使用工厂一件代发的企业而言，选品则是为了达到直接的销售获利的目的。

在选品之后，独立站企业需考虑营销策略。对于独立站而言，其营销方式、客户管理和数据分析是相互交织的链路。在前端，独立站采用多样化且多层次的营销渠道，既包括开放式的、在大型互联网平台上进行广告投放、直播，与关键意见领袖（key opinion leader，KOL）合作录制营销视频等，也包括点对点式的邮件营销、社交工具（如 Whatsapp、企业微信）营销等。例如，富通天下系统与邮件营销系统对接，有效发挥外贸业务中最为经典的邮件营销的作用。

营销的目的是挖掘客户。而从开拓潜在客户到转化成订单，形成客户沉淀，再到客户行为数据反哺优化营销的闭环，依赖于高效准确的客户管理流程和系统。

营销和客户管理依赖于数据的收集和分析。独立站企业所需挖掘和运用的数据包括内部数据和外部数据。内部数据辅助企业的组织管理和供应链管理，包括产品开发、报价订单、采购储运、财务薪酬和客服数据等。外部数据赋能外贸企业可以更加精准和高效地挖掘和管理客户，包括业务邮件、广告询盘、社交数据、商业数据、搜索数据、展会名片和海关数据等。

富通天下与 Google 合作的"布谷鸟"系统，能够有效地分析、沉淀营销大数据，并对买家的意图进行判断，实现对独立站的精准引流。达成交易的客户成为独立站的流量沉淀，其行为数据能够优化"布谷鸟"的营销算法。另外，"布谷鸟"为企业提供关键词选取服务，根据大数据的收集和分析，获取行业中搜索频率和转化效果好的关键词，帮助企业提升平均询盘效率，节省关键词的试错成本。

3. 客户关系管理

当企业运营独立站，直接与自有客户建立联系，如通过数据分析挖掘客户、向客户询盘、维护客户关系时，客户管理便尤为重要。首先，CRM 系统为独立站提供客户管理软件服务，并且具有移动端应用，能够实现独立站与访客的及时沟通，及时获取商机。其次，CRM 系统中对邮件营销的具体成效分指标进行反馈，指标包括邮件送达、客户打开、点击、访问等行为，并且能够展示访客行为的具体内容及访客画像。再次，企业与客户的聊天记录自动同步保存在 CRM 系统中，企业实时跟进客户磋商、确认、交易动态。最后，企业可以在 CRM 系统中对已实现交易的老客户进行建档管理，便于后续保持联系，唤醒"沉睡"客户。

4. 供应链管理

供应链管理是指在满足一定的客户服务水平的条件下，为了使整个供应链系统成本最小，而把供应商、制造商、仓库、配送中心和渠道商等有效地组织在一起来进行产品的采购、制造、转运、分销和销售的管理方法。供应链管理包括对计划、采购、制造、配送、退货五大基本内容的管理。

从供应链搭建的角度，独立站企业的运营可以分为两种模式：一种是自建供应链模式，从采购到营销，均是自建的一套供应链系统；另一种是分销模式，将独立站视作与平台本质相同的营销渠道，采用零库存，选择工厂一件代发。对于工厂型商家而言，其具有生产能力和库存，将自有产品通过独立站销售，自行发货。对于一些分销型商家而言，选择一件代发的模式，向工厂采购商品，并让提供一件代发服务的工厂直接发货给用户，贸易商无须承担库存风险，极大地降低了成本。但也可能存在无法及时供货的风险，从而损害企业信誉。

目前较为成功的独立站品牌企业，一般都搭建起了一套基于数据的供应链体系。较为典型的独立站品牌企业如 SheIn。首先，SheIn 通过 Google、SheIn App、软件和人工团队收集行业数据进行市场洞察。其次，依托中国强大的制造能力和 SheIn 团队的人工智能算法，搭建一套高效的柔性供应链系统，将前端市场数据提供给其庞大的设计和打版团队，最短可在 3 天时间内完成产品由设计图稿、生产制作到在线销售的整个流程。最重要的是，SheIn 构建一个工厂车间与消费者之间的"信息直通车"，通过这一系统，新产品上线后，与销售相关的用户行为信息便会传递到工厂车间，工厂车间获得更新的生产配额信息，同时系统自动完成各种面料、辅料的订购。在需求预测、快速迭代、数据赋能下实现实时调整的柔性供应链成为 SheIn 独特的竞争优势。

5. 收款

独立站企业需要自行选择跨境支付方式。对于金额较大的 B2B 跨境电商独立站而言，可以使用传统的结算方式，如通过银行或专业汇款公司进行汇款和办理信用证业务。对于金额小、交易频次高的 B2C 跨境电商独立站而言，一般采用更为便捷的收款方式，主要包括国际信用卡收款、第三方支付平台收款。信用卡收款是由获得 Visa QSP[①] 和 MasterCard PF 资质认证[②] 的支付机构帮助独立站商户面向持有 VISA、MasterCard 等境外信用卡的消费者进行收款。第三方支付平台收款的方式，是独立站商户在第三方支付平台上注册账号，绑定信用卡或借记卡使用，利用支付平台收款。目前使用较为普遍的第三方支付平台是 PayPal，除此之外，还有 2checkout、Stripe、PingPong 等。

第四节 跨境电商独立站模式与平台模式的对比

平台模式即企业通过跨境电商平台进行产品进出口交易的模式。对于跨境电商企业而言，是选择自建独立站模式还是选择平台（这里指第三方平台）模式，在渠道、供应链搭建、运营等方面均存在差异（见表 7-1）。

表 7-1 独立站模式和平台模式对比

	独立站模式	平台模式
渠道	优势：1. 企业通过多样化的营销方式获得的客户属于品牌自身，有利于品牌打造。 2. 独立站企业构建自有流量，注重客户复购。通过为已有客户提供优质的服务可以维系老客户，并以此吸引新客户。因而独立站更适用于 B2B 交易。 挑战：前期建立客户信任较为困难，营销成本较高	优势：1. 获得平台品牌、流量支持。平台的规则和信用体系在一定程度上为商家信用背书。 2. 平台的优势在于前期引流，平台吸引并积累大量用户，为商家提供潜在流量基础。因而在平台上运营的商家，可以基于平台流量获取客户资源。因而平台模式更适用于 B2C 交易。 挑战：对商家而言，平台上的流量为公有流量，平台上商家流量竞争激烈

---

① Visa 第三方支付公司资质认证方案——QSP（qualified service provider）。
② MasterCard PF 资质认证，又称 MasterCard 支付服务商模式（MasterCard payment facilitator model）。

续表

	独立站模式	平台模式
供应链搭建	自建网站、供应链、ERP系统、产品、营销、技术、售后服务等，前期投入较高	平台已积累流量，店铺搭建、营销、物流、支付、外贸综合服务等全链路功能完善
运营	1.不受平台规则约束。企业在自建网站上可以不限数量、不限形式任意展示自有产品。 2.网站设计的风格、框架和数据均由自己掌控。可直接获得用户的消费数据和行为数据。 3.可结合用户特点，贴合用户消费习惯提供个性化服务	在平台规则框架内，为用户提供产品和完善的服务

第五节　我国跨境电商独立站的发展前景

1.跨境电商从野蛮生长逐渐发展为精耕细作

普惠贸易

受益于互联网和信息技术的研发与应用，跨境电商行业快速发展，创新业态不断涌现。同时，在"包容审慎"的监管原则下，外贸新业态发展环境自由。跨境电商平台为产品信息向全球传递、实现跨境交易搭建了渠道，外贸综合服务平台极大提高了企业的和通关效率，跨境电商的新业态推动普惠贸易的发展。大量中小企业也参与到了跨境电商的市场中来，随着渠道的不断增加、参与者的不断进入、同类产品的竞争不断加剧，"刷单炒信"等扰乱平台规则的行为屡禁不止。企业仅通过分销和"跟卖"等方式运营跨境电商的利润逐渐微薄，因而许多企业的品牌意识开始增强，逐渐通过提升产品质量、创新产品、提供服务等方式，提升产品附加值，打造品牌。相对于平台模式，独立站模式逐渐成为企业建立自有网站、积累自有客户资源、打造自有品牌的重要方式。

2.建站服务工具支撑中小企业搭建独立网站

独立站实际就是企业自建网站，因而其并非新概念。但在建站服务工具尚未出现、跨境电商供应链服务尚未成熟之前，自建品牌网站需要大量人力、物力和财力的投入。基于互联网，企业除了需要建立专业技术团队，还要购买服务器、域名和域名解析器等软硬件设施，开发一套复杂的程序，才能完成网站建设，获得展示和交易功能。因此以往自建网站的企业基本上是具备一定规模的企业。建站服务工具、SaaS 云平台等的出现，简化了企业建站对技术的要求，降低了建站成本，中小型企业和创业企业也能够建立自有网站。并且，中小企业可以通过独立站成熟的跨境物流、支付、营销、外贸综合服务等功能，实现网站的引流和交易，从而打造自有品牌。

3. 独立站和第三方平台均成为企业营销的渠道选择

当企业已搭建起成熟的供应链系统，拥有创新且高质量的产品后，大量的人力、物力、财力便需要投入营销中。独立站和第三方平台虽各有优劣，但都可以成为企业营销的重要渠道。在全链路服务逐渐成熟，服务成本、渠道搭建成本逐渐降低的市场环境下，企业可以选择的渠道和营销方式也更加多样。建立独立站的企业，具有更高的运营自主性，可为客户提供定制化的产品与服务。通过为客户提供优质的产品和服务来维系老客户、吸引新客户。在第三方平台上运营的企业，可充分利用平台的服务与营销活动，设计营销方案，基于平台流量吸引客户。

本 章 小 结

本章介绍了跨境电商独立站的定义，对比了独立站和第三方平台两种运营模式，在渠道、服务、运营等方面存在的差异。如果企业选择独立站运营，其优势在于不受平台规则的约束，通过自建网站运营和营销，积累企业自有客户基础，通过为已有客户提供优质的产品和服务来维系老客户，并以此吸引新客户，有利于企业打造品牌。但采用独立站运营前期建立客户信任较为困难。如果企业选择平台运营，其优势在于平台已积累大量客户群体，并且平台的店铺搭建、营销、物流、支付、外贸综合服务等功能完善，平台的规则和信用体系在一定程度上为商家信用背书。但目前平台运营的竞争激烈，流量成本高。目前独立站主体包括独立站品牌企业和独立站服务企业，现阶段在国内运营较好的代表性独立站品牌企业如 SheIn 等，独立站服务企业如 Shopify、富通天下、外贸快车等。因为有 SaaS 云平台服务、CRM 等独立站建站服务，企业建独立站的成本被极大降低，中小企业也能够建立自有网站。独立站的发展主要经过了大型垂直类自营网站和独立站建站服务支持中小企业建站两大阶段。目前我国已有超过 20 万个独立站。随着跨境电商从野蛮生长逐渐发展为精耕细作，企业品牌意识增强，建站服务工具支撑中小企业搭建独立网站，独立站和第三方平台均会成为企业营销重要的渠道选择。

 名词解释

跨境电商独立站：是指企业自行建设、独立运营，用于开展跨境电商业务的网站，通过自有网站进行商品的在线展示和在线交易。

课后思考题

1. 什么是跨境电商独立站?
2. 独立站模式和平台模式有怎样的区别?
3. 列举几种代表性的独立站建站服务平台并简要描述其商业模式。
4. 你认为目前我国独立站存在的问题有哪些?
5. 试分析我国独立站的发展前景。

第八章 跨境电商网络营销

本章概要

本章共分为两节来介绍跨境电商网络营销的相关内容。第一节是跨境电商网络营销概述,介绍了跨境电商网络营销的产生背景、概念、特点和内容,帮助学生建构对跨境电商网络营销的基本认知。第二节是跨境电商网络营销的类型,将跨境电商网络营销按照营销过程中关注的侧重点不同划分为内容型、广告型、社会化和生态型四大类,并对每种类型做了具体介绍。希望学生在学完本章之后能对跨境电商网络营销形成更全面、系统的认识。

学习目标

- 了解跨境电商网络营销的产生背景,掌握跨境电商网络营销的概念、特点和内容;
- 熟悉跨境电商网络营销的产生和发展,把握网络营销和传统营销之间的关系;
- 理解跨境电商网络营销的四种类型,常见的营销手段,如搜索引擎、电子邮件、社交媒体营销等。

思维导图

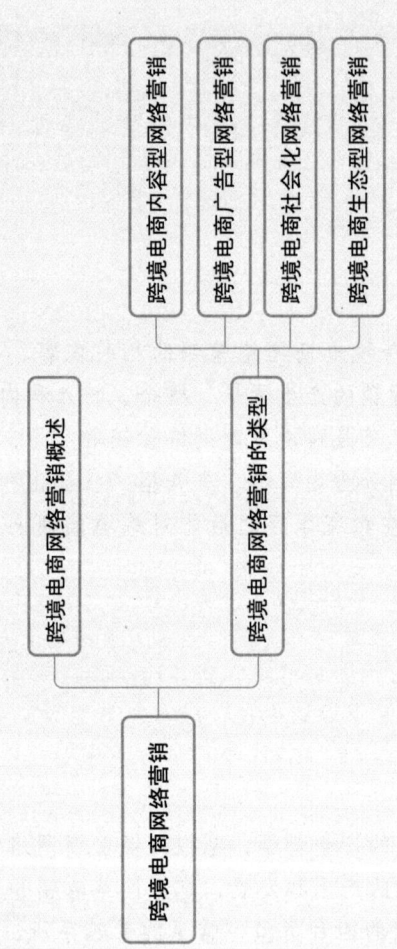

第八章 跨境电商网络营销

网络社会是对社会现在所处阶段的一种形象的界定，其中一个重要标志是互联网的出现和发展以及其对信息传播方式产生的革命性影响。商务活动中的主要流程可以分为四类：物流、信息流、资金流和商流。营销理论学者认为，营销就是信息传播。同时，他们认为当前能为企业带来竞争优势的领域只有两个，一是信息流，二是物流。互联网由于其本身具有高技术特性，具有信息传播速度快、覆盖范围广、交互性强、费用低廉等特点。因此作为一种新兴媒体，互联网一出现，其影响力便直追报纸杂志、户外广告、广播和电视四大传统媒体。此外，互联网与生俱来的信息传播优势使其不局限于充当媒体，它还可以作为企业营销的一种新工具，为企业的销售提供有力支持。尤其是针对跨境电商企业而言，互联网可以使得信息的传播突破时空的限制，实现双向交流，方便企业开展全球营销。

第一节 跨境电商网络营销概述

一、跨境电商网络营销的产生背景

随着贸易全球化程度的加深，参与直接竞争的市场主体数量明显增加，消费者主动性的增强和消费需求的多样化使得交易各方在市场中的地位发生了变化，并进一步加剧了市场竞争。这也逼迫企业为了生存和发展需要，改变长久以来实行的浅层次的营销手段和目标，开始对整个供应链环节进行深入的数字化改造，用低成本和高效率将产品信息传递给消费者。此外，企业经营决策层的观念也在发生变化，最明显的一点是企业营销的目标不再是和竞争对手争夺市场份额，而是更看重顾客份额（某位顾客购买某一家企业所提供的产品和服务的支出在该顾客购买同类产品和服务的总支出中所占的百分比）。这一观念的变化代表着企业从短期利益向长远利益发展的视角转变。

随着互联网技术的发展，人们对数据的处理能力不断提升，从数据库到数据仓库的演进实现了从对数据的简单存储到对消费者信息进行深入分析的转变，有利于促进网络营销的深入发展，利用数据挖掘技术获取消费者的潜在消费需求，帮助企业更好地了解消费者，进而改善产品和服务质量，迎合市场需求，并实现需求创造。

因为在跨境网络营销过程中，消费者的反映对企业发展至关重要，所以企业的营销方式和决策应该紧随消费者观念的变化来进行调整。现代消费者观念具备几个特点：一是个性化意识更强，技术进步带来的产品和服务种类的丰富，使消费者更容易寻找到符合自己个性的产品和服务；二是消费者的主动性更强，因为激烈的市场竞争使得很多产品供过于求，因而很大一部分的交易由卖方市场转变为买方市场；三是更注重便利性和趣味性，一方面快节奏的工作生活方式使得消费者希望花在消费过程中的时间缩短，另一方面高效率使得一部分消费者的工作时间缩短，收入增加，消费变成了一种调剂生活的方式，对消费趣味性的追求会增加消费者心理上的满足感。

此外，网络营销理论也在与时俱进，先后经历了网络直复营销理论、网络关系营销理论、网络软营销理论和网络整合营销理论，这些理论对跨境电商网络营销实践的发展做出了贡献。

二、跨境电商网络营销的概念

跨境电商网络营销的内涵很丰富，它既是对传统营销的发展，同时又区别于境内的网络营销。要理解跨境电商网络营销的概念，首先需要熟悉营销和网络营销的相关概念。营销即市场营销，是在创造、沟通、传播和交换产品中为消费者、合作伙伴及整个社会带来经济价值的活动、过程和体系。出发点不同对营销概念的解读也有差异，有人将其简单地解读为销售，也有人认为其具有管理的性质。其实，营销本质上是一种搭建商品买卖关系，进而追求双赢或多赢的过程。营销的本质决定了跨境电商网络营销的本质，也是一种交易各方关系的建立和维系的过程。网络营销是在互联网和计算机技术不断发展的背景下对传统市场营销的继承和发展。网络对于市场营销发展的贡献在于其实现了营销过程的电子化和数字化，这种发展打破了时间和空间对营销过程的限制，同时还带来了信息交互方式的革命性变化——即时交互。网络的这种跨越时空、即时交互的特点解决了跨境市场营销由于地理距离远带来的困难。

简言之，跨境电商网络营销是市场营销和网络营销下的一个子概念，是跨境电商企业利用各种互联网媒介在境外进行的一种营销活动。这种营销活动一方面要满足跨境电商企业的经营目标，另一方面要满足境外消费者的多种需求。但是需要注意的是，这种营销目标的实现效果会受到不同国家和地区的政治、经济发展水平、文化、社会习俗、法律、政策等方面的影响。

三、跨境电商网络营销的特点

跨境电商网络营销是建立在互联网基础之上的，借助互联网的特性来实现一定的市场目标的新型营销理念和营销方式。跨境电商网络营销具有以下特点。

1. 跨时空性

网络是开放的，其互联互通的特点打破了时空藩篱，决定了网络营销市场的全球性。网络营销可以帮助企业在世界范围内自由地寻找目标客户。由于市场的广阔性，客户群体的规模及差异性都会被放大，于是交易达成的难度也会随之增大。

2. 交互性、个性化

通过互联网平台或即时通信工具，消费者和企业之间可以随时随地进行双向的、一对一的信息交流，其交流方式是多样的，如 E-mail、网上聊天工具、评价留言、互联网电话等。对企业而言，在为用户提供丰富的产品信息的同时，也可搜集市场信息，改善产品服务；对消费者而言，其可以主动在网络上搜索自己喜欢的商家或产品，之后通过即时通信工具将信息传达给企业，让企业帮助自己进行决策或按照自己的要求提供定制化服务。

3. 高技术

网络营销的基础是现代计算机和互联网技术，企业要想开展相关的活动，必须具备一定的信息技术和人才支持。随着虚拟现实技术、Web 3.0 技术、三维展示技术等现代信息技术的普及，网络营销可以借助文字、声音、图像、视频等多种形式来展示产品和服务，以充分发挥网络营销人员的主动性和创造性。

4. 经济性

网络营销作为一种直接营销方式，跨过了中间商这一环节，企业可以直接和消费者沟通和交易，大大节约了营销成本。同时，网络服务提供商的出现，不仅可以为企业省去搭建和维护网站的成本，还可以提升企业开展网络营销的便利性，降低网络营销的门槛。

5. 成长性

首先，针对网络营销市场而言，目前的网络使用者大部分是中产阶级和受教育水平较高的年轻人群，该社会群体极具潜力，购买力强，市场影响力大。而且随着互联网基础设施的完善和民众受教育水平的提高，网络消费者的规模和覆盖面会更大。其次，针对互联网营销本身而言，因为互联网技术和手段仍处于不断地更新和进步中，所以互联网营销也在不断开发和应用新的营销手段。从传统的搜索引擎营销、邮件营销、社区营销发展到新兴的视频营销、游戏植入式营销、RSS 网络营销[①]、3D 虚拟社区营销等，可以预见，随着互联网技术的发展，还会产生更多、更丰富的互联网营销方式。

6. 数据化

通过网站和客户数据库，企业可以获得大量的客户信息和消费行为特征，并借助数据挖掘和分析技术来识别客户、细分客户，并根据客户的偏好来制订具有针对性的网络营销策略。

四、跨境网络营销的内容

跨境网络营销是依托于互联网的一种营销方式，借助网络来帮助企业实现营销目标。与传统的营销活动相比，跨境网络营销设计的内容非常丰富，主要可以分为三个部分：网络营销环境的调查分析、营销方案的制订、营销方案的执行和管控。

1. 网络营销环境的调查分析

网络营销环境的调查对象包括整个虚拟市场环境，以及网络消费者两部分。企业借助互联网的交互式信息沟通方式来实施虚拟市场环境的调查活动，主要方法是发放网络问卷，借助互联网工具来收集信息并进行筛选和整理。网络消费者是网络社会的一个特殊群体，他们借助互联网来进行信息的沟通，很多兴趣爱好或者消费行为相同或相近的人聚集在一起，形成了网络虚拟社区。网络消费者群体往往具有不同的需求特征、购买动机和消费行为模式，这也成为网络营销必须事先调查分析的关键内容。

---

① RSS（really simple syndication，简易信息聚和）网络营销是指利用 RSS 这一互联网工具传递营销信息的网络营销模式，RSS 网络营销的特点决定了其比其他邮件列表营销具有更多的优势，是对邮件列表的替代和补充。

2. 营销方案的制订

不同的企业在市场中所处的地位不同、目标不同,所以企业在利用网络营销实现营销目标前,必须制订与企业相适应的营销策略。首先,从营销内容的角度,在网上开展产品和服务的营销,其产品和服务的设计、开发、包装等一系列环节和内容都要以适合互联网营销为出发点;其次,从定价策略的角度,网络信息的传播特性决定了网络营销所提供的产品信息一定是充分公开的,这就使得价格变得透明,所以其定价策略也要与传统市场中的定价策略有所区别;最后,从营销渠道的角度,网络对于企业营销影响最大的是渠道,如互联网营销渠道策略比较典型的就是戴尔公司根据互联网特点建立的网络直销模式。因此企业在进行营销渠道的选择修改时,一定要将互联网的特点和企业自身的实际情况相结合,以便做出最恰当的决策。

3. 营销方案的执行和管控

网络营销作为一种存在于网络虚拟空间的新型营销方式,在具有明显优势的同时也会遇到很多传统营销没有的问题,如产品实物与图片不符问题、消费者隐私保护问题等。因此企业在开展网络营销时必须重视上述问题,并采取相关的措施进行管理和控制,否则可能导致营销效果适得其反。

第二节　跨境电商网络营销的类型

跨境电商网络营销是企业为了实现其整体的经营目标而依靠互联网手段开展的跨国或跨地区的营销活动。跨境电商企业采用的网络营销方式种类丰富,根据不同的分类原则划分的结果也不尽相同。本章根据跨境电商企业在网络营销过程中关注的侧重点不同,将跨境电商网络营销划分为跨境电商内容型网络营销、跨境电商广告型网络营销、跨境电商社会化网络营销、跨境电商生态型网络营销四大类。此外需要注意的是,同一种营销方式的属性很可能是多样化的,因而不同学者的划分结果可能会有出入,但是这并不影响对营销方式本质的理解,分类的目的主要在于帮助读者厘清思路,以便更好地理解和记忆。下面对每一种类型的跨境电商网络营销展开具体分析。

一、跨境电商内容型网络营销

"内容至上"一直以来都是营销中竞争法则的核心,无论是传统的市场营销还是跨境网络营销,创作和传播有价值的内容都是极其重要的营销手段。跨境电商内容型网络营销,顾名思义,就是从事跨境电商的企业通过创造、发布和传递有价值的内容,向其受众传递有价值的信息,从而达到其营销目的。

目前,全球的网络内容表现形式多样,企业的产品和服务信息可以是发布在网上的文字、图片、音频或视频。承载这些信息的载体和获取信息的渠道可以是网页、移动客户端、社交平台上的订阅账号等。尽管信息传递的形式和载体是多种多样的,但都是便于通过互联网工具获取的,也就是说,跨境电商企业的网络营销不仅要包含有价值的信息,同时还应该便于在网上传播。总之,跨境电商内容型网络营销的基础是跨境电商企业的网络营销信息源的创建和优化,同时企业也应该重视信息的传递和用户行为。

目前比较常见的内容型营销方式包括跨境电商企业自建站、网上商店的建设和优化、企业 App 等。以跨境电商企业自建站为例,跨境电商企业的网站或店铺(以下简称企业网站)是一个综合性的网络营销工具,在所有的网络营销工具中,企业网站是最基本也是最重要的一个。因为企业网站大多数时候会以链接的形式出现在其他网络营销方法中,如果没有企业网站,其他的网络营销效果会大打折扣,所以企业网站是企业跨境网络营销的基础。下面将具体介绍企业网站的分类和网络营销功能。

1. 企业网站的分类

企业网站是为了方便外界了解企业本身、树立良好的企业形象并适当地提供一些服务而建立的网站。根据企业建站的目的、网站的功能及主要的目标群体,可将企业网站大致分为信息发布型网站和网上销售型网站两类。

(1)信息发布型网站。

信息发布型网站是企业网站的最初形式,其不需要太复杂的技术,只是将网站作为一种企业基本信息的载体。此类型网站的主要功能是发布企业信息,包括企业的新闻、产品信息、采购信息、招聘信息等,用于产品和平台的推广,以及企业与用户之间的沟通。信息发布型网站本身是不具备完善的网上订单追踪处理功能的。因为这类网站的建设和维护比较简单,建设需要投入的资金较少,所以许多企业在最初开展跨境网络营销时会选择建立这类网站,以解决其基本的信息需求。

另外,互联网作为一种有效的沟通渠道,许多企业都利用互联网提供技术支持和售后服务,我们将这类售后服务网站也列入信息发布型网站。

(2)网上销售型网站。

网上销售型网站是以订单为中心,以实现交易为目的的营销型网站。这类网站同样具备信息发布的基本功能,并在此基础之上发展了在线交易、支付、订单管理、用户管理、商品配送等功能。一般来说,网上销售型网站比信息发布型网站更复杂,经营重点也有所不同,除了一般的营销目的,这类网站更期望获得直接的销售收入。

2. 企业网站的网络营销功能

企业网站的网络营销功能主要体现在六个方面:品牌形象、产品和服务展示、网上销售、用户关系、网上调查、网上合作。

(1)品牌形象。

随着网络和计算机技术的发展和普及,即使是远在大洋彼岸的产品和服务,只要用户想了解,随时可以通过网络来实现,访问企业网站是主要的途径之一。所以企业网站的形象就是企业的网上品牌形象,用户对网站的印象对于企业树立品牌形象、获取用户信任有着至关重要的作用。因此具备实力的企业应该在企业网站上努力体现自身的特色和价值。

（2）产品和服务展示。

产品和服务展示作为企业网站营销的主要内容，可以让访问者（用户）对公司的产品和服务有更深入的了解。而且企业网站可以提供多种产品信息展示的方式，如文字、图片、音频、视频等，多样的展示形式可以帮助访问者全方位地了解产品和服务，这也正是互联网营销重要的价值体现。此外，由于访问者访问企业的网站一般是主动行为，所以相比传统媒体的营销而言，他们对网站所展示的信息关注度会更高，网站最终的营销宣传效果也会更好。

（3）网上销售。

企业建立网站最终的目标就是促进销售。一个完善的网站可以完成下单、支付、安排配送和追踪物流信息等各个环节，因而其本身就是一个销售渠道。虽然企业实现网络销售的渠道有很多，但利用企业自身的网站直接提高销售额一直是一种高效快捷的营销方式。

（4）用户关系。

企业网站可以为用户提供各种信息帮助和在线服务，如常见问题解答、在线咨询、在线表单、即时问答等。此外还可以通过网络社区、有奖竞赛等方式吸引用户参与，不仅可以达到宣传的目的，同时还能增进企业与用户之间的关系，提升用户的忠诚度。

（5）网上调查。

通过网站上的在线调查表和电子邮件、论坛、实时信息等方式征求用户意见，可以获得有价值的用户反馈信息。这种方式多用于产品调查、消费者（用户）行为调查、品牌形象调查等，是企业获得第一手市场数据时方便又廉价的调查工具。

（6）网上合作。

通过企业网站的营销，企业可以与供应商、经销商、客户网站及其他内容互补或与相关的企业建立合作关系，实现资源共享，形成互惠链，从而达到更好的网上推广效果。

二、跨境电商广告型网络营销

网络广告即通过网站、网页、互联网应用程序等互联网媒介，以文字、图片、音频、视频或其他形式，直接或间接地推销商品或服务的商业广告。

跨境电商广告型网络营销的价值主要体现在以下几个方面。①产品和品牌推广。在众多的网络营销形式中，跨境电商的网络广告营销是帮助企业推广产品、服务和品牌最直接、最有效的一种。因为网络广告可以突破时空的限制，帮助企业在其他国家或地区更好地展示产品信息和企业形象。这种广告的宣传不仅可以刺激消费，而且可以提升品牌的认知度。②网站和网店推广。跨境电商网络营销尤其是跨境电商网络广告营销的主要作用就是帮助企业提高外贸自建站和网上商店的访问量。这种网络广告中一般会包含企业外贸网站和网店产品的访问链接，国外用户在浏览广告之后可以通过点击其中的链接进入产品的详情页面深入了解或购买。所以网络广告是最直接、有效地增加网站或店铺的点击率和访问量的营销形式。③促进跨境销售。随着各国网络广告实践和技术的深入发展，网络广告的内容和形式之间的紧密程度越来越高。实践也证明，各国消费者的消费决策行为越来越多地受到各式各样的网络广告的影响。随着国际物流基础设施的不断建设，商品的国际流动成本和时间不断减少，当国外用户可以很容易地接触到跨境企业的网络广告并通过点击链接进行购买时，跨境交易便可以轻松实现。实质上，跨境电商企业的网络广告的主要目的就是吸引国外用户的注意力并成功向其传递产品和服务信息。在这个过程中，企业要时刻关注其广告信息的传递渠道和广度，因为这直接影响其广告营销的效果。

根据美国互动广告局（Interactive Advertising Bureau，IAB）的分类方式，目前常用的网络广告包括搜索引擎广告、电子邮件广告、展示性广告、赞助式广告、分类广告、引导广告、富媒体广告、数字视频广告和手机（移动）广告等。由于篇幅有限，下面仅对搜索引擎广告和电子邮件广告两种形式进行详细介绍。

1. 搜索引擎广告

搜索引擎是常用的互联网服务之一，其基本的功能是为用户查询信息提供方便。随着互联网上信息的爆炸式增长，如何找到有价值的信息就变得非常重要，搜索引擎广告也应运而生。搜索引擎广告，即搜索引擎优化（search engine optimization，SEO），是一种利用搜索引擎的搜索规则对企业网站进行内部调整及站外优化，从而使其更容易被搜索引擎收录，提升在搜索结果页的排名，并为企业网站带来更多的免费精准流量等。由于搜索引擎已经成为网上用户常用的信息检索工具，因而也很自然地成为跨境电商企业网络营销的基本手段之一。

经常使用搜索引擎的人可能会发现，同一个关键词，不同的搜索引擎呈现的结果是不同的。之所以出现这样的结果，是因为每一个搜索引擎背后对信息的处理原理不同。按照原理的不同，可以将搜索引擎分为两类，一类是纯技术的全文检索，另一类是分类目录检索。

全文检索的原理是通过 spider 程序到各个网站收集和存储信息，并建立索引数据库供用户查询。这些信息并不是搜索引擎在各大网站上即时搜索得到的，通常所说的搜索引擎其实是一个存储了大量网站和网页信息并按照一定的规则建立索引的在线数据库。全文检索的典型代表是 Google、百度等。

分类目录检索也是数据库检索，跟全文检索相同的地方在于这两者都不是即时检索。不同之处在于，分类目录检索并不采集网站和网页的信息，其数据库的建立是根据各网站向搜索引擎提交信息时填写的关键词和网站描述等资料，经人工审核编辑之后，如果符合网站登录的条件，则输入数据库以供查询。分类目录检索的好处是用户可以根据目录有针对性地逐级查询自己所需要的信息，而不是像全文检索那样同时反馈大量信息，信息之间的关联性并不一定符合用户的期望。分类目录检索虽然有搜索功能，但严格意义上它并不是真正的搜索引擎，只是按目录分类的网站链接列表而已。用户完全可以按照分类目录找到所需要的信息，而不依靠关键词进行查询。分类目录检索的典型代表是搜狐、新浪等。

2. 电子邮件广告

（1）EDM 的定义。

电子邮件广告，也称电子邮件营销（E-mail direct marketing，EDM），简称邮件营销指的是在用户事先许可的前提下,通过电子邮件的方式向目标用户传递有价值的信息的一种网络营销手段。EDM 是广告型网络营销中最古老的一种形式,但是它也在随着技术的进步而不断发展。

根据定义,规范的 EDM 是基于用户许可的,但是实际上还存在着大量的不规范现象,并不是所有的电子邮件都符合法律法规和基本的商业道德。真正意义上的 EDM 是许可营销,是由营销专家戈丁(S. Godin)在《许可营销》一书中最早提出的,这个概念一经提出就受到了普遍关注和广泛应用。

"垃圾邮件"一直以来都没有一个非常严格的定义。一般来说,凡是没有经过收件人允许就强行发送到用户邮箱中的任何电子邮件都可以视为垃圾邮件。垃圾邮件的主要危害在于占用用户宝贵的网络资源,浪费收件人的时间和精力,甚至一些垃圾邮件带有病毒等有害信息,会危害用户的网络安全。基于用户许可的 EDM 与垃圾邮件不同,EDM 的优势在于可以减少对目标客户的骚扰、增加潜在客户定位的准确性、改善与客户的关系、提升品牌忠诚度等。

(2)EDM 的类型。

不同形式的 EDM 有着不同的方法和规律。按照不同的分类标准,EDM 划分的类型也不同。

① 按照发送信息是否事先经过用户许可来划分,可以分为许可营销和垃圾邮件。

② 按照邮件的营销功能可以划分为客户关系 EDM 营销、用户服务 EDM 营销、在线调查、产品促销等。

③ 按照对用户邮件地址的所有权可以划分为内部列表和外部列表。其中内部列表中的邮件地址是根据网站的注册用户资料收集而来,内部列表的常见营销形式是新闻邮件、电子刊物等;外部列表所涵盖的用户地址是由专业服务商提供的,企业只是付费使用,并不需要对其进行日常经营和管理。外部列表的营销形式就是以广告的方式向用户邮箱发送信息。

(3)EDM 的实施。

① 获取邮件列表,确定目标客户群。获取用户邮件地址是 EDM 中最为基础也最为重要的工作内容。这个环节的主要工作内容就是引导尽可能多的用户加入,获得足够的邮件地址。这个活动贯穿在整个 EDM 的营销过程中,是一项长期的持续性的工作。网站的访问者是邮件列表用户最主要的来源,因此网站的推广效果与邮件列表中用户地址的数量有着密切的关系。除此之外,积累用户邮件地址的途径还有很多,比如可以向朋友和同行推荐、利用其他网站和邮件列表进行推荐、为邮件列表提供多种订阅渠道(第三方平台)、专业的邮件服务商等。

② 编写邮件内容。在编写邮件内容时应该注意以下几点。第一,邮件格式要简明清晰。尽量使用纯文本格式,使用标题和副标题,不要滥用多种字体,尽量使电子邮件简单明了、易于阅读。第二,最重要的信息最先传递。主要的信息和诉求重点应安排在最容易被用户注意到的地方。第三,把文件的标题作为邮件的主题。主题是收件人最先看到的内容,如果主题新颖而富有吸引力就可以激发收件人的兴趣,促使他们打开电子邮件,所以这一点格外重要。

③ 制订发送方案。尽可能与专业人员一起确定目标市场，找出潜在用户，确定发送的频率。发送邮件联系的频率应该与用户的预期和需要相结合。因为这种频率预期因时、因地、因产品而异，从每小时更新到季节性的促销诱导，频率越高越好的说法是不可取的，过于频繁的"邮件轰炸"会让人厌烦。研究表明，同样的邮件内容，最合适的频率是每月 2～3 次。

④ 发送邮件，收集用户反馈信息并及时回复。邮件可以选择群发也可以针对某些用户进行单独发送。开展营销活动应该注意收集特定计划的总体反应率（点击率、转化率等），并跟踪用户反应，从而把用户过去的反应行为作为将来的细分依据。在接到用户的询问时，还应尽早地做出回应，事实证明回应速度越及时，用户的评价往往越好。

⑤ 其他。除了以上环节之外，在接到用户订单后还要及时确认并明确发货时间，这是一项基本的商业礼仪。同时在整个 EDM 环节中，要确保用户信息的安全，对于忠诚度高的用户还可以适当地为其提供优惠以增强用户黏性。

三、跨境电商社会化网络营销

社会化网络或社交网络是通过网络建立起来的网络用户之间进行信息的沟通、传递、交互的虚拟社区。虚拟社区的建立一方面依靠和身边朋友、同事之间的关系，另一方面也会因为相似的兴趣和话题建立新的关系。如此一来，虚拟社区中聚集了数以亿计的用户，用户之间的关系网络复杂且庞大。根据关系的密切程度还可以分为强关系和弱关系两种类型。其中，强关系主要是指关系中的各方相互之间比较熟悉，即熟人社交；弱关系则不要求关系中的各方之间相互认识和了解，即陌生人社交。强关系的代表性平台如国外的 Meta、LinkedIn 等，国内的微信、QQ 等；弱关系的代表性平台如国外的 Twitter、Instagram，国内的微博等。

跨境电商的社会化网络营销就是跨境电商企业利用社会化的网络来传递营销信息并实现与信息受众的互动，进而实现其最终商业目的的一种网络营销方法。这种社会化网络营销实质上是口碑营销和传统网络信息发布方式的一种结合。跨境电商企业与用户（消费者）之间存在着一种天然的心理和地理距离，因而信息的传递是有障碍的。这种社会化的网络营销使得跨境电商信息的受众都参与其中，他们既是产品和服务信息的接收者也是传播者。而且这种传播由于有现实的关系做背书，大大增加了信息的可信度。

跨境电商内容型网络营销的重点是企业品牌或者产品和服务信息源的创建和优化。跨境电商广告型网络营销的侧重点在于信息源创建之后的传播渠道和影响范围的建设和管理，本质上是一种信息扩散。区别于以上两种类型，跨境电商社会化网络营销的明显特征是信息的受众参与了营销过程，在接收信息的同时也利用其既有的网络社区中的社会关系进行传播。

目前跨境电商企业使用较多的 SNS 企业账户主要有：Meta、Twitter、LinkedIn、Instagram 等。下面将以 Meta 为例进行详细说明。

作为全球最大的社交网站，Meta 每月的活跃用户数量高达 29 亿。随着 Meta 用户数量的不断增加，它的用途已经不局限于纯粹提供社交服务，越来越多的企业已经开始通过

Meta 来吸引客户。目前大约有 3 000 万家企业在使用 Meta，150 万家企业在 Meta 上发布付费广告。不少外贸企业开始利用 Meta 来做外贸营销，其中 B2C 代表企业兰亭集势、DX 等都开通了 Meta 主页，Meta 营销越来越多地受到跨境电商从业者的关注。

1. 使用 Meta 营销的准备工作

在使用 Meta 作为跨境电商企业营销途径之前，首先，企业应该充分考虑产品和平台之间的关系。例如，产品是否适合在 Meta 推广？Meta 用户群是否和产品经营目标群体吻合？企业是否具备经营 Meta 渠道的专业人才以及是否能承担得起经营成本？其次，企业应该对自身有更加充分的认识，做好长期的经营计划。因为社交营销渠道的建设本质上是一个区分用户群、聚集用户群并通过运营建立客户关系、提升用户忠诚度的过程。所以 Meta 前期的经营可能收益很小，客户关系的培养周期较长，如果没有做好长期的规划，由于短期投入产出不理想就退出只能带来资源的浪费。最后，如果企业已经做好决定要开展 Meta 渠道营销，则需要做好人才和计算机网络技术等多方面的准备。

2. Meta 的运营步骤

（1）创建企业页面。

创建企业页面是 Meta 营销的第一步，也是至关重要的一步。Meta 一向是以良好的用户交互设计著称，不需要很强的技术背景。Meta 的页面分为 local business、company、product、artist、brand、public figure、entertainment 等几大类，企业一般选择 brand 或 product。选好页面之后，需要为页面命名，可以是企业的名字或产品的名字。根据 SEO 的关键词选取规则，建议使用产品的名字命名，因为这样消费者在搜索关键词时，该公司在结果中出现的可能性会更大。此外，在填写产品信息时要尽量详细和完整。除产品的名称之外，还必须包括的基本信息有品牌、企业官网、联系方式等。在创建企业页面时不要忘记设计一个别致的欢迎页面，可以借助一些插件来完成。这些工作做完之后就可以在 Meta 中添加企业专页了。

（2）吸引粉丝并与粉丝互动。

成功创建页面之后企业就需要通过各种方式来增加人气。丰富的页面内容是吸引消费者的基础，企业可以充分利用论坛和 YouTube 等应用程序来增加页面内容的丰富程度。但是增加页面内容的丰富程度只是一种被动式的宣传，在消费者没有浏览到这个页面时，无论信息多丰富都不能实现最终的用户转化。所以在丰富页面的同时还需要加强与粉丝的互动，让其参与到活动中来，充分利用"病毒式"营销的特性，实现信息在好友圈中的不断扩散。除此之外，企业还可以直接向公众公开其电子邮件和博客，让消费者自愿订阅企业动态。

（3）建立群组并宣传。

群组也是 Meta "病毒式"营销最便捷的途径之一。企业除了建立页面，还可以再建立一个或若干个群组。两者最大的区别在于群组中的成员之间具备相同或相似的消费者行为（相同的兴趣或习惯），通过群组来做营销，其消费者群体的特征明显，最终的转化率也会更高。同时群组还有两个明显的优势，一是群内成员可以通过好友邀请的方式将自己身边的人邀请进群，使得具备相同或相似消费者行为特征的人群不断扩大，实现了群组影响的高效率传播；二是群组的管理员不是隐藏的，他可以随时随地发布产品和服务的相关信息，并且最后会以企业名义呈现。

四、跨境电商生态型网络营销

在介绍跨境电商生态型网络营销之前，先介绍生态型网络营销的概念。生态系统在生态学中的解释是：在一定的范围和区域内，一群生活在一起的互相依存的生物物种（包括动物、植物和微生物等）和其所处的环境一起组成的一个生态系统。借鉴生态学及由此产生的商业生态系统、行业生态系统等概念，生态型网络营销是对网络营销系统中参与者的地位及价值进行分析设计，形成利益共享、可持续发展的网络营销生态系统。

生态型网络营销共有三种形态，分别是原生态、微生态和众生态。原生态网络营销也叫联盟营销，是一种按营销效果付费的网络营销方式。商家利用专业的营销机构提供的网站联盟服务拓展其线上和线下的业务，扩大销售空间和销售渠道，并按照营销的实际效果支付费用。微生态营销则侧重于利用微信、微博、微网站等平台和技术应用，为企业提供开发、运营、培训、推广等一体化的解决方案，帮助企业实现线上线下互通和社会化客户关系的管理。众生态网络营销也叫众筹营销，顾名思义就是集中大家的智慧来做营销。与企业自身建立的官方网站不同，网络众筹平台不仅是企业形象展示的平台，还在网站用户之间建立了一种基于众筹营销活动之上的交互联系。这种众筹模式的兴起不仅能够帮助创业者募集资金，它本身也实现了从金融到营销的延伸，使众筹能够实现新品上市、用户参与、品牌传播等多种营销功效。

结合生态型网络营销的概念，跨境电商的生态网络营销也必须依托于一个复杂的生态系统。这个系统是由处在跨境电商网络营销活动中相互依存的人员、组织、国内外网站、跨境电商平台、第三方服务商（跨境网络支付、国际物流、国际广告媒体等），以及其所处的跨境电商环境（由不同国家政策、法律、文化和自然环境所构成）组成的。

以生态思维设计的跨境电商网络营销策略会影响这个生态系统中的所有参与者，系统中的成员在共同参与信息的创建和传播过程中都能因此而获得价值和利益。因为系统中的各成员或组织之间不仅存在业务的关联，而且还存在着共同且长期的价值理念。系统中的成员可以自由地进出系统，同时也可以通过提供自己的独特资源获取相应的价值回报。

在生态型网络营销系统中存在着一条很明确的价值链，即营销支持平台（如Twitter）、营销资金的提供者（广告主）、参与者（如Twitter的知名博主）、最终用户（消费者或营销信息的接受者）。通过生态型网络营销，不仅能实现这条价值链上中下游各方的信息传递，还能将信息传递和价值传递相结合，形成利益共享、可持续发展的跨境电商生态模式。

本 章 小 结

跨境电商网络营销属于市场营销和网络营销下的一个子概念，对于跨境电商网络营销的理解，应该从理解营销和网络营销概念开始，并将其和传统的市场营销方式相区分。作为一种跨境电商企业利用各种互联网媒介在境外进行的营销活动，与传统的市场营销相比，跨境电商网络营销具有跨时空性、交互性、个性化、高技术、经济性、成长性和数据化等特征。其营销内容包括网络营销环境的调查分析、营销方案的制订、营销方案的执行和管控。跨境电商企业的网络营销方式种类很丰富，根据企业对跨境网络营销过程中关注的不同侧重点，可以将跨境电商网络营销分为跨境电商内容型网络营销、广告型网络营销、生态型网络营销、社会化网络营销四大类。了解和区分这四种跨境电商网络营销的形式有助于我们更好地理解跨境电商网络营销。

名词解释

跨境电商网络营销：是市场营销和网络营销下的一个子概念，是跨境电商企业利用各种互联网媒介在境外进行的一种营销活动。这种营销活动一方面要满足跨境电商企业的经营目标，另一方面要满足境外消费者的多种需求。

课后思考题

1. 解释什么是跨境网络营销并描述其特点。
2. 分析跨境电商网络营销与传统营销之间的关系。
3. 列举几种典型的跨境电商网络营销的工具并简要描述其特征。
4. 试比较内容型、广告型、生态型和社交化四种跨境电商网络营销类型。

第四篇　跨境电子商务管理决策

第九章　跨境电商选品策略
第十章　跨境电商数据分析与引流策略
第十一章　跨境电商仓储模式
第十二章　跨境电商企业成本控制
第十三章　跨境电商代运营
第十四章　跨境电商服务生态

第九章 跨境电商选品策略

本章概要

本章分三节来介绍跨境电商企业的选品策略，第一节介绍电商产品结构，对国内外两个市场中的消费产品结构分别进行分析，帮助学生了解国内外市场中消费者的网络消费偏好的差异性。第二节介绍选品时需要注意的问题，如法律、市场、侵权和货源等问题，帮助了解跨境电商企业选品背后的逻辑。第三节介绍了几种常用的选品策略，如"跟风"选品策略、市场追随选品策略、热销榜爆款元素选品策略、长尾理论选品策略和细分市场选品策略等。

学习目标

- 了解国内外不同市场消费者之间产品选择偏好的差异性；
- 熟悉选品过程中可能出现的法律、市场、侵权、货源等问题；
- 掌握不同类型的选品策略及其特征。

思维导图

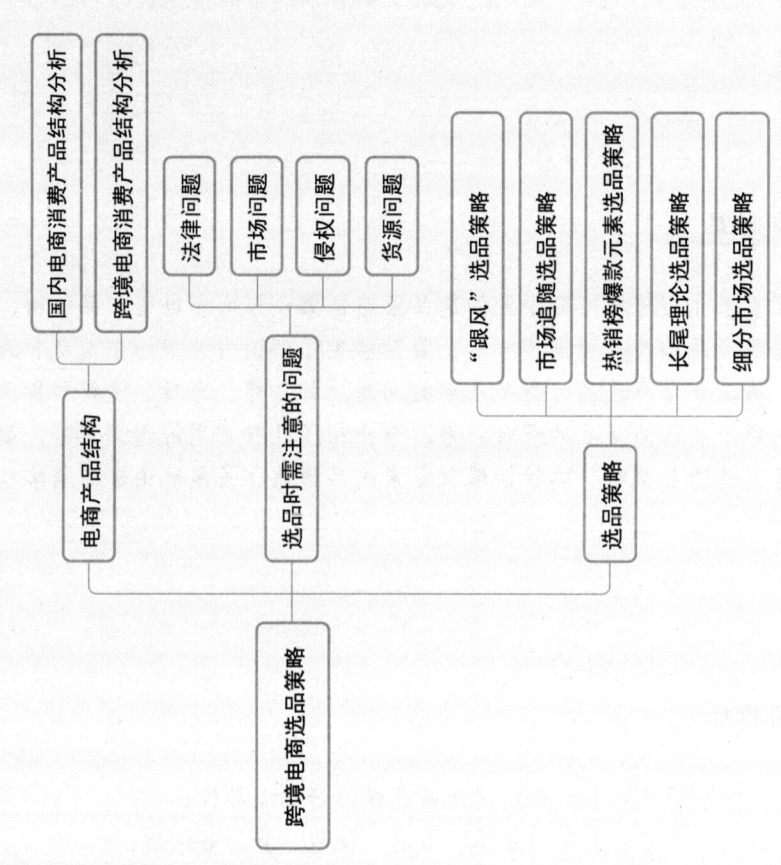

第九章　跨境电商选品策略

跨境电商规模的不断增长离不开跨境电商企业的运营，跨境电商运营成功因素有很多，包括人才、资金、平台选择、运营、仓储物流等，但是首先要有产品和目标市场，才能走出跨境电商的第一步。市场上，可供选择的产品类目如此纷繁复杂，什么样的产品才最适合跨境电商企业，又如何挑选出这些在电商圈中可以带来丰厚利润的产品呢？本章旨在探讨选品时应注意的问题及不同的选品策略。

第一节　电商产品结构

在选择出口市场和产品之前，应对国内市场已经存在的电商产品和消费结构、跨境电商市场的产品结构，以及不同国家市场的特点有相应的了解，这对跨境电商企业经营产品的选择有很大帮助。

一、国内电商消费产品结构分析

根据商务部发布的《2022年中国网络零售市场发展报告》显示，国内电商消费产品有以下几个特点：一是实物产品网上零售额中，吃、穿、用类同比增长分别为16.1%、3.5%和5.7%；二是从销售规模来看，服装鞋帽针纺织品、日用品、家用电器和音像器材网上零售额排名前三。

从我国消费者网购选品上来看，服装鞋帽、日用百货、通信数码、书籍影像是最受追捧的类别，企业在选择出口产品类目时可以适当借鉴。与此同时，由于近几年全球性疫情的出现，有关绿色健康、宅家产品和家庭卫生用品的国内网上零售额增加，我国企业在进行跨境电商出口时也可以借鉴。

二、跨境电商消费产品结构分析

根据阿里巴巴国际站2021年的买家需求统计数据可以看出，我国跨境电商出口的主要产品在不同的地区需求有一定差异，详见表9-1。

表9-1　2021年阿里巴巴国际站买家需求统计表

地区	排名靠前的产品	销售额增长高的产品
欧洲	消费电子、美容个护、运动娱乐、家具、机械、流行配饰	服装鞋帽、家用电器
南美洲	消费电子、美容个护、运动娱乐、家具、机械	食品及饮料
北美洲	服装鞋帽、消费电子、美容个护、运动娱乐、家具、机械、流行配饰	消费电子、运动娱乐、家具、服装鞋帽
亚洲	服装鞋帽、消费电子、美容个护、运动娱乐、家具、机械、流行配饰	服装鞋帽、消费电子、美容个护、运动娱乐、机械、家用电器、家具

续表

地区	排名靠前的产品	销售额增长高的产品
非洲	服装鞋帽、家用电器	美容个护、家具、流行配饰、家用电器、包装印刷
大洋洲	流行配饰、家纺、包装印刷	消费电子、美容个护、运动娱乐、家具、机械、流行配饰、服装鞋帽、家用电器、包装印刷

从表 9-1 中可以看出，欧洲、北美洲、南美洲和亚洲是包揽了主要出口品类的出口目的地，而非洲和大洋洲是主要品类出口高增长的地区。根据阿里巴巴国际站和阿里巴巴速卖通平台的数据，我国跨境电商出口产品品类主要包括消费电子、服装鞋帽、美容个护、运动娱乐、家具、家用电器、机械、母婴玩具、包装印刷、手表珠宝等。我们根据这些主要跨境电商出口产品品类的要素密集度和产品特点，可做如下分析。

从产品要素密集度的分布图（图 9-1）可以看出，大多数跨境电商产品都属于劳动密集型、技术密集型，或劳动和技术密集程度都高的产品。这说明，适合在跨境电商线上交易的产品品类还是比较丰富的，任何生产要素占优势的产品都可能在跨境电商中成为畅销的产品。

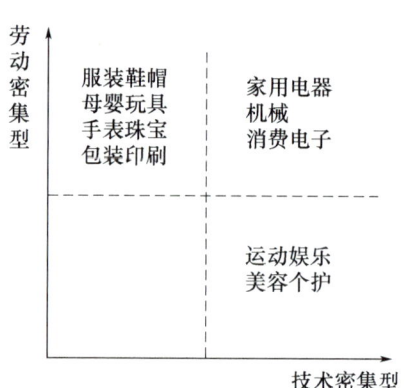

图 9-1　产品要素密集度的分布图

从另外一个维度看，我国跨境电商出口产品品类的演变也有一定在特点，如图 9-2 所示。在跨境电商的初期，我国跨境电商市场上出口的产品主要是标准化程度比较高，且附加值也较高的电子产品，如计算机及配件，或者手机及配件。这些产品的畅销是由于中国制造的技术优势和与海外市场相比具有成本优势。而近年来，适合跨境电商网上交易的产品品类范围不断扩大，一些标准化程度不高，但是附加值很高的产品在跨境电商市场上大量出现，如定制服装、美容/保健品、珠宝首饰、手工艺品等在跨境电商市场交易活跃。随着跨境物流成本的降低和服务质量的提升，一些标准化强而附加值低的产品也开始出现在互联网上，如汽车零部件等，在跨境电商领域也出现了增长趋势。这说明，跨境电商在线交易的产品品类范围越来越大，国际市场的需求差异化和产品价格优势让更多的产品能够满足全球消费者的需要，并且可以实现全球交付。

以上有关国内电子商务市场和跨境电商市场的现有产品品类的分析，对于想要从事跨境电商出口的企业来说，有很高的借鉴价值。企业可以从中发现已有市场的规律，并从中找到商机。

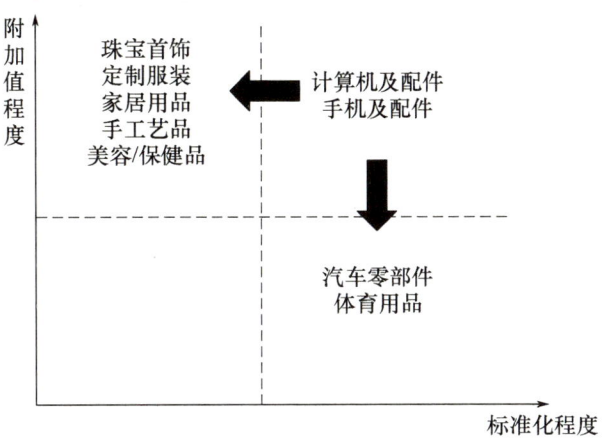

图 9-2　我国跨境电商出口产品品类的演变

第二节　选品时需注意的问题

在跨境电商企业选品之前，需在对选品的相关问题了解的基础上再进行选品，这样才能做到有备无患。

一、法律问题

在进行跨境电商选品时，一定不能忽略与贸易相关的问题，其中首要的是法律问题。从国际贸易的角度来看，跨境电商也不能绕过进出口相关的基本法律法规：第一是国际上相关的法律法规、第二是出口国的法律法规、第三是进口国的法律法规。首先需要知道在国际相关法律法规中有哪些货物可以进行跨境物流与交易；其次在确定我国关于出口货物方面有哪些限制的基础上，企业要明确自己的产品销往哪些国家，这些国家在进口方面是否有限制，比如皮毛在俄罗斯和一些北欧国家可以出售，但由于动物保护等相关法律条款的限制，某些国家可能禁止出售。

二、市场问题

在企业开展跨境电商业务之前，需要对目标市场进行分析。比如，随着新兴市场的迅速发展，网购群体的规模不断增长、发展潜力巨大。但由于新兴市场在语言文化、物流通关、市场规范、法律法规等方面跟美国、英国、澳大利亚等发达国家的成熟市场有很大不同，卖家为单笔交易付出的时间和人力成本相对较高。因为成熟市场多数消费者的消费观

念较为成熟,购物需求从满足基本生活转变为提高生活品质,且这些地方的物流运输也相对成熟,所以美国、英国和澳大利亚等发达国家依然是我国跨境电商卖家零售出口的重要市场。选品人员必须在市场调研的基础上,一方面要把握目标用户需求及消费水平,另一方面要从众多供应市场中选出质量、价格和外观最符合目标市场需求的产品,在市场原有产品的基础上做出价格优惠或质量改进与提升。

三、侵权问题

在进行跨境电商交易时,很多商家会模仿现有"爆款"产品进行跟卖。卖方模仿跟卖时,要注意不可侵犯他人的知识产权(商标权、专利权、著作权等),否则也会对我国产品名誉造成损害,所以企业一开始选品销售时就要在这个问题上提高警惕,确认其销售的产品质量稳定可靠,符合我国及进口国的行业标准及法律法规。选品销售应拥有相关品牌在境内外国家销售(包括网上销售)的许可。

四、货源问题

选品时还需注意的一个问题是以货源为基础,不管在哪个平台以怎样的模式进行销售,都需要卖方货源充足。如果完全采用什么热卖就跟卖什么,出了单再四处找货的经营方式,是难以为继的。

首先,建议买家从自身比较熟悉的产品和领域入手,充分结合自身产品优势和销售目的地市场的趋势和消费者喜好,依靠已有的货源渠道备好产品。其次,在选品品类上建议从"专一"方向入手。因为目前跨境电商平台上的产品繁多,卖家如果不能做到备好货的话,发货时间和成本都无法控制,客户服务就更谈不上。同时,目前跨境电商在价格竞争方面也越来越激烈,对多品类进行备货会对资金造成很大压力。

第三节 选品策略

选择合适的销售产品(选品)是跨境电商企业运营中的重要一步。企业在选品过程中,不仅要对所选择的产品有一个清晰的认识,并且要具有全局观,对所从事的行业以及相关平台都要熟悉。下面介绍几种常用的选品策略。

一、"跟风"选品策略

"跟风"选品策略也就是跟随"巨人"的脚步前进,以市场为导向进行选品,选择当前最热门的产品即"爆品"进行销售。在跨境电商交易中,总有一些产品是带来较大销售量的,甚至能为商家带来无限流量的"爆款"商品。而"跟风"销售,可以确定此种产品在市场上已被广泛认可,甚至存在供不应求的情形。那么选择此类商品进行销售可以确保企业不压货滞销,甚至可以带来巨大销量,这样的选品策略也是一种简单方便的策略。

二、市场追随选品策略

市场追随选品策略即通过分析现今应用最为广泛、流量较大的跨境电商平台的热销产品排行榜，选择排名靠前的产品即目前最受热捧的产品作为自己的销售产品。不同的跨境电商平台有不同的特点，因此跨境电商卖家在进行跟卖时，应根据企业自身的特点同时结合平台的特点进行选择，分析不同平台畅销物的种类，有目标地进行跟卖。

1. 阿里巴巴速卖通

在阿里巴巴速卖通（以下简称速卖通）网站上，以 B2C 模式为主，且销售产品大多体积小、重量轻、价格相对低廉。速卖通通常以"价格"为导向，低价优势是强大竞争力的保证，其销售目标市场以发展中国家、不发达国家为主。图 9-3 为速卖通热销产品榜示例，从图 9-3 中可以看出消费电子类产品居多，因此，那些生产小商品的厂家可以根据热销榜单来进行选品。

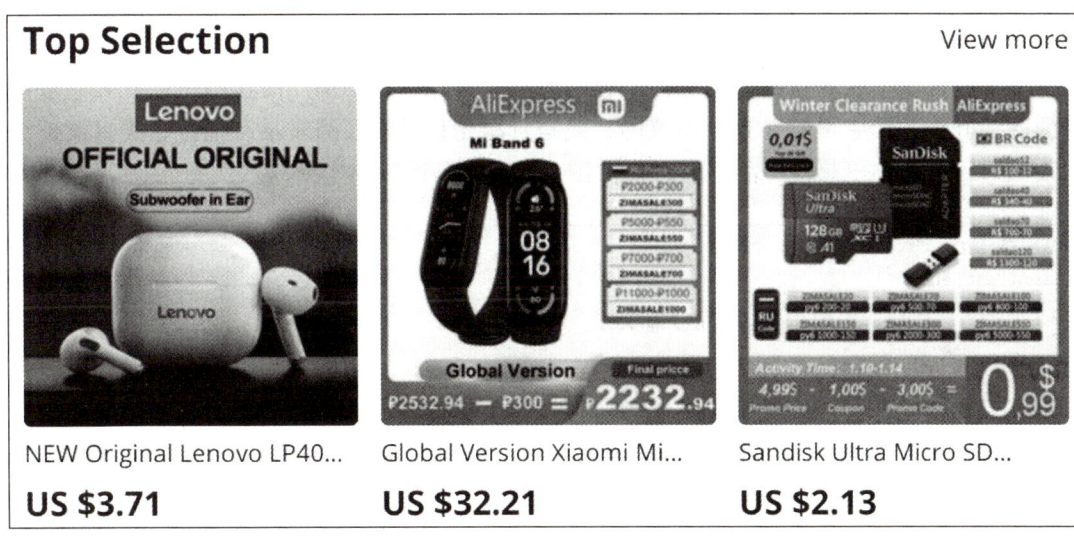

图 9-3　速卖通热销产品榜示例

2. eBay

eBay 平台上的产品种类繁多，目前提供的上架产品数量超过 8 亿件，既有成本低廉的产品，也有高附加值的产品。消费者需要和喜爱的产品，在 eBay 上大多可以找得到。据有关资料，eBay 大中华区卖家最主要的销售目的地是以美国、英国、澳大利亚和德国等为代表的成熟市场，这些市场具有人均购买力强、网购观念普及、消费习惯成熟、物流等相关配套设施完善的特点，消费者对于产品质量、买家体验都有比较高的要求。卖家除了要选择高性价比的产品，很重要的是提供堪比"零售标准"的服务。跨境电商企业可以通过 eBay 上寻找热销产品的方式进行选品，从中发现商机。eBay 热销产品榜示例如图 9-4 所示。

图 9-4　eBay 热销产品榜示例

3. 亚马逊

亚马逊平台以产品为导向，特别注重品牌概念，对产品质量和品牌都有很高的要求。卖家可以选择平台上销量高的产品进行跟卖，亚马逊平台上可跟卖的产品大多为消费电子、汽车配件、家居和运动器材等标准化的产品。从亚马逊热销产品榜中可以找到销量排行的前 100 名。卖家可以在自己心仪的，或是货源充足且对商品质量有把握的类目下进行比较筛选，从中挑出热销产品进行跟卖。图 9-5 为亚马逊热销产品榜示例。

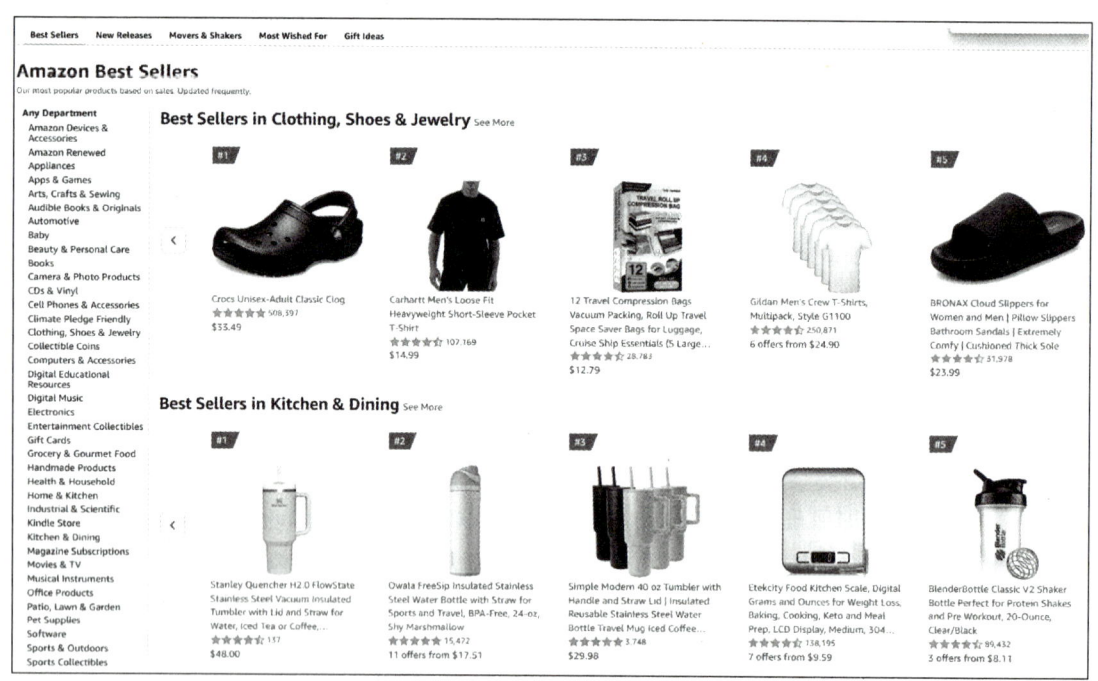

图 9-5　亚马逊热销产品榜示例

4. DHgate

相较于其他跨境电商平台,敦煌网(DHgate)的一大特色是除了在线零售,还有一定比例的小额批发。从事 B2B 的企业可以选择敦煌网进行产品销售。该销售平台在最终产品列表页设有按照销量排序的功能,直接按照销量排序,再看产品页的成交列表。如果某产品近期销售记录很密集,基本就能确定其是当前热销的产品。在敦煌网选择"我的 DHgate",单击"增值服务"→"国外求购信息",可以看到买家发布的产品需求,如果有符合要求的产品,卖家可以提交产品编号,提高订单的成交率。敦煌网页面示例如图 9-6 所示。

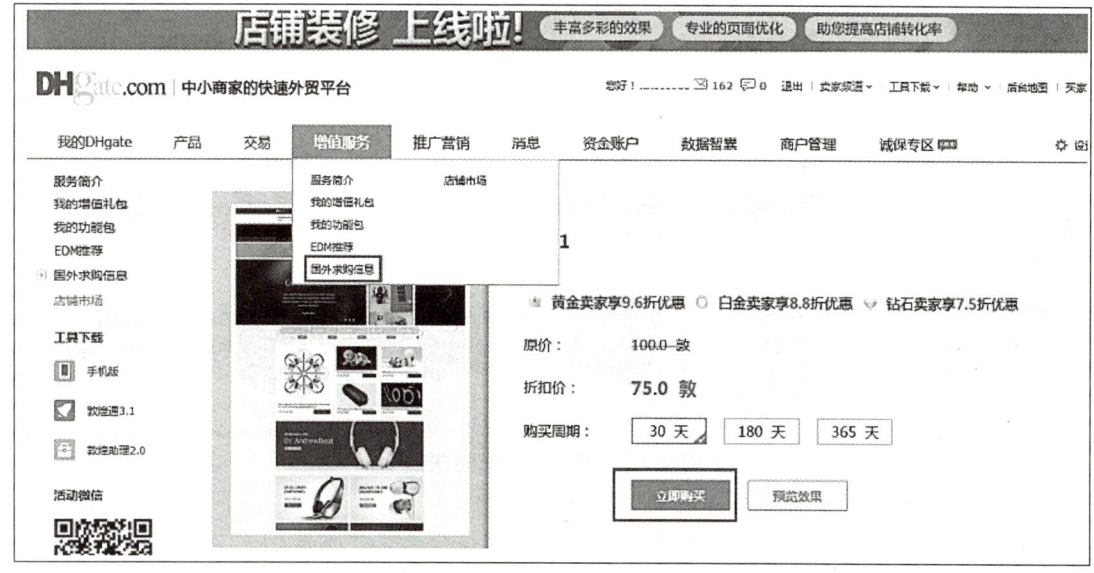

图 9-6　敦煌网页面示例

5. 中国制造网

中国制造网是国内领先的综合性第三方 B2B 电子商务服务平台。中国制造网内贸站为买卖双方提供信息管理、展示、搜索、对比、询价等全流程服务。在中国制造网,买家可以根据自己的需求找到相应品类,再根据网页的联系方式和卖家直接对接。若企业想要做 B2B 跨境电商,中国制造网也是一个发布产品非常有效的信息网站。中国制造网首页示例如图 9-7 所示。

6. 其他网站

卖家除了可以从以上介绍的跨境电商出口平台的销售排行榜里发现热销产品,还可以从其他平台的热销产品榜里分析"爆款",如 Choxi Trending List、eBay Daily Deals、Lazada Top Sellers、LightInTheBox Top Sellers 等。此外,还可以通过一些国外的社交网站进行搜寻,如 Polyvore 和 Wanelo 网站上分别有 1 000 多万种和 300 多万种的产品,Fancy 和 Pinterest 网站上有丰富的种类可以让商家了解全球流行趋势与热销产品种类。

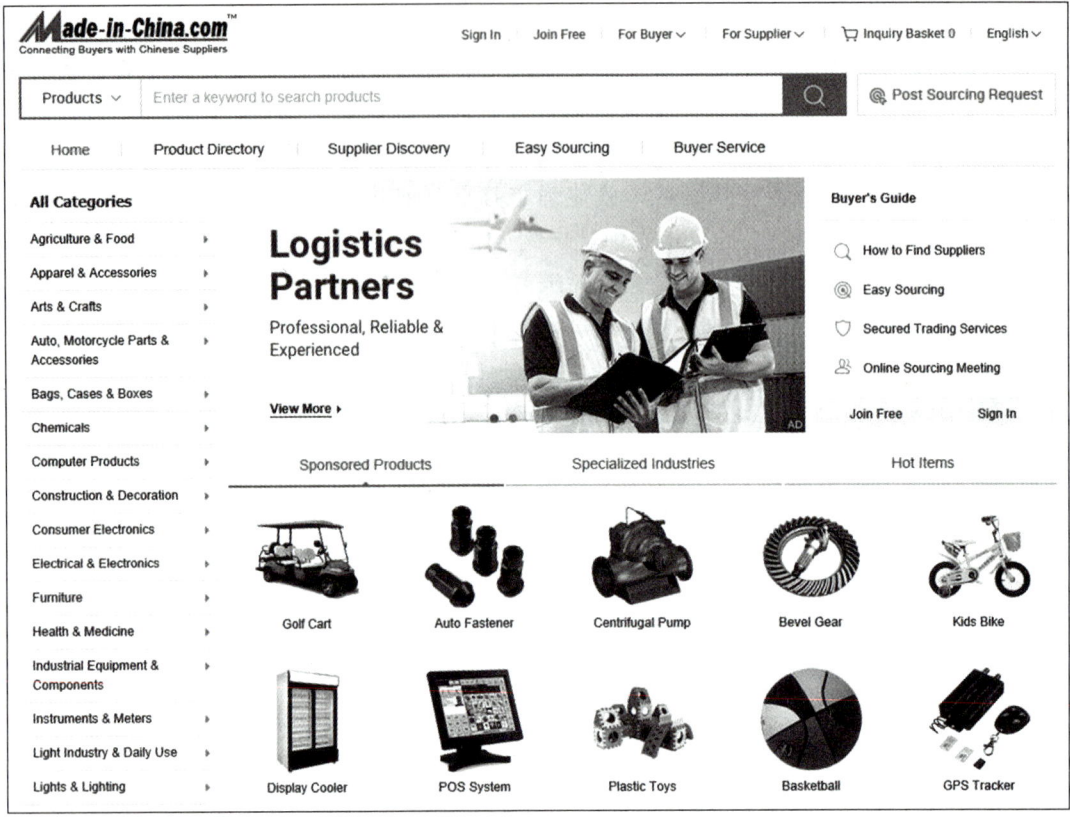

图 9-7　中国制造网首页示例

三、热销榜爆款元素选品策略

对一些平台的热销产品榜分析后会发现，服装类或饰品类的商品备受推崇。但在实际中，如果完全按照热销产品设计销售时，可能出现先入市场的店铺已经获得大量客户流量的情况，那么这时就不能完全照搬已有设计，而可以在热销产品中分析其所具有的一些共同元素，再加上一些自己的创新就可能生产出潜在的爆款产品。例如，速卖通 HOT NEW 一栏中，选取 women T-shirt 这个类目，如果按销量进行排序，可以看到很多爆款女式 T 恤衫，图 9-8 所示为部分截图。

在此需要注意的是，所有的产品都是由各种属性拼接起来的，以图 9-8 中的第一件产品为例，这件女式 T 恤衫可以分解为：春秋款＋字母印花＋长袖＋圆领＋休闲＋拼接＋撞色＋……众多属性。我们随意改变其中的一个或几个属性，就可以使它变成另外一款产品，但同时还可以保留这款产品的卖点。这样既避免了和大卖家正面营销手段的冲突，又省略了重新设计产品的时间，不仅可以借用大卖家的数据分析成果，巧妙地为己所用，还可以避免侵权风险。

图 9-8　速卖通爆款女式 T 恤衫部分截图

四、长尾理论选品策略

长尾理论是网络时代兴起的一种新理论,由美国人安德森(C. Anderson)提出。长尾理论认为,由于成本和效率,过去人们只能关注重要的人或重要的事,如果用正态分布曲线来描绘这些人或事,人们只关注曲线的"头部"信息,而处于曲线"尾部"的信息,需要花费更多的精力和成本才能注意到。例如,在销售产品时,厂商关注的是少数几个所谓"VIP"大客户,无暇顾及数量众多的普通消费者。在网络时代,由于关注的成本大大降低,人们有可能以很低的成本来关注正态分布曲线的"尾部",关注"尾部"产生的总体效益有时甚至会超过"头部",而不是完全符合"二八定律"。简单地说,所谓长尾理论,是指只要产品的存储量足够多和流通的渠道足够广,需求不旺或销量不佳的产品所共同占据的市场份额可以和那些少数热销产品所占据的市场份额相匹敌甚至更大,即众多小市场汇聚成可产生与主流市场相匹敌的市场能量。也就是说,企业的销量不在于传统需求曲线上那个代表畅销产品的"头部",而在于那个代表冷门产品、经常被人们遗忘的"尾部"。

举例来说,一家大型书店通常可摆放 10 万本书,但亚马逊网络书店的图书销售额中,有 1/4 来自销量排名 10 万册以下的书籍。这些冷门书籍的销售比例高速增长,其销售额预估未来可占整个书市的一半。这意味着消费者在面对无限选择时,真正想要的东西和想要取得的渠道都出现了重大变化,一套崭新的商业模式随之崛起。简言之,"尾部"所涉及的冷门产品涵盖了更多人的需求,而当有了需求后,会有更多的人意识到这种需求,从而使冷门产品不再冷门。

再看 Google,它就是一个典型的应用长尾理论公司,其成长历程就是将广告商和出版商的"尾部"商业化的过程。以占据了 Google 半壁江山的 AdSense 为例,它面向的客户是数以百万计的中小型网站和个人,对于普通的媒体和广告商而言,这个群体的价值微小得简直不值一提，但是 Google 通过为其提供个性化定制的广告服务，将这些数量众多的群体汇集起来，形成了非常可观的经济利润。

长尾理论有以下几个特点：（1）产品储存流通展示的场地和渠道足够宽广；（2）产品生产成本极低，以至于个人都可以进行生产；（3）产品销售成本极低，以至于个人都可以进行销售。只要满足以上三点，几乎任何以前看似需求极低的产品，只要有人卖，就会有人买。这些需求和销量不高的产品共同占据的市场份额，甚至比主流产品的市场份额还要大。

长尾理论被认为是对传统的"二八定律"的反叛。尽管听上去有些学术的味道，但事实上这并不难理解——人类一直在用"二八定律"来界定主流，计算投入和产出的效率。在传统的营销策略中，商家主要关注在 20% 的产品上创造 80% 收益的客户群，往往忽略了那些在 80% 的产品上创造 20% 收益的客户群。

在上述理论中，被忽略不计的 80% 就是"尾部"。安德森曾说："我们一直在忍受这些最小公分母的专制统治……我们的思维被阻塞在由主流需求驱动的经济模式下。"但是人们看到，在互联网的影响下，被奉为传统商业"圣经"的"二八定律"开始有了被改变的可能性。这一点在媒体和娱乐业尤为明显，经济驱动模式呈现从主流市场向非主流市场转变的趋势。

因此我们建议，商家在选品时，不能一味盲目地跟卖热销商品，若是热销产品进入市场时间较长，那么有很大可能性会占据大量市场份额，打破先入者的障碍壁垒难度较大，这样对于后入者来说极为不利。选择长尾产品进行销售，竞争力小，且可能获得由零散市场整合起来的巨大市场。并且长尾产品的消费者因市场分散，实体线下市场并不多见且产品种类不齐全，故而线上销售对于这类产品来说也是极为有利的。

五、细分市场选品策略

之前我们提到，开始跨境电商销售之旅的第一步就是要做好市场分析，要知道目标消费者需要什么。所以这里给出了不同细分市场的选品策略。

1. 基于地域因素的选品策略

其实每个跨境电商出口平台都有自己的市场定位，如亚马逊的主流市场在美国，速卖通的主流市场在俄罗斯和巴西等新兴市场，所以要定期做好跨境电商海外市场的调研分析工作，对于目标海外市场的需求调研分析一般要结合第三方报告等数据信息。

根据商务部 2023 年发布的《中国电子商务报告 2022》，在 2022 年，我国跨境电商出口额排名前十的国家分别为：美国、马来西亚、新加坡、澳大利亚、越南、韩国、泰国、菲律宾、印度、日本。新兴国家的崛起带来了更大的用户市场，同时欧美等发达国家用户的消费由追求低价向追求品质延伸升级。且不同的出口目标国家人民有其独特的生活习惯、喜好和节假日。若是确定主要目标市场后，根据市场选品可以做到更具有针对性。

（1）从关注需求的角度——以俄罗斯市场为例。

全球电商规模增长速度最快的市场在巴西、中国、印度和俄罗斯等地。如果重点出口对象在俄罗斯市场，则首先要对俄罗斯电商市场有一定的了解。俄罗斯的物流业非常落后且货到付款是最常见的付款方式。而且俄罗斯也不是一个关注消费者和消费品的国家，这些因素都导致俄罗斯电商市场的商品种类十分有限且存在假冒伪劣商品。根据商务部发布的数据，2022年俄罗斯电商交易额达49 800亿卢布（约合人民币3 943.92亿元），同比增长超过30%。莫斯科和圣彼得堡这两座城市的网民数量占俄罗斯全国网民总数的30%，网购消费额占俄罗斯全国的60%。

根据这些信息可以得出俄罗斯本土电商规模较小，因对消费品缺乏关注导致很多东西比欧美昂贵。俄罗斯的网购消费者大多生活在大城市，受过良好教育且有高收入的年轻人，其对时尚品位要求很高。俄罗斯本土的多数电商规模小，但也有两家运营较为出众的公司。一家是Ozon（图9-9），它被视为俄罗斯的亚马逊，2022年Ozon平台包括服务在内的产品总价值达8 322亿卢布（约合人民币658.57亿元）。另一家是Ulmart（图9-10），是一家整合了线上线下计算机、家用电子产品和家用电器产品的电商网站，该网站销售商品品类超过6 000种，其中自营商品超过15万SKU[①]。Ulmart还提供快递服务，在莫斯科和圣彼得堡的市中心拥有一个由90辆卡车组成的车队进行物流运输。在目标市场方面，Ulmart定位于俄罗斯的大城市，而Ozon则定位于全俄罗斯。

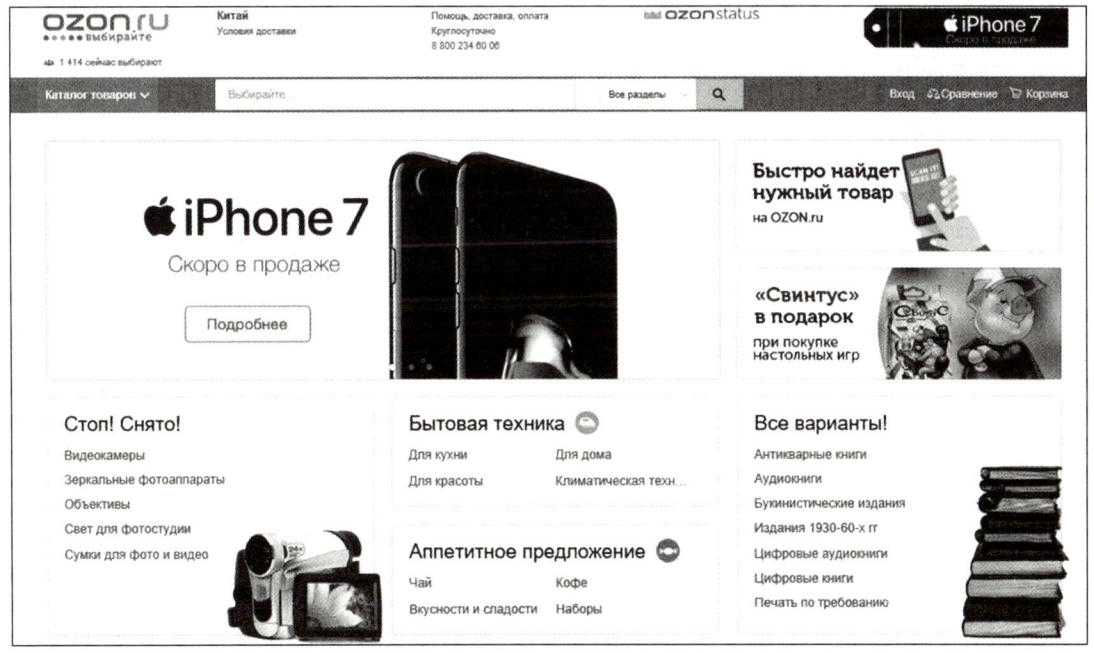

图9-9　Ozon页面示例

---

① SKU：stock keeping unit，存货单位。

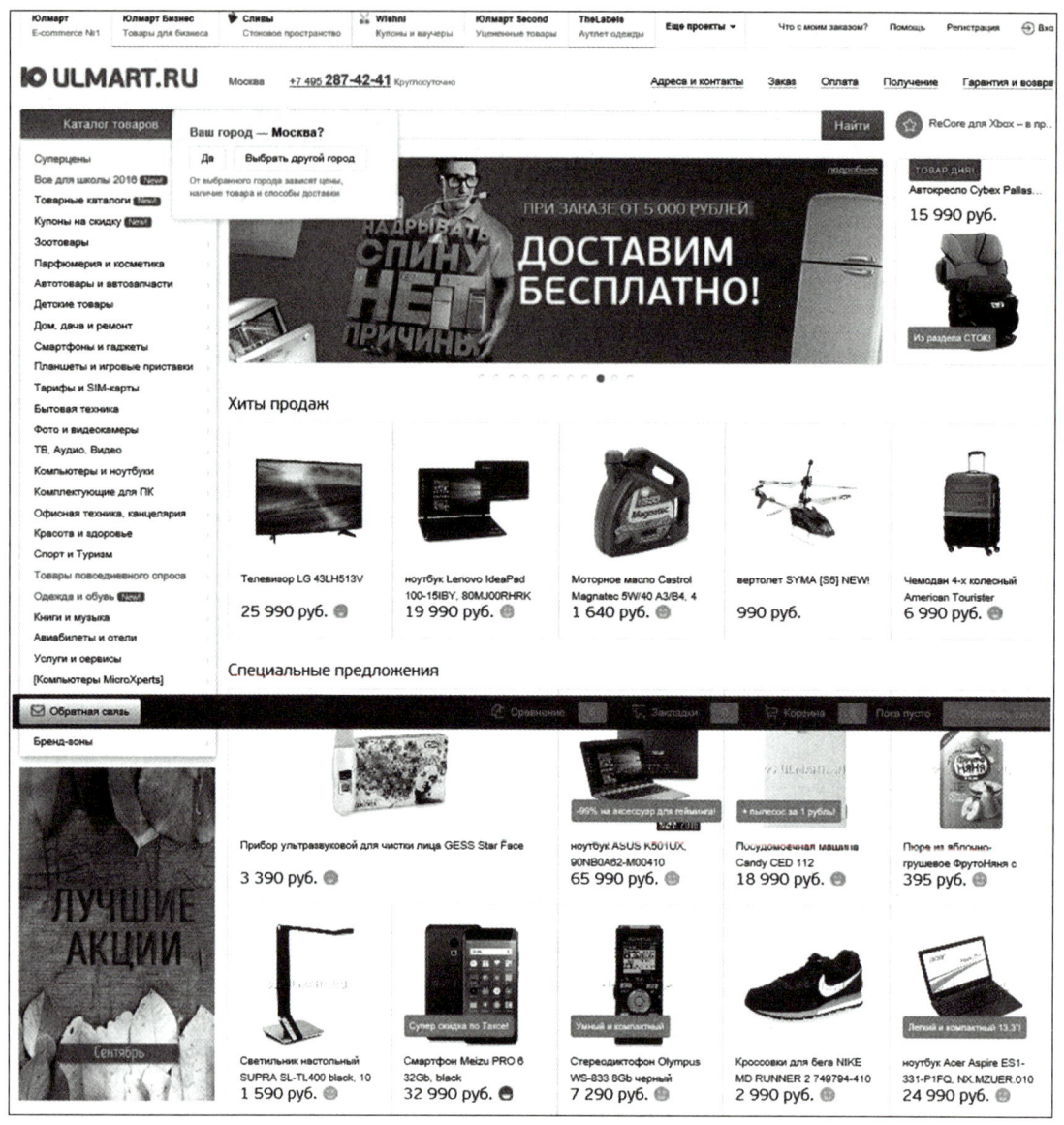

图 9-10　Ulmart 页面示例

速卖通在 2014 年 2 月推出了俄语版，之后的几个月内该网站就成为俄罗斯访问量最大的电子商务网站，仅在推出当年的 7 月就有 1 600 万名访客。

通过对俄罗斯市场的分析，可以得出俄罗斯国内的消费导向。俄罗斯本土电商企业并不能紧跟时尚且价格昂贵。服饰、鞋靴、美容产品非常受欢迎，大多数电子产品都是线上购物平台的热销品类。另外，俄罗斯人有自己维修汽车的习惯，因此汽车零部件市场也是一个非常大的热点市场。

（2）从提升品质的角度——以向欧美市场出口家居产品为例。

欧美市场是我国跨境出口占比最大的市场，所以分析欧美市场消费者喜好和习惯，销售当地热门产品对跨境电商选品非常有利。欧美市场也是成熟度较高的市场，人们对网购的认可度与参与度较高，报告也显示出欧美市场消费产品呈现由低质向高质产品发展的趋势，人们不再处于购买生活必需品这一阶段，而是对产品有着自己独特的理解和要求，认为满足某些目的的产品才是值得购买的。我们只有掌握这些信息和趋势，才能更有效地做出选品决策。

例如，欧美地区是我国家居产品的主要出口市场，在出口这类产品到欧美市场时：第一要考虑到欧美市场消费者的消费水平和受教育程度，出口产品时要关注差异性、定制化的产品，比如给产品创造一种理念，加强他们的认同感，让家居产品功能和消费者的良好体验融合在一起；第二要专注于产品的创新性，因为家居产品可能在哪里都可以获得，随着购买渠道的增多，消费者将不再忠于一种品牌，选品时也要注重不断推出新产品来满足消费者多变的需求及期望；第三要关注欧美市场特定的目标消费群体，如年轻人、婴儿潮时期出生的人或城市居民，欧美正进入老龄化阶段，这为家居市场提供了商机。"婴儿潮一代"现在正值退休期，这一类消费者有较多的可支配收入，使其生活更为轻松便利，能营造家庭氛围的高品质产品能激起他们的购买欲；第四要根据家庭发展类型，不断调整自己的产品，比如未来 10 年，预计欧美人口继续往市区迁移。虽然欧美国家城市化速度放缓，但东欧国家正在经历城市人口的迅速扩张。城市化使得传统家庭结构和关系发生改变，消费者希望更好地共享一个家，这种情况在城市中心尤为突出。在欧洲，城市中有多种类型的家庭关系。在城市，公寓将变得更小并主要配备必要的家居产品。城市消费者将被迫打造多功能的空间。这意味着传统的房间设置将消失。客厅正失去其传统的功能并被厨房吸纳。欧洲消费者越来越多地将花园当作家的一部分进行使用，反过来也将家当作花园的一部分。这就需要卖家关注新兴生活方式，从中获得先入优势。尤其是关注各类新的伙伴关系和家庭形式，比如单人户、大家庭住户等。清楚欧美消费者的城市生活现状：他们缺乏空间和大自然。可通过提供节省空间的家居产品，或将"自然"引入家中的产品从而获得市场商机。由于家被赋予了越来越多的功能和用途，如果家居产品结合了多种功能，那么产品就拥有了附加价值。

2. 基于文化因素的选品策略

不同的地区有其独特的历史和文化底蕴，这些因素会渗透到当地居民生活的方方面面，包括对贸易的看法、喜好产品的种类、交易方式等。调查了解当地居民的偏好和需求对选品有极大帮助。

（1）基于当地文化的选品策略。

当卖方确定出口目的地后，就可以根据当地文化进行选品。例如，在宗教气氛浓重的国家，可选择当地宗教服饰、饰品等进行出口销售，也可以出口销售当地人气旺的明星周边产品，同时也可以关注最近热映电影，生产电影周边产品。

实际上，在当今世界玩具市场上，谁能率先抢得影视动漫衍生玩具产品的先机，谁就能更好地掌控市场，就成为不容置疑的事实。卖方可以根据各种渠道关注目标国家最近有何热门电影正在上映或即将上映，相关周边产品是很好的潜在爆款产品。周边产品也不一

定局限在玩偶上,制作与电影中受追捧的形象相关的服饰、儿童用品、文具用品、贴纸等都会引起粉丝的强烈好感,从而提升销量。

> **资料链接**
>
> ## 全球超七成玩具产自中国,中国海关力促外贸高质量发展
>
> 中国是世界上最大的玩具生产国和出口国,全球市场上超过70%的玩具,都产自中国。可以说,玩具产业是中国外贸的一棵"常青树",从2016年到2021年,中国玩具出口实现连续5年增长,而2022年前8个月,中国玩具累计出口额为316.8亿美元,同比增长20.2%。从出口地区来看,美国、日本和英国仍是中国玩具的主要出口国。从出口地区的趋势来看,出口美国的玩具同比增长27.2%,出口的墨西哥玩具同比增长40%,出口日本的玩具同比增长32.3%,出口马来西亚和越南的玩具同比增长都超过了58%,中国玩具行业已经通过产业集群化的发展,形成了产业链的高度集中配套和高性价比的优势。
>
> 近年来,中国海关围绕服务国家经济社会发展大局,强化监管优化,促进了外贸高质量发展。
>
> 一是持续优化口岸营商环境。进出口环节监管证件由86个减少到41个,整体通关时间4年来压缩了一半以上,这个过程中节省的每一分钟、每一小时都能折算成企业的经济效益。
>
> 二是大力支持对外开放平台建设。推动综合保税区创新发展,目前,全国共有综合保税区156个。积极开展自贸试验区海关监管制度创新,坚持"管得住、放得开"原则,研究制订海南自由贸易港海关监管框架方案。综合保税区、自由贸易试验区、海南自由贸易港的进出口业务大幅提升。
>
> 三是积极促进外贸新业态有序发展,"网购保税进口""跨境电商B2B直接出口""跨境电商出口海外仓"等监管模式,满足了跨境电商企业的发展需求,使"买全球""卖全球"成为现实。
>
> 四是全面深化海关国际合作。中国与171个国家和地区海关建立起友好合作关系,深度参与世界贸易组、世界海关组织有关规则制定和区域全面经济伙伴关系协定(RCEP)等自贸协定的磋商,积极参与全球海关协同治理。支持共建"一带一路",从2013年到2021年,推动共建国家100多种优质农产品实现对华贸易。推广经认证的经营者(AEO)互认合作,全国有近4 000多家海关高级认证企业在境外享受和境内同样的通关便利条件,降低了贸易成本,为中国外贸企业营造了良好的外部环境。
>
> 资料来源:https://m.gmw.cn/baijia/2022-10/09/1303167737.html.(2022-10-09)[2023-09-14].

(2)基于本国文化的选品策略。

中国以历史悠久、文化底蕴深厚而著名,世界上也不乏其他国家的国民对中国文化感兴趣,所以从本国文化入手也未尝不可。中国许多国货品牌深受外国人的喜爱,若能将其

喜欢的品牌或品类通过跨境电商渠道进行销售，那么销售量也是不容小觑的。

近年来，中国旗袍在国际舞台上曝光率颇高。2015 年米兰世界博览会期间，欧洲华人华侨妇女联合总会第六届理事会主席熊国秀组织赫兰德姐妹们穿上各自珍藏的旗袍，进行了精彩的旗袍秀。2022 年年初，在中国国家馆日的文化活动中，一场精彩的中国旗袍秀在迪拜世界博览会举行。另外，在很多风靡全球的红毯典礼上，国外女演员用改良旗袍来作为"战衣"的例子也层出不穷，这些都证明了中国旗袍在海外备受欢迎，存在巨大的商机。

本 章 小 结

本章介绍了跨境电商的选品策略。首先从国内外两个市场的不同消费产品结构方面进行了分析。在我国，服装鞋帽、日用百货、通信数码、书籍影像是最受消费者追捧的类别。与此同时，我国国民在进行网购奢侈品的时候偏好于标准化产品，如包袋、腕表、鞋靴等，并且不同于往常印象，男性网购额要高于女性。对于国外消费者偏好，可以根据阿里巴巴国际站和速卖通平台的数据得出我国跨境电商出口产品品类主要包括哪些，以便企业在选品时提前了解并能够选择适销对路的产品。其次，在选品时还应注意法律、市场、侵权和货源等问题，并在此基础上选择相应的选品策略。"跟风"选品策略即跟随"巨人"的脚步前进，以市场为导向选品，选择当前最热门的商品即"爆品"进行销售；市场追随选品策略是通过分析现今最为广泛、流量较大的跨境电商平台的热销产品排行榜，选择排名靠前的产品即目前最受热捧的产品作为销售产品；热销榜爆款元素选品策略是在热销产品中分析这些爆款所具有的一些共同元素，再加上自己的创新生产出潜在爆款产品的策略；长尾理论选品策略是根据企业的销售量不在于传统需求曲线上那个代表畅销商品的"头部"，而是那个代表冷门商品、经常被人们遗忘的"尾部"来选品；细分市场选品策略即通过市场分析了解目标消费者的需求，根据不同的细分市场采取相应的选品策略。

名词解释

长尾理论：只要产品的存储量足够多和流通的渠道足够广，需求不旺或销量不佳的产品所共同占据的市场份额可以和那些少数热销产品所占据的市场份额相匹敌甚至更大，即众多小市场汇聚成可产生与主流市场相匹敌的市场能量。也就是说，企业的销量不在于传统需求曲线上那个代表畅销产品的"头部"，而在于那条代表冷门产品、经常被人们遗忘的"尾部"。

课后思考题

1. 试分析跨境电商企业在选择产品时应该注意的问题。
2. 列举五种常见的跨境电商企业选品策略，并分析不同策略的典型特征。

第十章 跨境电商数据分析与引流策略

本章概要

本章分两节来介绍跨境电商企业数据分析与引流策略。第一节介绍跨境电商数据分析的重要性，在了解数据分析的重要性之后，讲解如何进行数据分析。第二节从如何提高访问量、转化率、复购率和投资回报率四个指标展开介绍几个比较典型的跨境电商引流策略。

学习目标

- 理解跨境电商数据分析的重要性，以及如何进行数据分析；
- 了解运营、客户、营销三类重要的数据类型及包含的二级指标；
- 理解访问量、转化率、复购率和投资回报率的概念；
- 掌握改善以上四个跨境电商引流策略指标的途径和方法。

第十章 跨境电商数据分析与引流策略

思维导图

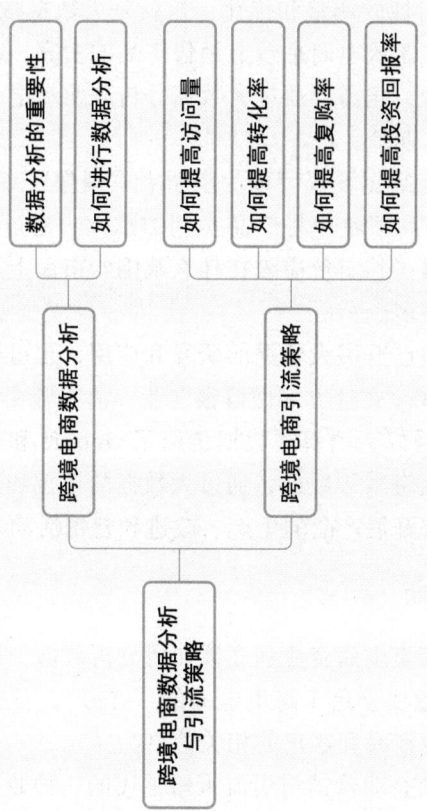

第一节 跨境电商数据分析

一、数据分析的重要性

流量是跨境电商生存的根本,要想真正地控制流量,离不开数据分析,因此数据分析对于跨境电商企业的营销与引流十分重要。有了大数据分析技术的支持,跨境电商企业可以很容易地从海量的数据中分析出消费者的需求,进而推出更符合消费者需求的产品或服务,这中间还能够进行针对性的调整和优化,这就是大数据赋予跨境电商企业的新价值。无论是跨境电商平台还是在跨境电商平台上销售产品的卖家,都需要具备大数据分析的能力。越成熟的跨境电商平台,越需要通过大数据分析来驱动电子商务运营的精细化,从而更好地提升运营效果并提升业绩。

基于各种经济数据,大数据不仅可以为消费者"画像",还可以给商家提供各式各样的"情报"。例如,国内的商家希望将产品卖到加拿大,通过大数据分析可以大致预测:这种产品一个月可以卖出多少?定价应该在什么范围?市面上还有多少商家在卖同样的产品?它的市场占有率大概是多少?

跨境电商企业既可以自己开展大数据的研发和应用,也可以利用第三方机构来实现大数据应用,如 Google 和 eBay 在这方面做得很专业。消费者在使用搜索服务时,他们无形中就把自己个人的行为、爱好、消费等数据传给了 Google 和 eBay。基于用户搜索行为、浏览行为、评论历史和个人资料等数据,通过大数据的挖掘和匹配,跨境电商企业可以通过分析消费者的整体需求来开展产品的生产、改进和营销活动。

二、如何进行数据分析

数据如此重要,那么跨境电商企业到底该如何分析数据,又该分析哪些数据呢?

一个优秀的外贸企业想要立足于跨境电商的"红海",首先要学会分析数据。通过数据分析,可以帮助企业获取产品和客户的相关信息。

下面介绍实施跨境电商企业营销与引流策略常用的三种数据类型,分别是运营、客户价值和市场营销。

1. 运营类数据

分析运营类数据能够帮助企业了解日常的数据变动,提醒运营人员及时调整产品或营销策略。

运营类数据分为流量类数据、订单产生效率数据、总体销售业绩数据和财务数据。表 10-1 所示为运营类数据的类型和指标。

表 10-1　运营类数据的类型和指标

类型	指标
流量类数据	独立访客数
	页面访问数
	人均页面访问数
	跳出率
	页面访问时长
	人均页面访问数
订单产生效率数据	总订单数
	访问到下单转化率
总体销售业绩数据	网站成交额
	销售额
	客单价
财务数据	销售毛利
	毛利率

（1）流量类数据。

① 独立访客（unique visitor，UV）数，是指访问跨境电商网站的不重复用户数。对于计算机端，统计系统会在每个访问网站的用户浏览器上"种"一个 cookie 来标记这个用户，这样每当被标记 cookie 的用户访问网站时，统计系统就会识别此用户。在一定统计周期内（如一天）统计系统会利用消重技术，对同一 cookie 在一天内多次访问网站的用户仅记录为一个用户。而对于移动端，区分独立用户的方式则是按独立设备计算独立用户。

② 页面访问（page view，PV）数，即页面浏览量，用户每一次对电商网站或移动电商应用中的每个网页访问均被记录一次，用户对同一页面的多次访问量累计。

③ 人均页面访问数，即页面访问数 / 独立访客数（PV/UV），该指标反映的是网站访问黏性。

④ **跳出率（bounce rate，BR）**，也称蹦失率，是指只浏览了着陆地页面（landing page）就离开的访问量占进入该页面的总访问量的百分比。该指标可以衡量用户点击广告后进入页面的访问质量，也可以衡量该页面对用户的吸引力。如果花钱做推广，着陆页面的跳出率高，很可能是因为推广渠道选择出现失误，推广渠道目标人群和被推广网站不够匹配，导致大部分访客来了却只访问一次就离开。

⑤ 页面访问时长，是指单个页面被访问的时间。并不是单个页面被访问的时间越长越好，要视情况而定。对于跨境电商网站，页面访问时长要结合转化率来看，如果单个页面被访问的时间长，但转化率低，则页面体验出现问题的可能性很大。

⑥ 人均页面访问量，是指在统计周期内，平均每个访客所浏览的页面数量。人均页

面访问量反映的是网站的黏性。

（2）订单产生效率数据。

① 总订单数，即访客完成网上下单的订单数之和。

② 访问到下单转化率，即跨境电商网站下单的次数与访问该网站的次数之比。

（3）总体销售业绩数据。

① 网站成交额（gross merchandise volume，GMV），也称电商成交金额，即只要访客下单并生成订单号，便可以计算在 GMV 里面。

② 销售额，即货品出售的金额总额。

③ 客单价，是指每一个客户平均购买商品的金额，也称平均交易金额，即成交金额与成交客户数的比值。

（4）财务数据。

① 销售毛利，即销售收入与成本的差值。销售毛利中只扣除了商品的原始成本，不扣除没有计入成本的期间费用（如管理费用、财务费用、营业费用）。

② 毛利率，是衡量跨境电商企业盈利能力的指标，即销售毛利与销售收入的比值。

2. 客户价值类数据

获得忠实的客户群对于企业十分重要，因此熟悉客户的需求、了解客户的消费习惯是企业提高业绩的另一个关键点。

客户价值类数据分为客户类数据（客户指标）、新客户数据、老客户数据。表 10-2 所示为客户价值类数据的类型和指标。

表 10-2　客户价值类数据的类型和指标

类型	指标
客户类数据	累计购买客户数
	客单价
	会员留存率
新客户数据	新客户数量
	新客户获取成本
	新客户客单价
老客户数据	消费频率
	最近一次购买时间
	消费金额
	复购率

（1）客户类数据。

常见的客户类数据指标包括一定统计周期内的累计购买客户数、客单价和会员留存率。

① 累计购买客户数是指一定统计周期内的购买客户总数。

② 客单价是指每一个客户平均购买商品的金额，也称平均交易金额，即成交金额与成交客户数的比值。

③ 会员留存率，简称留存率。会员在某段时间内开始访问某个网站，经过一段时间后，仍然会继续访问该网站就被认为留存，这部分会员占当时新增会员的比例就是新会员留存率，这是一种留存率的计算方法，即按照活跃度来计算；另一种计算留存率的方法是按照消费来计算的，即某段时间内的新增消费客户在往后一段时间周期（日、周、月、季度和半年度）还继续消费的概率。留存率一般看新会员留存率，当然也可以看活跃会员留存率。留存率反映的是跨境电商留住会员的能力。

（2）新客户数据。

常见的新客户数据指标包括一定统计周期内的新客户数量、新客户获取成本和新客户客单价。其中，新客户客单价是指第一次在店铺中产生消费行为的客户所产生的交易额与新客户数量的比值。影响新客户客单价的因素除了推广渠道的质量，还有跨境电商店铺活动及关联销售。

（3）老客户数据。

常见的老客户数据指标包括消费频率、最近一次购买时间、消费金额和重复购买率（复购率）。

① 消费频率是指客户在一定期间内购买的次数。

② 最近一次购买时间表示客户最近一次购买的时间离现在有多远。

③ 消费金额指客户在最近一段时间内购买的金额。消费频率越高，最近一次购买时间离现在越近，消费金额越高的客户越有价值。

④ **复购率则指消费者对该品牌产品或者服务的重复购买次数，复购率越高，则客户对品牌的忠诚度越高，反之则越低。**

3. 市场营销类数据

市场营销类数据分为市场营销活动数据、广告投放数据和市场竞争数据。表10-3所示为市场营销类数据的类型和指标。

表10-3 市场营销类数据的类型和指标

类型	指标
市场营销活动数据	新增访问人数
	新增注册人数
	总访问次数
	订单数量
	下单转化率
	投资回报率

续表

类型	指标
广告投放数据	新增访问人数
	新增注册人数
	总访问次数
	订单数量
	UV 订单转化率
	广告投资回报率
市场竞争数据	市场占有率
	市场扩大率
	用户份额
	网站交易额排名
	网站流量排名

（1）市场营销活动数据。

市场营销活动数据指标包括新增访问人数、新增注册人数、总访问次数、订单数量、下单转化率及投资回报率（return on investment，ROI）。其中，下单转化率是指活动期间某活动所带来的下单次数与访问该活动的次数之比。投资回报率是指某一活动期间产生的交易金额与活动投放成本的比值。

（2）广告投放数据。

广告投放数据指标包括新增访问人数、新增注册人数、总访问次数、订单数量、UV 订单转化率、广告投资回报率。其中，UV 订单转化率是指某广告所带来的下单次数与访问该活动的次数之比。广告投资回报率是指某广告产生的交易金额与广告投放成本的比值。

（3）市场竞争数据。

市场竞争数据指标包括市场占有率、市场扩大率、用户份额、网站交易额排名和网站流量排名。

① 市场占有率是指网站交易额占同期所有同类型跨境电商网站整体交易额的比重。

② 市场扩大率是指网站的市场占有率较上一个统计周期增长的百分比。

③ 用户份额是指网站独立访问用户数占同期所有跨境电商网站合计独立访问用户数的比值。

④ 网站交易额排名是指跨境电商网站交易额在所有同类跨境电商网站中的排名。

⑤ 网站流量排名是指网站独立访客数量在所有同类跨境电商网站中的排名。

由于企业的数据分析系统能够与平台数据管理后台对接，企业在分析数据时，只需要设定好分析公式，分析结果就一目了然。如常规性的销售额、利润、利润率、库存管理等数据分析结果都可以得到,并且企业还可以根据自身的需求灵活运用和开发各类数据资源。

另外,企业在进行数据分析管理时,需要数据分析人员每天、每周或按照特定的周期进行数据分析。运营或营销做了某方面的工作,产品做出了某种调整,相对应的数据也会产生一定的变化,通过数据分析可以对这些工作及时进行调整。总之,跨境电商企业应学会利用大数据,善于分析数据以协助做出正确的市场决策。

第二节　跨境电商引流策略

跨境电商企业无论是独立运营网站还是在第三方平台开店,都离不开网站的运营和引流,这也是每个跨境电商企业都在努力去做的事情,那么网站的运营和引流都运用了哪些方法?在运营时又有哪些技巧呢?

无论什么运营手段,其最终都落足于流量、转化率、复购率和投资回报率这些实际带来效益的指标上。不管是企业还是平台,营销的最终目的就是提高这几个数据的值从而带来盈利。因此,本节主要从提高访问量、转化率、复购率和投资回报率四个指标展开,介绍几种比较典型的引流策略。

一、如何提高访问量

无论在网上商城购买什么,消费者寻找产品一般都是通过搜索,因此提高访问量对跨境电商企业来说尤为重要。

1. 取一个有利于SEO的店名

为跨境电商网店取一个好名字至关重要。它可以在一定程度上彰显你的实力,使你的网店在浩如烟海的店铺中脱颖而出,此外,从市场的品牌效应和SEO的角度来看,给网店起一个恰当的名字也将起到事半功倍的效果。

2. 优化标题

商品标题是商品刊登最显眼的部分,对于SEO来说也是至关重要的。通常在所有跨境电商平台上,这个数据点都能够成就或埋没一件商品,因此一定要花时间来创建一个恰当的、具有丰富关键词的标题。在eBay平台上,要充分利用其提供的所有空间(80个字符),但是对于其他跨境电商平台如亚马逊,你可能需要遵循其建议,使用符合其要求的较短标题,才能获得更好的结果。

3. 重视商品分类

跨境电商卖家给商品进行正确的分类对于提高店铺和商品的曝光率来说有着重要的影响。如果你正在销售热带鸡尾酒所使用的小纸伞,那么把你的产品归到厨具或酒吧酒具类别将比归入服饰与配件类别中更有成效。跨境电商平台的搜索算法也会把这个因素计入其

操作中,因此一定要关注你所选择的商品分类。

4. 优化关键词

当你思考 SEO 时,关键词有可能是你想到的最流行的数据点。商家可以把搜索词条当作添加到标题中的不可见关键词。亚马逊平台的每个商品都可以刊登最多 5 个可添加的搜索词条。每个搜索词条最多不超过 50 个字符,商家可以使用多个词组成一个搜索词条,也可以使用标题中还没有的关键词。替代拼写和同义词是非常好的搜索词条,而且用户看不到它们,因此标题看上去并不像"塞满了关键词"。

5. 细化商品属性

许多跨境电商平台使用商品定义特征,来帮助用户细化搜索结果。在 eBay 上,这些特征被称作物品属性。在亚马逊及其他跨境电商平台,这些特征被称作商品属性。它们不仅非常适用于搜索细化,也能被电商平台搜索算法用来匹配搜索查询,以便展示密切相关的结果。例如,为浴室设备添加"铜"的金属类型——当用户使用这个搜索词条时,能够帮助支持适当的匹配。商品属性为店家提供双倍的影响力,因为它们在浏览和搜索活动中有助于商品细化。

6. 优化详情描述

如果希望确保商品描述是完整的、丰富的,并且带有关于商品的描述性文本,则需要注重商品详情页图片和文字的描述,添加一些个性化的内容。尽管商品描述中的内容通常算不上 SEO 的一个因素,但仍然要稍微添加一些,并且作为跨境电商平台的另一个验证点,用来确保在整个商品刊登中使用一致的关键词。

7. 创造移动优先体验

"性能设计"快速登录页面必不可少。"聚焦用户体验"尽量少用闪烁字体、插件、弹出式页面和插页式广告。"优化本地搜索"有了 GPS 定位技术,本地相关性在移动 SEO 中越来越重要。"追踪移动关键词",用户在计算机和手机上输入的搜索词不同,而且很多情况下,相同搜索词在两种设备上的搜索结果也不相同。

8. 进行站内付费推广

跨境电商企业可以根据不同跨境电商平台的情况进行站内付费推广:一方面,可以利用平台应用或付费软件进行打折、设置优惠券、发放红包等来吸引消费者,同时可以通过付费的方式提升站内店铺搜索排名,从而能够被优先搜索到并提升店铺流量;另一方面,制订节日销售策略对网上卖家来说很重要,然而针对每个特定的节日制订更有深度的策略会带来更高的销售额。企业要利用好每年的重大节日和平台的大促活动,积极参加节日促销活动。

9. 邮件营销

众所周知,邮件在海外的覆盖面比较广,人们更倾向于使用电子邮件与他人进行沟通,其发展情况与趋势远好于国内。在其他国家的跨境购买政策已经改变的情况下,跨境电商企业将更加注重营销实效,邮件营销被视为重要的营销渠道之一。

（1）注重完善系统邮件。

对于使用邮件营销来开拓海外市场的电商企业，首先要架构好完善的邮件产品线，其中最重要的就是系统邮件，它是提升用户体验及增强用户信任度的最佳窗口，同时还可以带来更多的交叉销售机会。

（2）采集许可式的邮件地址数据。

目前对于跨境电商企业来说，由于目标客户在海外，获得客户的邮件地址、个人信息这些数据比较困难，在没有专业指导的情况下，一些跨境电商企业病急乱投医，从外部购买和采集客户数据，这样做的后果有两个：①对于未知的人发送营销内容无异于大海捞针，如果联系人对发送的内容没兴趣，投诉率和被拉进黑名单的概率就会增加，最主要的是第一印象很差，就很难再向对方开展二次营销；②对于欧美等主要的跨境电商目标市场，用户一般都具有强烈的许可意识，对于未经许可发送到邮箱的电子邮件，只会招来大量的投诉与拉黑，导致发送通道被邮件服务商拦截。

（3）及时更新邮件列表。

如果不及时更新邮件列表会出现以下的问题，会导致总体的客户数据质量不高，发送到海外的邮件易产生被退回和打开率低的现象。跨境电商企业会采取相应的解决方案：①针对客户数据按年龄、身份等自然属性或活跃度、购买频率等维度进行细分综合管理，并建立会员生命周期；②基础的邮件地址去重、错误地址删除等基础的数据更新工作。因为大量无效邮件地址的发送，增加了发送成本且不能达到好的效果，因此跨境电商企业应当及时更新邮件列表。

（4）重视海外通道与规则。

海外邮箱服务商，如 Hotmail、Gmail 等都有相应的邮件接收规则，如没有固定 IP 服务器发送的邮件会出现高拦截率。而且，海外网络业务提供商（Internet service provider, ISP）在垃圾邮件、黑名单、投诉举报规则及发送数据要求上更为严格要求。第三方邮件营销服务商可以专业解决没有技术、没有相关资源的邮件营销问题，如更换发件人地址，在邮件底部加入公司地址和隐私声明的链接，降低邮件被屏蔽的可能性，改善投递效果。

（5）针对海外消费习惯量身定制营销策略。

根据不同时区不同国家制订相应的营销策略。跨境电商企业需要先对目标市场的政策、文化、风俗和节日，以及消费者的特殊喜好、消费习性等了解清楚后，再参照消费者的历史消费行为，去制订邮件内容及营销策略。

（6）邮件内容设计不容忽视。

要做好邮件内容模板的设计，需要关注三个方面的内容：①邮件标题的吸引度决定了邮件的打开率；②邮件格调与设计决定了联系人对品牌的认知度；③邮件内容设计决定了邮件的点击率。

（7）精准地优质发送，避免无目的泛滥发送。

很多急于求成的跨境电商企业都会犯的错误就是寄希望于庞大的发送量，甚至频繁地发送，但是，只带来微乎其微的订单成交率。提高邮件进入海外邮箱的解决方案主要有：①确保用户数据的有效性，邮件是否为用户主动订阅将直接影响后续邮件的发送质量；

②做好海外 ISP 的备案及各种问题的处理方案；③邮件内容及设计要符合垃圾邮件的规避规则。

（8）依据移动端的引流趋势，做好相应的邮件优化。

目前国内有超过 30% 的邮件是在智能手机上打开的，欧美则高达 30%～40%，在邮件设计与制作中应用自适应邮件技术，如平台的自适应邮件模板，这省去了 html 编辑的操作，直接将文案"填空"即可发送，并自适应于计算机端和移动端。这可以帮助跨境电商企业改进用户体验，提高用户的邮件内容点击率。另外，跨境电商企业还可以利用数据挖掘及邮件营销智能化进行个性化邮件营销。

10. SNS 营销

社会化网络服务，又称社交网络服务（social network service，SNS），是指为一群拥有相同兴趣与活动的人创建虚拟社区，并提供多种联系和交流方式的服务。SNS 营销即社会化网络营销，以下介绍几种常见的 SNS 营销平台。

（1）博客。

博客在我国是一种比较普遍的营销手法，在利用博客进行 SEO 优化时要注意以下几点：首先，要设定好基础内容，如博客名称、标题、关键词等；其次，所选的品牌词要尽量提高曝光率；再次，博主还要善于利用标签功能，博客文章最重要的是要引起用户传播和评论的兴趣，博客文章是对用户有用的，而不是一味地介绍产品，文章可以图文并茂，这样更利于提升用户的体验；最后，要与用户进行良好的互动。例如，Tumblr，它是全球最大的轻博客网站，载有 2 亿多篇博文。轻博客是一种介于传统博客和微博之间的媒体形态。与 Twitter 等微博相比，Tumblr 更注重内容的表达；与其他博客相比，Tumblr 更注重社交。因此，在 Tumblr 上进行品牌营销，要特别注意"内容的表达"。例如，给自己的品牌讲一个故事比直接在博文中介绍公司及产品的效果要好很多。有吸引力的博文能很快通过 Tumblr 的社交属性传播开来，从而达到营销的目的。跨境电商网站拥有众多的产品，如果能从这么多的产品里面提炼出一些品牌故事，或许就能够达到产品品牌化的效果。

（2）Meta。

如今 Meta 已经是跨境电商最大的流量来源之一，投放一条 Meta 广告，一天就能带来成千上万名访客，对销量提升有巨大的推动作用。①在建站初期重点要流量。将产品按风格兴趣分类，做成多图轮播广告，投放给兴趣相关的人，可以用每次点击成本（cost per click，CPC）衡量投放效果。网站流量上去之后要把流量变现，对那些访问过但没购买的人可以提醒他们购买。②针对那些购买过的人，寻找相似受众，开发新客户；对那些 60～90 天之前购买的人，可以鼓励他们复购，并用转化率和每次行动成本（cost per action，CPA）来衡量。③成效稳定之后要提高忠诚度和开发新客源。每一次贴文要通过互动把客户变成忠诚客户；每一个视频要宣传品牌风格，让品牌形象化、个性化、国际化，这样才能让新客源源不断，并用客户触及和单次访问成本（cost per view，CPV）来衡量宣传的效果。

（3）Twitter。

①图片最重要。

俗话说"一图抵千言",图片、图形、图表能轻易传递复杂的思想、创意。同时,它比文字更容易让人记住。有时候,用图片展示某事物比用语言形容更加简单,特别是当描述某一个物品是为了激发情绪反应和作为沟通媒介的时候。

② 在热闹的时间段发推文。

合理安排推文的发布时间可以提高企业与客户间的互动率。合理安排推文发布时间,将更容易吸引潜在消费者。同一天内不同时间段的推文效果也不同,例如,一些店铺的客户喜欢早上浏览推文,而另一些店铺的客户可能晚上更活跃。跨境电商企业应测试何时发布推文可以获得最多的关注,然后利用这些时间段安排 Twitter 营销。

③ 内容重于销量。

在 Twitter 上营销的前提,是制订一个好的内容策略。多渠道零售商 CVS Pharmacy 是个不错的例子,该公司通过问题的形式来激发互动,提供多种促销优惠信息。

④ 回应提及公司的推文。

在 Twitter 上互动并不需要多复杂的工作,但当有人为某公司写推文时,该公司应当找个机会答谢他们。

(4)视频推广。

品牌词应尽可能地增加曝光量;要注意视频标题、简介中的关键词设置;可以录制有趣的、容易引起传播和观看的视频,增加视频的浏览量,但视频不能太长。另外,还要利用好标签功能,标签要尽可能包含关键词、相关词,在描述中可以加上网站的链接,以增加浏览量和曝光量;在录制视频时,要录制对用户有价值的视频内容,对于用户的评论要及时回复,以增强与用户的互动性。例如,YouTube 是全球最大的视频网站,每天都有成千上万的视频被用户上传、浏览和分享。相对于其他社交网站,YouTube 的视频更容易带来"病毒式"的推广效果,它是跨境电商领域不可或缺的营销平台。开通一个 YouTube 频道,上传一些幽默视频吸引粉丝,通过一些有创意的视频进行产品广告的植入,或者找一些意见领袖来评论产品宣传片,都是非常不错的引流方式。还有 Vine 是 Twitter 旗下的一款短视频分享应用,用户可以通过它来发布长达 6 秒的短视频,并可添加一些文字说明,然后上传到网络进行分享。社交媒体平台 8thBridge 调查了 800 家电子商务零售商,其中 38% 的商家会利用 Vine 短视频进行市场拓展。对于跨境电商企业,显然也应该利用这样的平台,既可以通过 Vine 进行全视角展示产品,又可以利用缩时拍摄展示同一类别的多款产品,还可以利用 Vine 来发布一些有用信息并借此传播品牌。例如,卖领带的商家可以发布一个打领带的教学视频,同时在视频中植入品牌广告。类似的应用还有 MixBit、Instagram 等。

(5) Pinterest。

Pinterest 是全球最大的图片分享网站,该网站拥有超过 300 亿张图片。图片非常适合跨境电商网站的营销,因为电商企业很多时候就是依靠精美的产品图片来吸引消费者。卖家可以建立自己的品牌主页,上传自家产品图片,并与他人互动分享。品牌广告主可以利用图片的方式,推广相关产品和服务,用户可以直接点击该图片进行购买。Pinterest 通过收集用户个人信息,建立偏好数据库,以帮助广告主进行精准营销。因此,除了建立品牌

主页，跨境电商网站还可以购买Pinterest的广告进行营销推广。与Pinterest类似的网站还有Snapchat、Instagram及Flickr等。

（6）Google+。

Google+是一个SNS社交网站，可以通过Google账户登录，同有着不同兴趣爱好的好友分享好玩的东西。它能够对个性化搜索产生很大影响。设置个人Google+页面时需注意：为你的社交媒体形象赋予特定的身份，各种设置应符合身份设定，并与其他社交资料相链接，如公司的社交媒体。

11. 跨境O2O引流

跨境O2O引流是把线下的有效流量引到线上，还能够通过线上的营销和顾客建立长期联系。跨境O2O分为两大类：B2B跨境O2O和B2C跨境O2O。目前广交会电商平台是B2B跨境O2O的佼佼者，其实质是"互联网+世界第一大展"。广交会电商利用其多年积累下来的600多万家采购商，利用互联网突破每两年召开一次看样品展示大会，实现全年展示商品。B2C跨境（进口）O2O模式主要有以下几种。

（1）线上下单，在机场提货。该模式面向的消费群体主要是出国旅游的购物者。只要旅行者看中了海外的免税商品，就可以在相关跨境电商平台上下单，离境前在机场自提。这类平台有天猫国际O2O、韩国乐天免税店、新罗免税店、携程旅行网O2O、中免网O2O等。

（2）前店后仓（保税仓库）。该模式既可展示商品又可购物，设立跨境O2O前店后仓，即通过在一些区域设立保税仓库，并和电子商务、海关、国税、物流、快递等相结合，使整个购物过程在10分钟内就可完成。商店展示最新进口产品，仓库备有库存商品。该模式有很多实施者，如美市库、海捣网等。

（3）在闹市区开体验店。该模式可线下展示，线上购买，此类跨境O2O的佼佼者有Choice银泰西选、洋码头、美悦优选、聚美优品等。

（4）与线下实体商家合作。该模式利用线下实体商家的品牌影响力、客流量实现互利共赢。

（5）利用线下体验店，休闲娱乐项目，打造小商圈。该模式的践行者是洋立方，其将海淘、购物、咖啡屋、培训等服务项目融为一体。

（6）成立"跨境购O2O投资管理联盟公司"平台。"跨境购O2O投资管理联盟公司"平台的上游是海外供应商、保税区商贸企业、跨境电商企业，下游则是体验店、客户营销渠道、社会、公司、家庭等，公司股东将由商贸企业、跨境电商企业、物流通关服务商、投资人等组成，"跨境购O2O投资管理联盟公司"作为经营人具体负责项目的执行。

（7）线下体验。该模式可线上下单，线下直接提货。

12. 网红引流

"直播+电商"的模式的确给跨境电商的发展注入了活力，这是一种较新的营销变现模式。利用直播中网红引流的模式为跨境电商企业或平台引进大量的粉丝，带来了极高的粉丝转化率。

（1）如何持续保持高流量。

对于跨境电商平台而言，直播本身的在线人数就意味着流量，和更加成熟的平台合作、与更具知名度的网红合作或将成为更加主流的方式，同时直播的内容也需要加以斟酌和推敲，从而吸引更多的用户参与其中。

（2）如何实现高效转化，并带来高销量。

直播是在做娱乐，但是"电商+直播"最重要的还是要解决销售问题。无论采取何种营销方式，跨境电商企业的目的不外乎是在增加品牌美誉度的同时带来销量。增加品牌的美誉度和曝光量也是为了提高销量。所以，直播作为一种新兴的模式，同样需要考虑如何为平台方带来销量。从目前来看，"直播+电商"的模式带来了一定的曝光量，这也意味着平台方的品牌知名度和美誉度或许有了一定程度的提升。所以在直播过程中，跨境电商平台更需要促进用户对商品的了解、增加用户对商品的兴趣，从而促使用户下单购买。作为一种新的营销模式，"直播+电商"给跨境电商带来了新的动力，但是，平台方仍需着力解决高转化、高销量的问题，包括内容层面的深入定制、增加互动成分等都是可以继续拓展的路径。

二、如何提高转化率

转化率是衡量企业说服访问者进行预想销售结果的表现，较高的转化率是任何一家跨境电商企业在作出努力后都希望得到的结果。为了实现预期的营销效果和客户满意度，企业需要提高转化率。转化率偏向市场化，是一个比较复杂的数据类型。产品展示的专业程度、商城可信任度、购物流畅程度、支付安全性等都会影响平台或店铺的转化率。如果商城流量过高但转化率过低，可能是商城用户体验出现了问题。下面介绍几种有效提高转化率的途径。

1. 优化页面内容

在网站页面内容上要考虑页面的内容是否为有用的信息，能否增加用户的停留时间。网站页面内容要有直观的视觉感，可以考虑放一些视频和图片，给用户图文并茂的感觉，能让用户清晰地了解页面内容。还要注意图片要清晰，颜色的搭配和字体的设置要合理，文字内容要段落分明，句子要简洁明了。页面的布局要合理，要把用户想了解的内容放到首页。

2. 提升网站速度

网站速度是影响用户打开网站的一个重要因素，因此如果是企业自建网站一定要保证网站打开的速度。提升网站速度需尽量减少无用的 http 请求、提升服务器的反应速度、调整好图片大小、增加服务器缓存、减少冗杂代码。

3. 提升用户体验

让用户在极短的时间内获得自己想要的信息内容是最好的用户体验，在给用户良好的引导的同时要和用户做好互动。独立电商的一个好处是可以引导用户注册成为网站会员。获取用户信息后，企业可以向目标群体定期发送短信、邮件，提醒他们查看平台的促销信息与优惠活动。双方可以通过邮件建立长期紧密的联系。另外，企业如果拥有自己的平台，要给用户提供合适并且安全的支付方式，并且有客服可以及时服务于用户。售后的作用也至关重要，周到的售后处理是提升用户体验进而提高转化率的关键。

4. 注重内容营销

很多跨境电商企业仅仅依靠产品页面来推动SEO，却忽视了人们对新奇产品和内容的追求。但是产品页面只能添加一些生动的产品描述，品牌失去了传递深度故事打动消费者的机会。内容营销通过创造、发表及推广内容，如用文章和视频来讲故事，通过故事传递好的商品，来达到吸引、互动和保留客户的目的。这些故事可以让消费者在第三方平台、网站上多停留一会，并把他们引导到自己的网站，促使他们跟朋友进行分享。做好内容营销要制订一个推文计划，提供好的内容和有用的促销折扣信息，还要检验营销效果，看哪种内容对销量提升最有效。

三、如何提高复购率

提高复购率是指针对老顾客，使其进入平台或店铺反复购买商品。每个老顾客背后对应的不是一个人，而是一个圈子。而老顾客就相当于免费的广告，相互宣传的口碑可以带来新顾客。邮件营销是性价比较高的提升用户复购率的引流方式。

1. 建立深入的互动

企业应该引导用户注册成为网站会员，获取用户的邮箱地址后，企业可以通过邮件营销与用户形成长期紧密的互动关系，有互动，用户就可能被持续转化。

2. 给会员建立档案

跨境电商企业主要的邮件营销类型有两种：系统邮件和营销邮件。用户初次访问网站后即收到欢迎和阐述会员权利的邮件，添加购物车没有下单，在1～2天内收到的提示邮件，都属于系统邮件，由邮件营销平台自动触发，在用户购物过程中进行积极引导，促使当下的转化。结合电商网站的活动、大促，进行营销邮件内容的策划、包装，锁定目标用户展开周期性的多轮攻势和转化。发送内容要与用户有高关联性，多频次推送内容不重复，转化率才会有保障。从策划的角度来说，跨境电商企业的营销人员具备专业水平，好的邮件创意和内容是可以做到的。企业只有给用户建立偏好档案，才能推送高关联度的内容。由于用户数量庞大，给会员建档、打标签，是电商网站最头疼的问题之一，但是这项工作是进行精准营销，提升转化率的基础工作，对企业来说十分重要。

3. 注重本土化营销

跨境电商企业无论做哪个国家的市场都离不开本土化营销。当地用户偏好什么样的视觉效果，邮件内容如何编排，什么时间给用户发送邮件更受用户欢迎，当地有哪些节日可以结合来做营销，等等，都需要因地制宜地制订营销计划。关注用户，关注内容，更需关注"通道"，配备优质通道，才能保证邮件快发和高送达率。熟悉当地邮件运营商制定的规则和政策，才能保证邮件系统顺利运行，否则一旦被封，连邮件都发不出去。

四、如何提高投资回报率

很多跨境电商企业已经开始选择投放线上广告，但并不是所有企业都能意识到广告投资回报率的重要性。通过分析数据合理地投放广告，能够大大降低企业成本、提高运营效率。以下介绍几种有效提高投资回报率的方法。

1. 提高广告投放效率

在提高访问量的基础上，跨境电商企业要追求广告的有效访问量，也就是广告的投放效率。较高的广告投放效率能够有效提升投资回报率。客户在有效访问企业的广告信息后会对产品产生很大兴趣，从而增加购买量，投资回报率也可以得到有效提升。

2. 保持客户黏性

保持客户黏性即提升平台的客户保持率。长期单一的活动已经不像推广阶段那样能吸引客户了，商家需要根据客户的个性化需求适当提供能让客户拥有新鲜感的产品，针对资深客户推出一系列全新的产品方案。还可以给予老客户优惠政策，如长期支持产品的奖励红包、老客户推荐新客户购买的提成奖励等。

3. 追踪转化率

追踪转化率是衡量投资回报率的重要指标。即使广告有 80% 的点击率，如果不考察追踪转化率，就无法知道广告的投资回报率。因此，商家要追踪广告的转化率，从而有针对性地提升投资回报率。

4. 后期数据统计评估

前面提到了提高广告投放效率、保持客户黏性、追踪转化率等，这些活动都需要一定的数据支撑，因此，后期数据统计评估很重要，也就是调查＋统计＋反馈＋改进，这是一个闭环，能帮助企业更直观地评价方案从建立到执行再到最后的效果。

本 章 小 结

流量是跨境电商生存的根本，要想真正地控制流量，离不开数据分析，因此数据分析对于跨境电商企业的营销与引流十分重要。分析运营、客户、营销三类比较重要的数据类型对于跨境电商企业设置引流策略至关重要：运营类数据能够帮助企业了解日常的数据变动，可以提醒运营人员及时调整产品或营销策略；熟悉客户的需求、了解客户的消费习惯是企业提高业绩的另一个关键点；企业想要提高运营效率和使客户价值最大化，就要擅长运用恰当营销手段。在跨境电商企业对各类数据进行分析的基础上，应对如何提高访问量、如何提高转化率、如何提高复购率，以及如何提高投资回报率采取具体的措施。

名词解释

1. **跳出率**：也称蹦失率，是指只浏览了着陆地页面（landing page）就离开的访问量

占进入该页面的总访问量的百分比。该指标可以衡量用户点击广告后进入页面的访问质量,也可以衡量该页面对用户的吸引力。

2. 访问到下单转化率:即跨境电商网站下单的次数与访问该网站的次数之比。

3. 客单价:是指每一个客户平均购买商品的金额,也称平均交易金额,即成交金额与成交客户数的比值。

4. 复购率:是指消费者对该品牌产品或服务的重复购买次数。复购率越高,消费者对品牌的忠诚度就越高,反之则越低。

课后思考题

1. 阐述跨境电商企业应重视数据和数据分析的原因。
2. 试分析跨境电商企业运营的目标及实现这些目标的途径。

第十一章 跨境电商仓储模式

本章概要

本章主要介绍跨境电商进出口的仓储模式。第一节介绍出口仓储模式,分为边境仓和海外仓两种。第二节介绍以综合保税物流为代表的进口仓储模式,主要对综合保税物流的含义、优缺点、业务流程等进行分析。

学习目标

- 了解进口和出口仓储模式的差异;
- 掌握边境仓和海外仓的含义及适用背景;
- 理解综合保税物流的含义及优缺点;
- 熟悉综合保税物流的业务流程。

思维导图

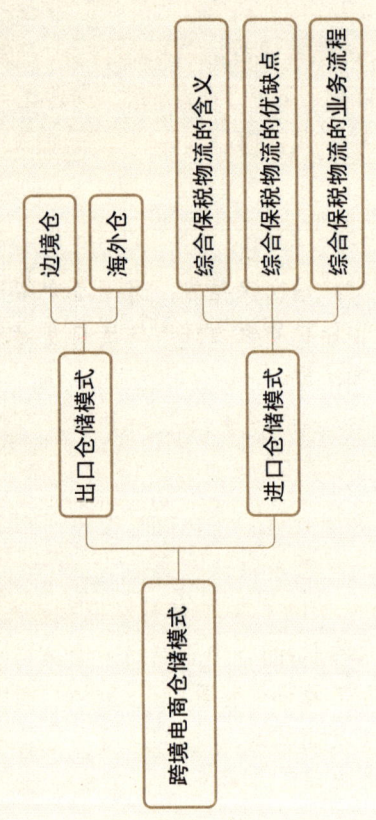

第十一章　跨境电商仓储模式

物流问题一直是跨境电商企业必须重视的核心问题，随着跨境电商的迅速崛起和发展，以及消费者对跨境电商物流水平要求的不断提升，节约物流成本、提高物流效率成为跨境电商企业在激烈竞争中制胜的关键。经营跨境电商必然涉及进口和出口两个方面。什么环节适用哪种物流方式，如何运用物流方式等问题是每个跨境电商企业必须审视的问题。因此，有必要从理论和实践上探讨跨境电商的出口仓储模式、进口仓储模式的相关问题。

第一节　出口仓储模式

现阶段，跨境电商常用的出口仓储模式分为边境仓和海外仓两种。

一、边境仓

1. 边境仓的含义

边境仓是指建在进口国边境之外且距离进口国较近的仓库，依托边境口岸和跨境物流通道，针对跨境电商建立的具有多种服务功能的仓储配送系统，是跨境电商物流的升级版。边境仓的服务包括产品的收货、分拣、质检、打码、仓储、发运等一系列服务，同时还提供多种增值服务，如产品称重、产品拍照、包裹拍照、定制化包装等。

2. 使用边境仓的原因

边境仓的形成主要基于两种动机。一是因为零散化小包货物可以少缴税甚至不缴税，因此促使出口企业将大量货物成批运至进口国边境外附近，然后根据订单分成邮政小包发到进口国。例如，根据我国的低值货物免税的规定，应纳税款不足50元的小包货物免关税。根据美国规定，不足800美元的进口小包货物免关税。因此，小包货物的价格在起征点之下这个特点推动了边境仓的形成。二是因为对零散化小包货物的管理相对于大批货物来说较松，减少了货物进入进口国的阻碍。例如，通过行邮或个人携带将小包货物带入进口国时基本没有严格的监管，因此促使企业将货物大批堆积于进口国边境外的附近区域。

边境仓对于卖家来说可以降低仓储与物流成本，卖家可以把商品全部放到边境仓中，通过系统和边境仓对接，平台前端产生订单后，将信息推送到边境仓系统，由边境仓工作人员进行货物分拣、下架、打包、发运，减少了手工操作的差错率，同时也节省了商品的国内配送时间，减少了物流配送周期的波动，避免大促期间国内物流爆仓对物流配送的影响，除此之外，大大减少了海关对于大批货物严格管理的阻碍，以及大批货物应缴纳的关税；对于买家来说，由于配送时间缩短，因此将获得更好的用户体验。这种模式比较适用于参与双方所在地是相邻的两个国家，有着共同的陆路边境的情况。

我国针对俄罗斯的跨境电商边境仓就是一个典型的例子。坐落于哈尔滨市哈南新区天池路的一栋多层建筑内，有一个面积为3 000平方米的仓库，它是我国国内首个正式运营的边境仓。我国卖家可先将货物发到哈尔滨或绥芬河边境仓,然后在交易订单达成时通知边境仓将货物发往俄罗斯,方便快捷。

在我国发展对外跨境电商边境仓之前,国外商品早已借助边境仓大量进入我国市场。从另一个角度看,也使我国丧失了一定的税收来源。因此我国的跨境电商保税备货(1210)模式应运而生。该模式下,从国外集中采购的大量商品,不再堆积在边境仓,而是存储在国内海关特殊监管区域,随后根据订单,以个人物品方式出区配送到消费者手上,保留了方便消费者的优点的同时加强了我国对大批商品进口的管理,在一定程度上减少了税收的流失。

3. 适用边境仓的产品

既然边境仓在缩减运营成本及提升客户体验方面对企业起着很大的帮助作用,那么企业该如何合理使用边境仓呢?什么样的商品更适合利用边境仓出货呢?一般来说,存放在边境仓的商品大多数是一些热销、爆款或是当下流行的服装等市场供需比较强且稳定的商品。由于通过边境仓可以监控到库存的实时变动,可以第一时间进行商品的补给,时刻掌握库存现状,避免缺货带来损失,因此边境仓适用于那种就算遇到滞销,也能通过平台营销活动进行处理,从而避免不必要的物流成本支出的商品。

4. 使用边境仓的建议

企业在选择存放边境仓的商品种类方面,初期应抱着求稳的心态,先选择一些销路稳定的商品进行存放,等到摸索出当下流行趋势和市场变化趋势,或者在了解了企业在东道国市场中的适销对路的商品时,再进行多品类商品存放。除此之外,在使用边境仓时还要注意边境仓地点的选择,要选择距离进口国较近,或者运输到进口国的物流成本较低的进口国境外区域,同时要考虑其税收管理政策及物流优势等重要因素。

二、海外仓

1. 海外仓的含义

海外仓是从事出口跨境电商的企业在国外自建或租用仓库,将货物批量发送至国外仓库,由网络外贸交易平台、物流服务商独立或共同为卖家在销售目标地提供货品仓储、分拣、包装、派送等一站式控制与管理服务,实现国外销售、配送的跨国物流形式。海外仓的本质就是将跨境贸易实现本地化,提升消费者购物体验,从而提高跨境卖家在出口目的地市场的本地竞争力。简言之,海外仓是建在进口国内部物流成本相对更低的地区,可以使大批量的货物方便集中进口到该货物集散地,之后在进口国按订单小包发至消费者手中。

海外仓功能不断完善,成中国制造出海"利器"

2. 使用海外仓的原因

(1)提升客户体验。

随着跨境电商的发展,消费者对便利、快捷的海外仓储物流的需求逐年攀升。通过海外仓,实现本地发货,大大缩短了配送时间。并且,使用本地物流一般都能在线查询货物配送状态,实现全程跟踪。此外,海外仓中备有各类商品存货,能轻松实现退换货。综上所述,海外仓给消费者带来了更好的购物体验,促使更多的消费者二次购买,从而提升销售额。下面用一则例子来说明海外仓在提升客户体验方面的作用。

eBay曾在2009年11月—2010年1月对21位参加英国仓储服务试验的中国卖家进行了调研,结果显示使用海外仓的卖家在平均浏览量、平均物品售出价格、平均售出量、平均销售总额及成交率等方面均有大幅提升,调研结果见表11-1。

表11-1 调研结果

指标	物品所在地为中国(非海外仓)	物品所在地为英国(海外仓)	整体提高百分比
平均浏览量	23次	51次	121.74%
平均物品售出价格	30.8美元	92.1美元	199.03%
平均售出量	1.41件	1.85件	31.32%
平均销售总额	43.5美元	170.4美元	291.72%
成交率	39.5%	44%	11.39%

(2)降低物流成本。

对中国的跨境电商企业来说,控制物流成本是其能否在众多跨境电商企业中脱颖而出的关键。从海外仓发货,物流成本远远低于从中国境内发货,假设在中国发DHL快递到美国,1千克货物要124元,在美国发货,1千克货物只需5.05美元。从海外仓发货,可以节省报关清关所用的时间,若是按照卖家平时的发货方式,DHL要5~7天,FedEx要7~10天,UPS要10天以上;若是在当地发货,客户就可以在1~3天收到货,大大缩短了运输时间,加快了物流的时效性。邮政大小包和国际专线物流对运输物品的重量、体积及价值有一定的限制,导致很多大件物品和贵重物品只能通过国际快递运送。海外仓的出现,不仅突破了物品重量、体积及价值的限制,而且快递费用比国际快递便宜。以某山地自行车为例,其尺寸为140厘米×70厘米×10厘米,重量为14千克。由于体积(长度和周长)的限制,其无法通过邮政渠道和专线物流进行派送,只能走国际快递和海外仓。此处引用万邑通(上海)信息科技有限公司(简称万邑通)的计算方法,费用对比如图11-1所示。

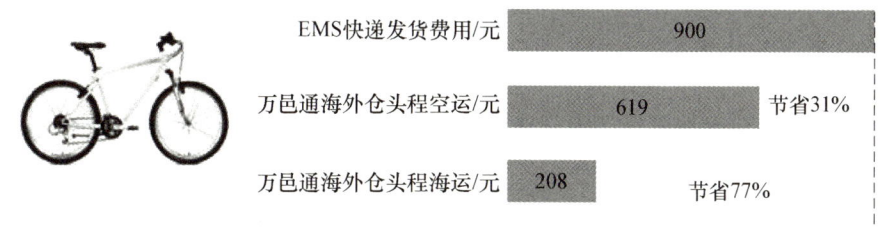

图11-1 费用对比

注:数据来源于万邑通官网,货品目的国为澳大利亚。

3. 海外仓使用流程及操作指南

卖家根据对市场的预测进行备货,然后将这些货物交给服务商。接着服务商通过海运、空运或快递等方式，将卖家的货物运送到服务商在各国的仓库。当海外买家在卖家的网站、eBay 网店或其他渠道购物后，卖家可以在服务商物流管理系统下单，填写需要配送的商品、买家的联系信息和选择本地配送方式，然后服务商根据卖家的订单要求对卖家存储在服务商海外仓的商品进行海外本地配送，最后送达海外买家手中。

海外仓具体操作指南如下。①入库（流程示意见图 11-2）：客户注册账号→确认并开通账号→建立产品信息→打印产品标签，贴在每个产品上，建立入库订单→按装箱单装箱并将装箱单贴于箱子外包装→预约上门收货→发货到海外仓→入库上架。②库存管理：卖家与服务商业务系统实现应用程序编程接口（Application Programming Interface，API）对接，科学管理库存产品信息，设置发货方式，自动抓取订单信息。③出库：买家下单→卖家在服务商业务系统建立出库订单→服务商系统接收订单→海外仓打印地址标签→从货架拣选产品→将地址标签贴在相应产品上→交给当地物流商→派送到买家手中。

图 11-2 海外仓产品入库流程示意

4. 海外仓的服务类型

对比传统的跨境商品运输流程，海外仓主要发挥其中的代收和发运两大功能。当卖家接受订单之后，通过国际运输（包括海运、空运、国际快递等方式），运送到海外仓之后，由当地的物流或快递企业到海外仓将订单货物送到消费者手中。在这个过程中，海外仓作为国际运输的重要节点，随着国际贸易进程的深入，其功能也不断丰富。

（1）代收货款功能。

由于跨国交易存在较大的风险，因此为解决交易风险和资金结算不便、不及时的难题，在合同规定的时限和佣金费率下，海外仓在收到货物的同时，可以提供代收货款的增值业务。

（2）拆箱拼装功能。

对于一般 B2C 跨境电子商务模式而言，订单数量相对较少，订单金额相对较小，频率较高，具有长距离、小批量、多批次的特点，因此为实现运输规模效应对这种零担货物实行整箱拼装业务运输。货物到达海外仓之后，由仓库将整箱货物进行拆箱，同时根据客户订单要求，为地域环境集中的客户提供拼装业务，进行整车运输或配送。对于类别比较单一、单品销量比较大的产品，也就是一些库存周期较短的热销产品，使用海外仓比较划算。

（3）保税功能。

当海外仓经海关批准成为保税仓库时，其功能和用途范围则更为广泛，还可简化海关通关流程和相关手续。同时，在保税仓库可以进行转口贸易，以海外仓所在地为第三国，连接卖方和买方国家，这种方式能够有效躲避贸易制裁。在保税海外仓内，还可以进行简单加工、刷唛等相应增值服务，能有效丰富仓库功能，提升竞争力。

（4）运输资源整合（发运）功能。

由于国际贸易 B2C 订单数量相对较小、频率较高，因此，为了将国内仓库的上游供应商资源和海外仓下游的客户资源进行更好的整合，满足物流高时效的配送要求，分别将国内仓库作为共同配送的终点、海外仓作为共同配送的起点，实现对运输资源的有效整合，实现运输的规模效应，降低配送成本。针对难以实现规模运输的产品，通过海外仓服务，一方面可以实现集中运输，有效减少运输成本；另一方面在海外通过共同配送，可以更好地搭建逆向物流的运输平台，提高逆向物流货品的集货能力，降低成本。因为，一旦逆向物流产生阻滞，将面临高额的返程费用和关税，而海外仓的建立可以在提高逆向物流速度的同时，提升客户满意度、提高客户价值。

5. 海外仓的收费标准

想要利用海外仓实现控制物流成本的目的，首先必须明确海外仓的收费标准。海外仓费用计算公式如下：海外仓费用=头程物流费+清关及税费+仓储及处理费+本地配送费。头程物流费是指货物从中国到海外仓产生的运费；仓储及处理费是指货物存储在海外仓的费用和处理当地配送时产生的费用；本地配送费是指在英国、美国、澳大利亚等国对客户商品进行配送时产生的本地快递费用。

以海外仓综合服务公司谷力拜联盟美国仓为例，其收费标准具体如下。

头程物流费：均价 30 元 / 千克（因其接收海外仓的货物都是发到他们仓库，所以他们提供拼箱服务）。订单处理费为 0.8 美元 / 单，USPS[①] 配送费（表 11-2），USPS 仓储费（表 11-3）。

表 11-2　USPS 配送费

重量 / 盎司[②]	参考公制重量 / 克	标准线路[③] / 美元
1	28	2.09
2	56	2.09
3	84	2.09
4	112	2.17
5	140	2.24
6	168	2.4
7	196	2.57
8	224	2.73
9	252	2.9
10	280	3.07
11	308	3.24
12	336	3.42
13	364	3.6

---

① 美国邮政服务（United States Postal Service，USPS）提供统一费用的盒子和信封，可以帮助电商企业降低运输成本，同时改善消费者的购物体验。
② 盎司，1 盎司 =28.349 523 125 克，常用于金银等贵金属的计量。
③ 标准线路，2~5 天送到时的美元计算价格。

表 11-3 仓储费

单件产品体积	仓储费 /（美元 / 日）	计算单位
0.001 立方米以下（含 0.001）	0.006	每件
0.001 ~ 0.02 立方米（含 0.02）	0.01	每件
0.02 立方米以上	0.6	每立方米

说明：①系统每天自动计算剩余库存所占的体积，自动扣费。②新注册用户将免 1 年仓储费。举例：以 100 个 CPU 为例，大约为 5 千克，发到海外仓，然后出了一单两个 CPU 的订单。头程物流费为 1.5 元，其他物流费为 0.8（美元）（订单处理费）+2.17（美元）（发货费）+0.65（元）（本地配送费）+0.006×2×7（仓储费，假设存储了 7 天）≈3.7（美元）=23.31（元）（假设汇率为 1 美元 =6.3 元人民币），合计 24.81（元）。

目前市面上海运头程海外仓存在较多发一送二的促销活动，大部分海外仓第一个月的仓储费是为用户免除的，即从海外仓收到客户货件开始 30 天内，货件的仓储费用全免。零仓租是不可能的，但可做到无限降低仓租。零仓租不是要客户保守发货，保守发货容易造成断货现象。而是需要客户按自身免仓租时间内的销售数量和头程发货周期计算后稳定发货。

6. 使用海外仓的注意事项

（1）海外仓库存问题。

第一批产品运到海外仓后就可以开始销售，一段时间后，分析出某个 SKU 在过去一个月或三个月的销售情况及走势，再根据预测进行补货。卖家如果发现货物卖得很好，就需要提前准备往海外仓发货。一般情况下，需要设一个库存预警值，卖家可以基于销售情况做库存分析及周期分析。如一个 SKU 平均每天销售出去 10 件，从客户下单（出库）到确认收货需要 5 天，若利用空运补货，从采购到入库要 7 天，这样一个周期就是 12 天，也就是当产品库存剩下 120 件时，卖家就要开始采购订单了。卖家也可以在其后台系统设置最低库存的警报。当后台系统显示 SKU 为红色时，卖家就该去采购了。对库存的管理有如下两种选择。

① 利用 EOQ 模型自己控制库存。

利用 EOQ 模型，通过平衡采购进货成本和保管仓储成本，算出一个总库存成本最低的最佳订货量。假设：普通产品多次订货，需求恒定，单位时间 D 件；每次订货 Q 件；订货周期 T，提前期为零；每次订货发生固定成本 K；库存持有成本 h（单位产品单位时间）；不允许缺货；计划期无限长。

$$T=Q/D$$

单位时间平均成本 = 单位时间平均订货成本 + 单位时间平均库存成本

$$=K/T+h \cdot Q/2 = K \cdot D/Q + h \cdot Q/2$$

最优解

$$Q^* = \sqrt{\frac{2KD}{h}}$$

在平衡了订货成本和库存成本之后,利用周期盘存制度下的(s, S)策略,确定一个库存预警值 s,当库存状态下降到 s 或 s 以下时订货使库存状态回到 S。满足:需求 D 服从正态分布,N(AVG,STD);L 表示订货提前期,均值为 $\overline{L}$,订货提前期标准差为 r;z 表示在显著性水平为 a,服务水平为 $1-a$ 的情况下所对应的服务水平系数。显著性水平 a,在物流计划中代表缺货率,与物流中的服务水平($1-a$,订单满足率)是对应的,显著性水平 = 缺货率 = 1- 服务水平,一般取 a=0.05,即服务水平为 0.95,缺货率为 0.05。于是,可以求得订货提前期的需求量 DL 的均值 $\overline{DL}$ 和标准差 σ_{DL}。

$$\overline{DL} = \text{AVG} \times \overline{L}$$

$$\sigma_{DL} = \sqrt{\overline{L} \times \text{STD} + \text{AVG}^2 \times r^2}$$

安全库存 ss 是指为了防止不确定性因素,为满足订货提前期需求量的波动而设置的缓冲库存。安全库存用于满足补货提前期内的需求。它与订货提前期需求量的标准差 σ_{DL} 及要求仓库达到的服务水平有关。

$$ss = z \times \sqrt{\overline{L} \times \text{STD} + \text{AVG}^2 \times r^2}$$

补货点 s 是指为了满足相应的服务水平,当达到或低于该点时,应触发补货行为。

$$s = \text{AVG} \times \overline{L} + z \times \sqrt{\overline{L} \times \text{STD} + \text{AVG}^2 \times r^2}$$

② 选择第三方海外仓公司的仓储外包服务。

现在有许多第三方海外仓公司提供现代化的仓储外包服务,有些可以集采购管理、仓储管理、订单管理、库存管理、物流配送管理于一体,完成入库质检、货物上架、库存管理、接收订单、订单分拣、订单复核、多渠道发货等所有物流环节的操作。所以跨境电商卖家可以根据需要,选择自己计算或者外包给第三方来控制库存。

(2)海外仓货物周转。

由于海外仓的操作流程是卖家事先将货物批量运至海外仓,然后等买家下订单、卖家提交订单,再从海外仓发货配送,因此海外仓的产品容易滞销。如果产品滞销,或者周转期太长会导致成本(租赁费用等)上升。卖家应该掌握货物的周转率,避免压货,因为压货不但会产生大量的库存成本,而且现在大多数海外仓的做法是压货到第三个月会被清货。

(3)海外仓的税收问题。

海外仓是不是保税海外仓,什么环节交税、税费是多少、包含哪些项目、由谁来交税,都是需要注意的问题。例如,俄罗斯海关,消费税不是由消费者承担的,海关要预收卖家 18% 的增值税,再加上正常关税,一入境的税务成本就可能已经超过 30%。因为每个国家的关税、海关操作费用不同,对海外仓的政策不同,所以海外仓的税收就不同。如果遇到海关操作费用高的国家，不大可能实现海外仓每次少量补货和快速补货，只能以大批量补货来分摊成本，海外仓的优势可能就不会显现。

此外，欧洲的增值税（value added tax，VAT）问题也不容忽视。欧洲委员会曾发布公告，某国家大量的包裹通过低价申报，以豁免VAT导致成员国财政损失惨重。这一公告致使英国政府反应强烈，当即加大监管措施力度，要求全球电商巨头亚马逊和eBay做相关配合，规定亚马逊英国站卖家必须在后台提交VAT税号，否则将不排除面临封号风险。据介绍，目前亚马逊在欧洲共有5个国家站点，包括英国、德国、西班牙、法国和意大利，各个站点的VAT税点分别是20%、19%、21%、20%和22%。

VAT适用于在英国境内产生的商品进口商业交易及服务行为，也适用于那些使用海外仓的卖家们，因为他们的产品是从英国境内发货并完成交易的。因此，VAT主要针对海外仓卖家。销售增值税和进口增值税是两个独立缴纳的税项，在商品进口到英国海外仓时要缴纳商品的进口增值税，但在商品销售时产生的销售增值税也需要缴纳。如果使用英国本地仓储进行发货，就属于英国的VAT应缴范畴。卖家需缴纳的实际VAT等于销售增值税减去进口增值税。所以如果是在英国等对VAT有明确规定的国家使用海外仓，就应该尽早找到解决方案，注册VAT并申报和缴纳税款，这样才可以合法地使用英国本地仓储发货和销售。表11-4列出了部分国家的关税计算方法和注意事项。

表11-4　部分国家的关税计算方法和注意事项

国家	税则
英国	起征点：15英镑。综合关税：VAT、DUTY（关税）、ADV（清关杂费）。VAT=［货值（向海关申报）+运费+DUTY］×20%；DUTY=货值×产品税率
德国	起征点：22欧元。综合关税：VAT、DUTY、ADV。VAT=［货值+运费（欧盟境内到目的地）+DUTY］×19%
美国	起征点：800美元。综合关税=DUTY+ADV；DUTY=货值×产品税率
澳大利亚	起征点：1 000澳元。综合关税：DUTY、GST（消费税）、ADV。DUTY=货值×产品税率；GST=［VAT货值（向海关申报）+运费+DUTY+保险］×10%

（4）不同国家清关方式不同。

针对大型跨境电商贸易，中国向来都以"一份订单对应一张报关单"的业务方式来操作，跨境电商只能以个人方式进行跨境业务的结汇。包裹主要通过各个国家和地区的邮政物流寄出，每寄一次就要报关一次，物流、申报、办理退税等成本较高。中国海关跨境电子商务监管代码"9610"，适用于个人或电子商务企业通过电子商务交易平台实现交易，并采用"清单核放、汇总申报"模式办理电子商务零售进出口商品的通关手续，但通过海关特殊监管区域或保税监管场所一线的电子商务零售进出口商品除外。

中国以往的一般贸易商品大批量入境时，要征收关税、消费税、VAT，且税率很高，而跨境电商网购保税进口征收的行邮税则低得多（行邮税是行李和邮递物品进口税的简称，是海关对入境旅客行李物品和个人邮递物品征收的进口税）。在中国，行邮清关已经成了跨境电商、海淘的主要清关模式。行邮清关需要提供收件人的身份证照片（如果和公安系统对接,则只需要提供身份证号)。行邮清关的手续简单、清关速度快、税率低,一般贸易的综合关税税率将近40%,而跨境电商只有10%,所以了解海外仓所在国家的清关方式有利于降低清关成本,提高清关效率。

(5)小包分散。

在境内关外的海外仓可以利用免税金额,将货物分割成小包发往海外仓所在地市场,从而充分利用免税金额降低成本。表11-5列出了部分国家的免税金额(起征点)。

表11-5 部分国家的免税金额(起征点)

国家	起征点	货币单位
美国	200	美元
加拿大	20	加元
英国	15	英镑
澳大利亚和新西兰	1 000	澳元
日本	130	美元
西班牙	30	美元

数据来源:http://luckylion-hongkong.com.cn/html/zui-xin-shi-chang-zi-xun/show-3800.html.〔2023-09-18〕.(表11-5中的数据仅供参考,实际以各国发布的最新数据为主)

(6)衡量仓储费和税费。

前文已经提到过,利用经济订货量模型或选择第三方管理软件,通过平衡采购进货成本和保管仓储成本,可以算出一个总库存成本最低的最佳订货量。既要保证不缺货,也要注意不要积压太多货物,造成大量仓储费用,还要知道多久补货以及每次补多少,因为涉及进出口的税费问题。最佳的方案是既保证了补货,又能最大程度利用政策优惠来降低成本。

第二节 进口仓储模式

进口仓储模式主要以综合保税物流为代表。本节将对综合保税物流的含义、优缺点、业务流程等进行分析。

一、综合保税物流的含义

综合保税物流,又称保税备货模式。保税是指经海关批准的境内企业所进口的货物,在境内指定的场所储存、加工、装配,并暂缓缴纳各种进口税费的海关监管制度。综合保税物流包含以下内容。

①**保税仓库**:是保税物流模式的核心,指专门存放经海关核准的保税货物的仓库,暂时存放之后将复运出口的货物和经过海关批准后办理纳税手续进境的货物。②**出口监管仓库**:对已办结海关出口手续的货物进行存储、保税物流配送、提供流通性增值的海关

专用监管仓库。③**保税物流中心**（A型）：既可存放出口货物又可存放进口货物，能够将运输、仓储、转口、简单加工、配送、检测、信息等环节有机结合，辐射国内外的多功能、一体化综合性保税场所。④**保税物流中心**（B型）：由多家保税物流企业在空间上集中布局的公共型场所，具有一定规模和综合物流功能，连接国内、国外两个市场的保税物流场所。海关对保税物流中心（B型）按照出口加工区监管模式实施区域化、网络化的封闭管理。⑤**狭义的保税区**：是经国务院批准设立的、海关实施特殊监管的经济区域，其功能定位为"保税仓储、出口加工、转口贸易"三大功能。⑥**保税物流园区**：在保税区与港区之间划出的专门区域，专门发展仓储和物流产业以达到吸引外资、推动区域经济发展、增强国际竞争力和扩大外贸出口的目的，它是目前我国法律框架下自由贸易区的初级形式。⑦**出口加工区**：是海关监管的特定区域，特别适合以出口为主的加工企业进入。可以进入出口加工区的企业：一是出口加工企业；二是专为出口加工企业提供服务的仓储企业；三是经海关核准专门从事加工区内货物进、出口业务的运输企业。⑧**保税港区**：发展保税物流层次最高、政策最优惠、功能最齐全、区位优势最明显的海关特殊监管区域，具备国际中转、国际配送、国际采购、国际转口贸易和出口（临港）加工等主要功能，享受保税物流园区相关政策和出口加工区入区退税政策，实现国外货物进港保税，国内货物进港退税，港区内货物自由流动。

二、综合保税物流的优缺点

保税备货模式依托保税区的特殊优惠政策，以其交易速度更快、配送时间更短的强大优势，逐渐成为跨境电商主流模式，其优点如下。

① 速度快：商品提前暂存保税区仓库，一旦消费者通过网络下单，货物便可直接从保税仓出货配送，省去货物在国际运输上的时间。② 成本低：一方面，海外集中采购降低了进口商品的采购成本；另一方面，在进口环节可以享受相关税收优惠。③ 透明化：商品进口通关、检验检疫等诸多流程完全公开透明，便于消费者进行质量监督，利于维护自身权益。

保税备货模式一直是进口电商不可或缺的模式之一，但保税备货模式也存在着以下缺点。

① 因其为备货存货模式，并且目前各平台对市场的把控不是很精确，因此进口货物备货量一直是各平台很头疼的问题，进货多了怕囤积，进货少了怕爆仓。② 保税备货模式因其对产品的数量有较高的要求，无法灵活地根据市场动态做出细节调整，因此对于新兴、量少的货物，该模式覆盖率较低。

三、综合保税物流的业务流程

综合保税物流中最主要的环节是保税货物的进出库。

1. 保税货物进库流程

（1）直接报关进区的货物操作流程。

① 保税货物进库前，货物所有人应尽可能提前将预备进保税仓库货物的发票和装箱单的复印件或传真件交给仓储部，以便仓储部经理安排仓位和相关资源。②保税货物进库时，有纸报关的，送货人须将经卡口海关工作人员确认的备案清单复印件交给仓库管理员；无纸报关的，送货人须将经卡口海关工作人员确认的放行通知书海关验放联及货主留存联及此货物的发票和装箱单交给仓库管理员。③货物抵库后，仓库管理员向送货人索要上述单证并核对货物的数量、唛头和包装是否吻合，如发现货物数量、唛头和包装有任何不符应立即上报仓储部经理并与客户联系，及时处理；如发现外包装破损，应及时联系客户，并在原地拍照取证。④货物验收完毕后，仓库管理员应将货物堆放整齐，及时填写"入库理货记录"，做好三级台账。将"入库理货记录"签字后连同单据移交给单证管理员，并将桩脚卡挂好。⑤单证管理员接到单据后，根据仓库管理员的"入库理货记录"，将数据录入海关仓储管理系统做进库处理，将单据归档。无纸报关的，还须将放行通知书海关验放联交给清关部或客户向通关科交单。

（2）先进区再报关的货物操作流程。

① 货物进库前，货物所有人应尽可能提前将预备进保税仓库货物的发票和装箱单复印件或传真件交给仓储部，以便仓储部经理安排仓位和相关资源。②货物进库时，送货人在海关卡口须填写"非保税货物进区登记单"，详细填写入库货物的品名、数量、重量、金额及核销单号等，经卡口海关工作人员核对签字，盖章带回。③货物抵达仓库后，仓库管理员凭送货人带回的经卡口海关工作人员核对签字并盖章的"非保税货物进区登记单"收货（无此凭证仓库管理员有权拒收此货），核对无误后填写"入库理货记录"，连同"非保税货物进区登记单"交给单证管理员。④单证管理员接到"入库理货记录"和"非保税货物进区登记单"后，将"非保税货物进区登记单"和相关报关资料交给指定的报关公司报关。⑤报关完毕后，单证管理员在收到海关电子数据后，根据"入库理货记录"比对海关电子数据，如数据一致，在海关保税仓储系统中做进库处理；如数据不一致，须在查明原因后再处理，否则不做进库处理。进库后单证管理员须打印进库清单，传真进库清单给客户后与正本进境备案清单一体归档。⑥仓库管理员将桩脚卡挂好，填写入库台账。

2. 保税货物出库流程

① 根据客户传来的数据，录入海关仓库管理系统生成出库提货单，交给客户或报关员报关。②报关完毕后，将提货单及报关单原件等交回仓储部，单证管理员将报关单号输入海关保税仓储系统后，发送电子数据给海关，并接收海关电子放行通知。③接到客户货物出库指令后，仓储部经理按此指令制作出库通知，将出库通知交给仓库管理员，由仓库管理员按出库通知要求，组织叉车驾驶员和仓库出货人员，将待发货物挑选出来并摆放在待发区或装到指定的承运工具上。④货物装上指定承运工具，收货人对货物数量及包装情况签署意见，仓库管理员将收货人证件复印件、客户货物出库指令、仓储部经理制作的出库通知和收货人的收货意见表一起交给单证管理员，单证管理员根据上述资料，将出库数据录入海关保税仓储系统，并生成已核对通过的出库提货单，交给收货人。⑤收货人到仓

库提货所需材料包括：海关盖放行章的提货单（仓库核销联）等海关放行单证（已提供的不再提供）；客户正本出库指令或与仓储合同所示委托方传真号一致的传真件正本的出库指令；与出库指令一致的收货人身份证明原件。否则，仓库不予发货。⑥仓库管理员在收货人提货后，登记桩脚卡，填写出库台账。

3. 保税备货模式主体责任

保税备货模式的运作涉及收货人、发货人、代理人、保税仓经营人、海关等主体，以下引用《中华人民共和国海关总署令》（第105号）文件，来说明保税备货模式下各主体的责任。

关于货物的相关规定如下。①保税仓储货物可以进行包装、分级分类、加刷唛码、分拆、拼装等简单加工，但不得进行实质性加工。②保税仓储货物未经海关批准，不得擅自出售、转让、抵押、质押、留置、移作他用或进行其他处置。③下列保税仓储货物出库时依法免征关税和进口环节代征税：用于在保修期限内免费维修有关外国产品并符合无代价抵偿货物有关规定的零部件，用于国际航行船舶和航空器的油料、物料；国家规定免税的其他货物。④保税仓储货物存储期限为1年。确有正当理由的，经海关同意可予以延期；除特殊情况外，延期不得超过1年。

关于货物出库的相关规定，下列情形的保税仓储货物，经海关批准可以办理出库手续，海关按照相应的规定进行管理和验放：①运往境外的；②运往境内保税区、出口加工区或者调拨到其他保税仓库继续实施保税监管的；③转为加工贸易进口的；④转入国内市场销售的；⑤海关规定的其他情形。此外，出境货物出境口岸不在保税仓库主管海关的，经海关批准，可以在口岸海关办理相关手续，也可以按照海关规定办理转关手续。

4. 保税仓库的注意问题

（1）各平台应对市场有精确把控。

由于现阶段各平台对市场的把控不是很精确，因此一定要对自身的销量有清楚的认识，在进口货物时把握好度的问题，防止缺货和爆仓，避免产生不必要的费用。

（2）适应政策变化并分散风险。

近几年，国务院及地方政府虽大力支持跨境电子商务发展，但相关政策措施主要集中于国务院的政策指导性意见、海关及国家市场监督管理总局的规范性文件等，缺乏法律和行政法规等上位法支撑。政策走向可能随时会发生变化，因此，企业在布局的时候可以考虑多种方式（如海外仓）来分散风险。

（3）明确产品质量安全主体责任。

保税备货的产品所有权在进入保税区时往往不发生转移，仍属于国外企业。一旦产品产生质量安全问题，在对电商平台的连带责任尚未十分明确，行政执法管理部门很可能在找不到国外责任人的情况下追责国内的跨境电商企业，因此，国内跨境电商企业应当与国外企业就货物的质量安全问题追责方面签订明确协议，以保证自身权益。

第十一章　跨境电商仓储模式

本 章 小 结

物流问题一直是跨境电商企业必须重视的核心问题，随着跨境电商的迅速崛起和发展，消费者对跨境电商物流水平的要求不断提升，节约物流成本、提高物流效率成为跨境电商企业在激烈竞争中制胜的关键。经营跨境电子商务必然涉及进口和出口两个方面，现阶段跨境电商常用的出口仓储模式分为边境仓和海外仓两种。边境仓是建在进口国边境之外且距离进口国较近的仓库，依托边境口岸和跨境物流通道，针对跨境电商建立的具有多种服务功能的仓储配送系统；海外仓是从事出口跨境电商的企业在国外自建或租用仓库，将货物批量发送至国外仓库，由网络外贸交易平台、物流服务商独立或共同为卖家在销售目标地提供货品仓储、分拣、包装、派送等一站式控制与管理服务，实现国外销售、配送的跨国物流形式。进口仓储模式主要以综合保税物流为代表。保税是指经海关批准的境内企业所进口的货物，在境内指定的场所储存、加工、装配，并暂缓缴纳各种进口税费的海关监管制度。综合保税物流有其优缺点和相应的业务流程。

名词解释

1. **边境仓**：是建在进口国边境之外且距离进口国较近的仓库，依托边境口岸和跨境物流通道，针对跨境电商建立的具有多种服务功能的仓储配送系统，是跨境电商物流的升级版。边境仓的服务包括产品的收货、分拣、质检、打码、仓储、发运等一系列服务，同时还提供多种增值服务，如产品称重、产品拍照、包裹拍照、定制化包装等。

2. **海外仓**：是从事出口跨境电商的企业在国外自建或租用仓库，将货物批量发送至国外仓库，由网络外贸交易平台、物流服务商独立或共同为卖家在销售目标地提供货品仓储、分拣、包装、派送等一站式控制与管理服务，实现国外销售、配送的跨国物流形式。海外仓的本质就是将跨境贸易实现本地化，提升消费者购物体验，从而提高跨境卖家在出口目的地市场的本地竞争力。

3. **综合保税物流**：又称保税备货模式。保税是指经海关批准的境内企业所进口的货物，在境内指定的场所储存、加工、装配，并暂缓缴纳各种进口税费的海关监管制度。综合保税物流包含以下内容：保税仓库、出口监管仓库、保税物流中心、狭义的保税区、保税物流园区、出口加工区、保税港区等。

课后思考题

1. 解释边境仓和海外仓的概念，并分析两种模式的异同。
2. 阐述进口仓储模式中最主要的综合保税物流模式。

第十二章 跨境电商企业成本控制

本章概要

本章主要介绍跨境电商企业成本控制,由于自造型跨境电商企业的成本链最长,所以以自造型跨境电商企业为例阐述其采购成本、生产成本、营销成本、物流成本、支付成本、质量成本和财务成本。

学习目标

- 理解成本的概念;
- 掌握成本结构中采购成本、生产成本、营销成本、物流成本、支付成本、质量成本和财务成本的内涵。

第十二章　跨境电商企业成本控制

思维导图

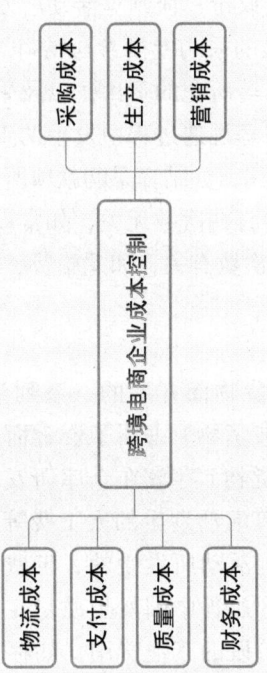

第一节 采购成本

采购成本是指自造型跨境电商企业为生产产品需要，组织相关人员开展采购活动而发生的各项费用，具体包括订购成本、维持成本、缺料（或缺货）成本三大部分。

一、订购成本

订购成本是指自造型跨境电商企业为了完成某次采购而进行的各种活动的费用，如采购人员的办公费、差旅费、邮资和通信费等。这些费用具体包括：请购手续费用，因请购活动发生的人工费、办公用品费，以及存货检查、请购审查等活动所发生的费用；采购询议价费用，因供应商调查、询价、比价、议价、谈判等活动所发生的通信费、办公用品费、人工费等；采购验收费用，负责采购事项的采购专员参与物料（或货物）验收所花的人工费、差旅费、通信费、检验仪器、计量器具等所花的费用，以及采购结算所花的费用等；采购入库费用，入库前的整理挑选费，包括整理挑选过程中发生的工费支出和必要的损耗损失；其他订购成本，发生在订购阶段的其他费用，如结算采购款项所发生的费用。

在订购成本中，一部分成本与订购次数无关，如常设的采购部的基本开支等，称为订购的固定成本；另一部分成本与订购次数有关，如差旅费、通信费等，称为订购的变动成本。

二、维持成本

维持成本是指为保有物料或货物而开展的一系列活动所发生的费用。这些费用具体包括：存货资金成本，因物料（或货物）占用了资金而使这笔资金丧失使用机会所产生的成本；仓储保管费用，物料（或货物）存放在仓库而发生的仓库租金、仓库内配套设施费用，以及因仓库日常管理、盘点等活动发生的人工费等；装卸搬运费，因仓库存有大量物料（或货物）而增加的装卸、搬运活动所发生的人工费、搬运设备费等；存货折旧与陈腐成本，物料（或货物）在维持保管过程中因发生质量变异、破损、报废等情形而发生的费用；其他维持成本，发生在维持阶段的其他费用，如存货的保险费用等。

与订购成本相似，维持成本也可分为固定成本和变动成本。维持的固定成本与存货数量的多少无关，如仓库折旧、仓库员工的固定月工资等；维持的变动成本与存货数量有关，如存货资金、物料的破损和变质损失、物料的保险费用等。

三、缺料（或缺货）成本

缺料（或缺货）成本是指因采购不及时而造成物料或货物供应中断所引起的损失，包括停工待料损失、延迟发货损失和丧失销售机会损失（还应包括商誉损失）等。这些费用具体包括：安全库存及其成本，企业因预防需求或提前期方面的不确定性而保持一定数量的安全库存所发生的费用；延期交货及损失，因缺料（或缺货）而延期交货所发生的特殊订单处理费、额外的装卸搬运费、运输费及相应的人工费等；失销损失，因缺货致使客户转向购买其他产品而导致企业所受的直接损失；失去客户的损失，因缺货而失去客户，也就是说，客户永久地转向另一家企业。

第二节 生产成本

生产成本主要由直接材料费用、直接人工费用和制造费用三部分构成，其中制造费用包括间接材料费用、间接人工费用和其他制造费用等。

一、直接材料费用

直接材料，包括生产经营过程中实际消耗的原材料、辅助材料、备品配件、外购半成品、直接燃料和动力、包装物，以及其他直接材料。返回废品损失，因质量原因由质检部门判定由下步工序转回的，应由本工序承担费用损失。

二、直接人工费用

直接工资，包括公司直接从事产品生产人员的工资、奖金、津贴和补贴。其他直接支出，包括直接从事产品生产人员的福利费等。

三、制造费用

制造费用，包括公司各个生产车间为组织和管理生产所发生的生产车间管理人员工资、员工福利费、修理费、办公费、水电费、加工费、机物料消耗、劳动保护费、低值易耗品摊销、差旅费、折旧费、运杂费、托运保管费、交通费、电话费、保险费、检定费、计量费、维护费、工装费及其他制造费用。

下列支出不列入生产成本。

① 为购置和建造固定资产、购入无形资产和其他资产的支出；②对外投资的支出；③被没收的财物；④各项罚款、赞助、捐赠支出；⑤国家规定不得列入成本、费用的其他支出。

下列收入不得冲减生产成本。

① 规定应列入营业外收入的各项收入；②固定资产变价收入；③外销材料、废次品等发生的收入；④按规定应直接上缴财政的各种罚款收入；⑤按规定不应该冲减生产成本的其他收入。

第三节 营销成本

跨境电商的营销方式主要有搜索引擎营销、第三方平台营销、社交媒体营销、邮件营销和直邮广告等方式，各种营销方式的付费规则存在差异。

一、搜索引擎营销

搜索引擎营销（search engine marketing，SEM）。SEM 的基本思想是让用户发现信息，并通过搜索点击进入网页进一步了解所需要的信息。在介绍搜索引擎策略时，一般认为，搜索引擎优化设计目标主要有两个层次：被搜索引擎收录和在搜索结果中排名靠前。简单来说，SEM 所做的就是以最小的投入在搜索引擎中获得最大的访问量并产生商业价值。SEM 的方法包括 SEO、付费排名，以及付费收录，其成本主要包括以下几类。

1. 建立并优化企业网站成本

搜索引擎推广方法与企业网站密不可分，一般来说，搜索引擎推广作为网站推广的常用方法，在企业没有建立网站的情况下很少被采用（有时也可以用来推广网上商店、企业黄页等），搜索引擎推广需要以企业网站为基础，企业网站设计的专业性对网络营销的效果会产生直接的影响。

跨境电商建立并优化网站，自行搭建服务器和销售平台需要的成本主要包括以下几个方面。①前期准备费用，即网站的前期策划、准备等相关费用，具体包括办公场所的设备投入、网站的策划费用、网站许可准备费用（如申请各种网站许可认证的费用）、网站开发运营人员的招募费用等；网站硬件费用，包括网站的服务器、防火墙、带宽等硬件购买和配置费用，开发场所和设备的购置费用等。②程序开发费用，具体包括网站界面设计人员的相关工资、网站程序开发人员的工资、开发的行政成本、网站测试的费用等，设计人员具体包括网站美工、代码程序员、主力程序员、架构和产品人员。③网站推广及优化费用，具体包括：支付给可以优化网站设计，使网站不仅可以展示产品细节还可以体现公司的专业性、品质、市场定位和品牌形象的文案人才、策划人才、运营人才的费用；聘请专业的网络安全专家确保网站安全的费用；根据跨境贸易特点，企业需要在不同的国家和地区设立服务器并实现多个服务器的数据同步，这也相应产生了在不同国家和地区建立网站的固定收费费用、网站的日常运营和技术团队的人工费用、掌握当地语言并熟悉当地文化的网站营销策划团队的人工费用。

2. 付费搜索和竞价排名成本

付费搜索是指网站付费后才能被搜索引擎收录，付费越高者可能排名越靠前；竞价排名是指由客户为自己的网页购买关键词排名，按点击量计费的一种服务。客户可以通过调整每次点击付费的价格，控制自己在特定关键词搜索结果中的排名并可以通过设定不同的关键词捕捉到不同类型的目标访问者。

付费搜索成本的计算公式为

$$付费搜索成本 = 关键词系列 \times 每个关键词系列的关键词数量 \times 每个关键词实际消耗价格$$

3. 搜索引擎优化成本

SEO 是指通过采用易于搜索引擎索引的合理手段，使网站各项基本要素适合搜索引擎检索原则并且对用户更友好，从而更容易被搜索引擎收录及优先排序。通过 SEO 能够使尽可能多的网页被搜索引擎收录,并在搜索引擎自然结果中排名靠前,最终达到网站推广的目的。

搜索引擎优化成本计算公式为

搜索引擎优化成本 = 产品线数量 × 单一产品线需要优化的网页数量 × 单个网页的优化成本

4. 在搜索引擎上展示广告的成本

购买关键词广告,即在搜索结果页面显示广告内容,实现高级定位投放,用户可以根据需要更换关键词,相当于在不同页面轮换投放广告。在网站上投放的广告的成本划分为两部分。一是广告制作成本。跨境电商企业可以自己设计制作广告,这种方式产生的成本包括:购买关键词广告投放权利的费用、撰写广告文案的人工成本、广告页面设计人工成本。跨境电商企业也可以请广告媒体公司设计制作广告,这就产生了支付给广告媒体公司的设计费用。二是支付给网站的广告投放成本。这种方式下广告商的收费方式有很多不同的标准,主要有:千人成本(cost per thousand impressions,CPM)、每次点击成本(cost per click,CPC)、每回应成本(cost per response,CPR)、每购买成本(cost per purchase,CPP)、每条数据收费(cost per lead,CPL,即以搜集潜在客户名单多少来收费)、每销售成本(cost per sale,CPS,即以实际销售产品数量来换算广告刊登金额等方式)、有效播放成本(cost per vision,CPV)、每次行动成本(cost per action,CPA,即根据每个访问者对广告所采取的行动计算广告费用)、按时长付费(cost per time,CPT)。其中,CPM方式最为流行且使用最为广泛。

5. 人工成本

人工成本包括管理人员成本、网站建立与优化人员成本、搜索引擎优化人员成本、付费搜索引擎人员成本、广告设计制作人员成本。

二、第三方平台营销

跨境电商企业的第三方平台营销,是指跨境电商企业不是通过自建网站的方式进行营销,而是通过入驻 eBay、亚马逊、速卖通等跨境电商平台,在平台上注册开店、销售产品的一种营销方式。通过第三方平台进行营销所需的成本主要有:平台使用费、年费、刊登费、成交费、佣金,以及在第三方平台上展示广告的费用等。不同的跨境电商平台对卖家的收费标准不同,下面以几家规模较大的跨境电商平台为例来介绍跨境电商企业在第三方平台营销会产生哪些费用。

1. eBay 收费项目

任何年满 18 岁的人都可以在 eBay 注册开店,销售自己的产品,一个账户即可在全球 38 个交易平台通用。

eBay 收费项目主要有以下几个。①刊登费:在 eBay 刊登物品所收取的费用;②成交费:物品成功售出时收取一定比例的成交费;③功能费:在物品刊登中添加特色功能,但需缴纳相应的功能费（不使用不缴费）；④月租费：开设店铺来出售物品，但需缴纳相应的店铺月租费（不使用不缴费）。

2. 亚马逊全球开店项目

入驻亚马逊的卖家必须是在中国本土注册的企业，且需要具备销售相应商品的资质。从开始注册登记到审核，到账号注册完成整个过程大概在1个月。亚马逊全球开店的收费模式是平台无押金、无年费、无平台使用费，按实际销售额（商品售价＋配送费）收取佣金，即无销售无佣金。

3. 速卖通在线交易平台

速卖通于2010年4月上线，起初平台费用收取模式是开店免费，每销售一件商品就要收交易额5%的费用。从2016年开始，速卖通提高了进入门槛，只允许企业卖家入驻平台，且按照商品大类向平台店铺收取不同水平的技术年费。贵珠宝、电子烟及国际品牌，开店需要缴纳保证金。此外，平台采取搜索排名机制，商品在速卖通平台搜索页面的排序包含多种因素，主要包括商品的信息描述质量、商品与买家搜索需求的相关性、商品的交易转化能力、卖家的服务能力、搜索作弊的情况。因此，卖家如果想让自己的店铺和商品在搜索中排名靠前，必须投入相应的人力、物力维护和改善这些影响搜索排名的指标，这也造成了相应的成本增加。

4. 敦煌网外贸平台

敦煌网外贸平台的收费模式：敦煌网将采用统一佣金率，实行"阶梯佣金"政策，即当单笔订单金额达到200～300美元时，平台佣金率降为4.5%；当未达到时，平台佣金率为8%～12%。

三、社交媒体营销

随着Meta、Twitter等社交网站的出现和发展，企业开始踏入互动式的关系导向型营销时代。跨境电商企业在社交媒体营销上投入的成本主要由两部分构成。一部分是人工成本，主要包括社交网站页面设计的人工费用、定期更新发帖的人工费用、粉丝页运维的人工成本，以及处理客户投诉或建议的人工费用等。社交媒体营销的核心思想是企业与客户之间互动式的关系导向型营销，因此，主页设计、发帖、粉丝页运维和处理客户投诉或建议这些环节都至关重要，为做好这些重要环节，投入的人工成本是必不可少的。另一部分是跨境电商企业在社交网站上投放广告的成本。跨境电商企业在社交网站上投放广告的成本包括设计制作广告的成本和支付给社交网站的广告投放成本。一般做跨境电商的企业都会在Meta、Twitter、YouTube等社交网站上投入广告费。通过多样化、全方位的广告投放，信息流图片、动态广告、视频广告、轮播链接广告等多种形式实现跨平台展示，辅以优秀的创意和素材，有效实现跨屏投放无缝衔接，将产品信息准确传递给目标客户。在不同的社交媒体平台（网站）上投放广告，收取的费用也不相同，因此，跨境电商的广告投入成本要依据实际使用的社交媒体平台的收费标准而定。

四、邮件营销

邮件营销是指通过邮件进行产品信息和企业活动的宣传。邮件营销的流程包括目标客户细分、目标客户邮件收集、制订发送内容、发送内容、接收邮件反馈信息、回复解决方案。邮件营销的成本主要包括：从订阅邮件到发送的全套功能的开发成本，积累邮件订阅者的时间成本，目标客户细分、目标客户邮件收集、邮件内容编辑、维护的人工成本，购买第三方的系统和许可邮件地址成本，等等。

邮件营销的前提是许可，未经许可的邮件营销归为垃圾邮件。许可邮件营销的费用主要来自两个方面。一方面是邮件列表运营商的邮件发送成本，发送成本与邮件发送技术密切相关。目前的发送技术有走绿色通道的安全发送模式和自行发送的分布式发送模式两种。从长远来看，绿色通道的安全发送模式终将成为邮件营销发送的主流技术。这是因为自行发送的分布式发送模式从商业层面上看始终与大型公网邮箱服务商形成利益上的对抗。通过绿色通道发送邮件的成本一般在 0.05～0.10 元/份，实际价格取决于发送量。另一方面是广告商的广告成本。鉴于目前中国邮件营销市场尚不完善，邮件营销的广告成本也在 0.05～0.10 元/份。随着市场的成熟，邮件营销的收费模式将与搜索引擎点击付费（pay-per-click，PPC）广告一致，广告主将按实际点击量支付费用。

五、直邮广告

直邮广告即直接邮寄广告，是指通过邮寄、赠送等形式，将宣传品送到消费者手中。直邮广告按内容和形式划分，可分为优惠赠券、样品目录、单张海报等；按传递方式划分，可分为报刊夹页、根据客户名录寄送信件、雇佣人员进行配送。直邮广告涉及的成本主要包括清单租用成本、宣传材料制作成本和邮寄成本三部分。

1. 清单租用成本

这里的清单主要是用来划分企业品牌和产品的受众群体，找出直邮广告的邮寄对象。如果清单来自外部，就需要购买或租用清单。为了保持对数据清单的独享性，数据提供商一般采用出租方式。清单的所有者用虚设的名字巧妙地保护清单并且监督清单的用途。在国内清单租用行业刚刚开始，数据出租价格不是非常透明，根据数据的性质、类别和数据所含信息量的多少和价值，价格在 0.5～3 元/条，一些特殊的选择会大大提高租用价格，有些甚至达到 10 元/条左右。

2. 宣传资料制作成本

直邮广告的宣传资料主要有信函、明信片、说明书、册子、目录、样本、回购单、企业刊物等。企业选择不同类型的宣传资料组合时，制作费用也会不同。

3. 邮寄成本

根据邮寄方式不同，邮寄成本也不同。一是选择报刊夹页的方式，则需要支付邮政期刊或其他期刊的刊登费用。二是选择信件寄送的方式，信件寄送成本主要包括信封、标签打印费、分装费及邮费。信封由于其制作材料、大小等的不同，价格差异也会比较大，企业可以根据自己的情况进行选择；标签打印费、分装费基本在每一份 8 分左右；邮费根据发送渠道不同，价格也不一样。三是选择雇佣人员进行配送的方式，则需要支付人工费用、差旅费、路费等。

第四节 物流成本

物流成本是指企业从原材料供应开始直至将商品送至用户手中所发生的全物流费用，具体包括产品在包装、装卸、运输、储存、流通加工等物流活动中所支出的人力、财力、物力之和。

一、物流成本的组成

跨境电商企业的物流成本主要包括仓储成本、物流运输成本、装卸搬运成本、包装成本和物流信息及管理费用。

1. 仓储成本

仓储成本是指建造、购买或租赁仓库设施设备的成本和各类仓储作业带来的成本。仓储成本可以分为国内仓储成本和海外仓储成本。

（1）国内仓储成本。

国内仓储成本的构成包括以下几个方面。①资金占用成本：占用资金支付的银行利息。②仓储维护成本：与仓库有关的租赁、取暖、照明、设备折旧、保险费用和税金等费用。③仓储运作成本：与货物出入仓库有关的装卸搬运费用、分拣成本，以及仓储管理系统建设成本。④仓储风险成本：由于企业无法控制而造成的库存货物贬值、损坏、丢失和变质等成本。

（2）海外仓储成本。

海外仓储成本的构成包括以下几个方面。①头程费用：货物从中国到海外仓库产生的运费。②仓储及处理费：客户货物存储在海外仓库和处理当地配送时产生的费用。③本地配送费：在海外当地国家对客户商品进行配送时所产生的快递费。

海外仓储成本计算公式为

$$海外仓储费用 = 头程费用 + 仓储及处理费 + 本地配送费$$

2. 物流运输成本

物流运输成本的构成包括以下几个方面。①国内物流资金成本：采购地邻近货代地，尽量一次性多采购。②国际物流资金成本：广撒网，选择优秀的货代公司。③边际资金成本：如赠品和赠品重量，采购退换货邮费。④时间成本：国内物流时间成本和国际物流时间成本。⑤客服成本：客服人员人力成本。⑥店铺信誉成本。

3. 装卸搬运成本

装卸搬运成本是指物品在装卸搬运过程中所支出的费用总和，具体包括以下几个方面。①人工费用：支付给装卸机械司机、助手和装卸工人的工资、津贴及相关福利费。②燃料和动力费用：装卸机械在运行和操作过程中所消耗的燃料（如汽油、柴油）和动力（如电力、蒸气）费用。③轮胎损耗费用：装卸机械领用的外胎、内胎、垫带及外胎翻新费用和零星修补费用。④保养修理费用：为装卸机械工具进行保养、大修、小修所发生的料、工、油料等费用。⑤资产折旧费：按规定计提的装卸机械折旧费；⑥低值易耗品费用：装卸搬运过程中所领用的随机工具、劳保用品和消耗性工具。

4. 包装成本

包装成本是指企业为完成货物包装业务而发生的全部费用，包括以下几个方面。①运输包装材料费：各类物资在实施包装过程中耗费的材料费。②运输包装人工费：向实施包装作业的工人或专业作业人员发放的计时工资、计件工资、奖金、津贴和补贴等各项费用支出。③包装机械设备费：包装过程中所使用包装机械（或工具）的购置费、日常维护保养费，以及每个会计期间终了时计提的折旧费。④包装技术费：为了更好地实现包装的功能，对货物实施缓冲包装、防潮包装、防霉包装等技术所支出的费用。⑤其他包装费：除上述主要费用以外所发生的一些其他包装辅助费用，如包装标记、包装标志的印刷费，拴挂物所产生的支出等。

5. 物流信息及管理费用

物流信息费用包括企业物流信息系统建设费、运营维护费及其他杂费。物流管理费用包括企业在物流管理工作中所产生的差旅费、会议费、业务招待费等。

二、物流成本的控制

物流成本的控制方法主要有：尽可能一次多采购，节省国内邮费；找到一手货代公司，确保物流安全以及价格低廉；在不同城市寻找货代公司，了解各个国家的直封地，合理选择商品采购地址；针对不同情况选择不同的国际物流方式；实时跟踪货物国内物流，避免货物到达货代公司却没有发货的情况发生；给货代公司提供一体化面单；实时跟踪货物国际物流；比较不同货代公司的工作效率，选择工作效率高的货代公司。

第五节 支付成本

跨境支付主要有两大类：一是网上支付，包括电子账户支付和国际信用卡支付，适用于跨境网络零售；二是银行汇款，适用于大金额跨境支付。下面按照网上支付与银行汇款两类支付类型，介绍跨境电商在使用不同支付方式收汇款时所产生的费用，以及各支付方式的适用范围，详见表12-1和表12-2。

表 12-1　网上支付各支付方式的费用及适用范围

支付方式	费用	适用范围 / 特点
PayPal	费率 2.9% ~ 3.9%，无开户费及使用费，每笔收取 0.3 美元银行系统占用费，提现每笔收取 35 美元手续费，如果是跨境支付每笔额外收取 0.5 美元的跨境费	适用跨境电商零售行业几十到几百美元的小额交易
信用卡	收款费用高，需预存保证金	从事跨境电商零售的平台和独立 B2C
CashPay	费率 2.5%，无开户费及使用费，无提现手续费及附加费	安全、快速、费率合理，符合 PCI DSS[①] 规范，是一种多渠道集成的支付网关
Moneybookers	提现会收取少量费用	通过 Moneybookers，用户可使用超过 50 种支付方式在全球速卖通上支付货款
Payoneer	费用不高，电汇设置单笔封顶价，人民币结汇费率不超过 2%	提供多类型账户，合作的跨境平台多，适用于单笔资金额度小，但是客户群分布广的跨境电商卖家

表 12-2　银行汇款各支付方式的费用及适用范围[①]

支付方式	费用	适用范围
电汇	买卖双方各自承担所在地的银行费用	传统的 B2B 付款模式，适合大额交易
西联汇款	手续费由买家承担	10 000 美元以下的小额支付
Money Gram 速汇金	收取手续费。单笔速汇金最高汇款金额不得超过 10 000 美元，每天每个汇款人累计汇出的最高限额为 20 000 美元	个人间的环球快速汇款业务
香港离岸公司银行账户	接收电汇无额度限制，不同货币之间可自由兑换	适合已有一定交易规模的卖家

第六节　质量成本

质量成本，是指企业为确保或提高产品质量而发生的费用，以及没有达到满意的质量所造成的损失，一般可分为由内部运行发生的质量费用和由外部活动发生的质量费用，具体包括质量预防成本、鉴定成本、内部损失成本和外部损失成本。

---

① 支付卡行业数据安全标准（Payment Card Industry Data Security Standard，PCI DSS）是由支付卡行业组织联合制定的一套安全标准，是专门针对支付系统安全领域制定的行业规范，旨在保障持卡人的数据安全。

一、质量预防成本

企业为了防止产品质量水平低于某一所需水平或提高现有质量水平,而开展的预防活动和采取各种预防措施所发生的费用。

二、鉴定成本

鉴定成本是指为了评定产品是否符合规定的质量而要求支付的费用。评定内容包括原材料检验、过程检验、产品检验和试验,各部分分项和产品全面完工后的验收,以及为进行质量评定而发生的一切费用,也包括检验、试验设备的折旧费、人工工资等。

三、内部损失成本

内部损失成本是指产品在生产过程中因质量问题而发生的损失,包括产品在生产过程中出现的某些缺陷所造成的损失,以及为弥补这些缺陷而发生的费用。

四、外部损失成本

外部损失成本是指产品出厂后,因产品质量缺陷而引起的一切费用支出。

第七节 财务成本

财务成本是指企业为筹集生产经营所需资金等而发生的费用,包括企业生产经营期间发生的利息支出(减利息收入)、汇兑损失(减汇兑收益)、金融机构手续费,以及其他相关费用。

一、利息支出

利息支出是指企业短期借款利息、长期借款利息、应付票据利息、票据贴现利息、应付债券利息、长期应付引进国外设备款利息等利息支出(除资本化的利息外)减去银行存款等利息收入后的净额。

二、汇兑损失

汇兑损失是指企业因向银行结售或购入外汇而产生的银行买入、卖出价与记账所采用的汇率之间的差额,以及月度(季度、年度)终了,各种外币账户的外币期末余额,按照期末规定汇率折合的记账人民币金额与原账面人民币金额之间的差额。

三、金融机构手续费

金融机构手续费是指发行债券所需支付的手续费(需资本化的手续费除外)、开出汇票的银行手续费、调剂外汇手续费,以及企业得到其他金融服务需支付的手续费等,但不包括发行股票所支付的手续费。

四、其他相关费用

其他相关费用包括企业发生的现金折扣、融资租入固定资产发生的融资租赁费用、为了筹集资金而负担的担保费等。

注：利息支出这项指标应填报企业利息的总支出，而不是企业会计报表上的利息净支出。其他相关费用中的担保费，若是企业给其他单位做担保时所发生的费用应计入管理费用，而不应计入财务费用。

当然，除上述七个在跨境电商实际运营过程中所产生的主要的成本，还可能涉及人力资源成本、日常运营所产生的水电费、管理费等。本章在此不进行详述。

本 章 小 结

按照经营模式及业务范畴等的不同，可以将跨境电商分为自造型跨境电商企业、囤积型跨境电商企业和跨境电商代运营企业。由于自造型跨境电商企业的成本链最长，基本涵盖后两者的情形，因此本章以自造型跨境电商企业为例阐述其成本结构，主要由七个部分组成，分别是采购成本、生产成本、营销成本、物流成本、支付成本、质量成本和财务成本。

名词解释

1. **采购成本**：指自造型跨境电商企业为生产产品需要，组织相关人员开展采购活动而发生的各项费用，具体包括订购成本、维持成本、缺料（或缺货）成本三大部分。

2. **物流成本**：指企业从原材料供应开始直至将商品送至用户手中所发生的全物流费用，具体包括产品在包装、装卸、运输、储存、流通加工等物流活动中所支出的人力、财力、物力之和。

3. **质量成本**：指企业为确保或提高产品质量而发生的费用，以及没有达到满意的质量所造成的损失，一般可划分为由内部运行发生的质量费用和由外部活动发生的质量费用，具体包括质量预防成本、鉴定成本、内部损失成本和外部损失成本。

课后思考题

试分析跨境电商企业的成本结构。

第十三章 跨境电商代运营

本章概要

本章的主题是跨境电商代运营,主要介绍了跨境电商代运营的发展背景、概念、业务环节、种类、收费模式、企业的组织结构,以及跨境电商代运营企业的职责分配,对跨境电商代运营企业的选择,联合运营九部分内容。

学习目标

- 了解跨境电商代运营的发展背景;
- 掌握跨境电商代运营的概念;
- 了解跨境电商代运营主要的业务环节;
- 了解跨境电商代运营的种类;
- 了解跨境电商代运营的收费模式;
- 了解跨境电商代运营企业的组织结构;
- 理解跨境电商代运营方与委托方的主要职责分配;
- 掌握对跨境电商代运营企业的选择过程;
- 了解跨境电商代运营的新模式——联合运营。

思维导图

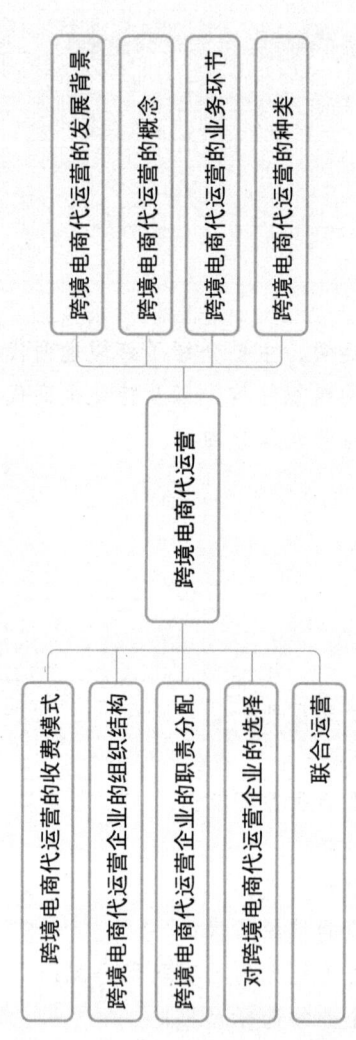

第十三章　跨境电商代运营

第一节　跨境电商代运营的发展背景

随着网络零售专业分工的不断细化,更多的中小微企业加入跨境电商中。但是许多企业由于不熟悉跨境电商的运营业务,在实际运营中遇到许多问题,因此为了满足跨境电商企业将部分繁复的运营流程外包出去的迫切需要,跨境电商代运营应运而生。作为传统外贸企业和跨境电商之间的桥梁,跨境电商代运营企业不仅可以为传统外贸企业解决人才问题,还能帮助它们快速建立网络销售渠道,树立企业在网上的品牌形象,降低运营风险和成本,满足企业初期对拓展跨境电商战略的需求,这是近年来跨境电商代运营市场快速发展的主要原因。具体而言,跨境电商代运营具有如下优势。

一、降低经营成本

由于专业化分工所带来的高效率,许多专业性跨境电商代运营企业在其专业领域都拥有比传统外贸企业更有效的资源和运营经验。这些代运营企业通过对跨境电商业务的高熟练度和丰富的行业知识可以实现高于委托企业的经营效率,因此能够以优质低价的优势为委托企业提供服务。

二、解决资源稀缺问题

跨境电商业务的开展需要专业化的人才、知识和设备。而这些资源目前可能较为稀缺,传统企业如果要自己获取这些资源,不仅难度较大,而且可能需要付出巨大的代价,跨境电商代运营则可以有效解决资源稀缺问题。

三、有效提升业绩

跨境电商代运营企业通过发挥资源优势、技术优势、知识优势来提高服务质量。这些企业由于业务相对单一且专注,使其专业化优势得到充分彰显。比如专业的店铺页面设计和维护,可以吸引更多的店铺流量,获取更多订单。

四、降低运营风险

跨境电商代运营可以降低运营风险,增强企业防范和抵御风险的能力。跨境电商运营有其独特性,网络销售渠道的运营方式区别于传统的销售渠道和运营发展模式。不仅如此,相比传统外贸和一般电商,跨境电商所面临的市场环境也更加复杂,如不同的国家、不同的文化环境,这些都需要长期而系统的产品建设,如果还是依靠过去的操作经验就可能遭遇损失。因此对于风险高、管理难度大、专业性强的跨境电商业务,可采用代运营的方式以降低运营风险。

第二节　跨境电商代运营的概念

跨境电商代运营是跨境电商企业针对跨境电商运营需求开展的一种商业服务，是指企业以合同方式委托专业第三方，根据自身情况及需求，由电商第三方服务商为其提供的以营销推广为核心，包含电子商务平台网站建设、技术维护、物流、经营推广、客户联络和服务、售后服务等一系列全流程或部分环节的代运营服务。跨境电商代运营企业的服务内容因定位和行业不同而存在差异。通常狭义的跨境电商代运营仅指电子商务前端的店铺运营，它以获得订单、完成销售为主要目标。广义的跨境电商代运营还包括电子商务渠道规划、建站、产品上架、营销、仓储物流、客服、财务结算等运营衍生业务。

跨境电商代运营服务内容既包括电子商务战略咨询、电子商务渠道规划、电子商务平台设计与建设、电子商务网站推广、电子商务营销策划、电子商务培训辅导，也包括数据分析、客户关系管理、商品管理等在内的电子商务运营托管、企业网络营销策划等方面的内容。跨境电商代运营服务可以帮助企业有效地降低成本，获得更专业的服务，提高工作效率，以满足企业实施相关战略更好地拓展国外市场的需求。

第三节　跨境电商代运营的业务环节

从价值链的角度来看，跨境电商的业务运作流程可分为产品筛选（或产品设计和制造）、网站/网页构思和设计、平台选择、营销推广、售前客服、在线支付、订单处理、运输和配送、售后客服、结汇退税等环节。传统企业通常将其中的部分或全部环节外包给第三方服务商进行代运营。而在实际业务运作中，最核心的环节是营销推广，这通常也是第三方服务商主要承担的部分，即争取客户并尽可能获取更多的订单。图13-1所示为跨境电商代运营的业务环节示意图。

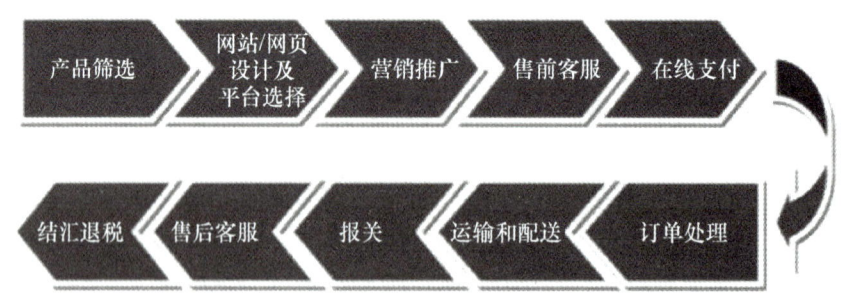

图13-1　跨境电商代运营的业务环节示意图

一、产品筛选

传统外贸企业面向国外的消费者时，由于缺乏对国外市场的了解，无从得知自己销售的商品在国外市场上是否具有足够的竞争力。调查显示，消费者在跨境电商平台购物的主要动机是商品价格及商品的独特性。代运营商通常会根据目标市场的情况，替传统外贸企业筛选出具有价格竞争力且与目标市场现有销售商品有显著差异的商品。

二、网站/网页设计及平台选择

跨境电商在经营过程中，需要根据目标消费者的特点进行产品页面的设计和实现，以更好的亲和力获得消费者认可。此外，如果进驻第三方平台，应结合当地消费者的网络消费习惯，选择适合的、优质的第三方平台，以利于获取境外消费者的流量。

三、营销推广

营销推广环节对代运营商通常是最关键的，其核心问题也是如何获取更多订单，提高海外销售额，这往往是评价代运营商绩效的核心指标，且与代运营商的收入紧密挂钩。由于境外消费者对于跨境电商经营者及其销售的商品容易存在不信任或欺诈的担忧，导致出口跨境经营者在经营的起步阶段面临着更大的阻力。而代运营企业基于专业化知识与技能，采用各种网络营销和网络推广的手段让产品更容易得到境外消费者的认可。

四、售前客服

售前客服质量对电子商务的销售有着显著的影响。在跨境电商的经营过程中，由于经营者与境外消费者之间存在语言障碍，尽管大部分跨境电商代运营企业都配备掌握相应外语的客服人员，但是在在线交流、问题回复技巧等方面仍需较丰富的经验。此外，售前客服还需要根据境外消费者的购买特征和购买行为灵活应变，从而保证服务质量。

五、在线支付

现有的支付平台企业如 PayPal、支付宝等能够较好地满足出口跨境 B2C 或小额 B2B 交易的支付需要，但是，对于金额较大的进出口贸易如跨境 B2B 交易的支付结算一般仍然采用线下支付。

六、订单处理

代运营企业根据境外消费者的订单进行拣货和包装，将商品快速交付至运输方的手中或指定的集货点。包装必须能保证商品在运输过程中的安全，并尽可能减少不必要的重量。

七、运输和配送

运输和配送的时间和成本是跨境电商面临的另一大挑战。跨境电商的物流运输模式包括国际小包、国际快递、B2C 外贸企业联盟集货、B2C 外贸企业自身集货、国际物流公司仓储集运、电子商务平台仓储集运及海外仓储等不同模式。代运营企业首先需要根据产品的特点、消费者的需求及自身发展需要选择适合的物流运输模式，避免消费者在运输时间或成本方面出现不满意。其次，由于交货环节的服务水平影响着消费者的购物体验和满意度，在境外配送方的选择上也要十分慎重。最后，需要利用信息技术做好运输配送过程的可视化，便于境外消费者及时了解商品运输的动态，这也会对促进消费者选购商品产生有利影响。

八、报关

代运营企业亲自或委托第三方向海关进行报关。代运营企业或其代理者按程序办理进出口申报、配合查验、缴纳税费、装运货物等手续，货物才能出境。这一环节的效率将对订单的交付速度产生重要影响，应尽力避免这一环节中的工作失误。

九、售后客服

货物交付后，代运营企业还需跟踪消费者的收货及商品使用情况。售后客服的另一项重要工作是处理境外消费者的退货。做好退货的款项结算及货物的处理也是关系到跨境电商企业最终能否长远发展及盈利的关键因素。

十、结汇退税

代运营企业在货物出口后，在不迟于预计收汇日期起30天内，持出口收汇核销单、报关单等相关核销凭证，到外汇管理局进行出口收汇核销。核销后即可到税务局办理退税手续。

第四节　跨境电商代运营的种类

从业务模式上看，大部分企业专注于整个电子商务业务流程中的一个或几个环节，这些环节包括电子商务平台前期战略定位和规划、电子商务网络平台搭建、电子商务平台用户体验专项优化、电子商务营销策划顾问与执行、电子商务平台推广、物流配送方案及执行、财务结算方案及执行、客户服务、电商平台融资与小额贷款（抵押贷款）服务、人才培训服务。只有少数几家企业能够提供多环节的电子商务服务如江苏四海商舟电子商务有限公司（以下简称四海商舟）、杭州熙浪信息技术股份有限公司（以下简称熙浪）等。

据此，跨境电商代运营企业可分为两大派系。一类企业主做推广销售运营核心业务，以海外市场前沿资讯为基础，协助企业有针对性地推广核心产品，尽可能获取更多订单，专注于自己最擅长的领域。另一类企业为用户提供全程服务，从ERP到仓储物流都是自己构建，如四海商舟、熙浪等都有向此方向发展的趋势。

通过分析相关代运营企业的发展，第一类企业更多是基于品牌营销、广告设计等领域起家，自身没有太多技术基因，对客户的服务会更多从渠道、营销推广、产品摄影、网店设计、用户需求的维度切入,帮助客户在互联网上提升销售额和品牌影响力。第二类企业的技术服务占比会更高,对客户的服务会从运营端向客户内容信息化管理渗透,如 ERP 解决方案、CRM 解决方案,甚至在仓储、物流、供应链管理方面提供相应的线上解决方案,希望用技术等多种信息化手段帮客户解决更多的问题。

第五节　跨境电商代运营的收费模式

跨境电商代运营的收费模式主要有以下三种。

一、"服务费"模式

这种模式企业只需要定期向代运营企业交一笔服务费,就可以享受其所提供的一系列代运营服务。该笔服务费通常是按月或年计算的。例如,四海商舟针对海量的中小型 B2B 外贸企业往往采取这种收费方式,为小型企业提供海外市场研究、海外营销平台建设、营销推广及运营维护支持四大模块的单模块或组合的整体营销服务,帮助外贸企业带来高质量的直接指向性询盘,直接面对国外的消费者或批发商,收回定价权,提升企业的议价能力,并收取服务费。

二、"服务费+销售额提成"模式

代运营企业除了向企业收取定额的基础服务费,还根据企业的销售额收取提成。例如,四海商舟针对大型 B2B 或 B2C 等行业领先的外贸企业客户通过提供从早期的海外市场调查到品牌建设的一整套网络营销个性化定制服务,并且长期服务客户,与客户一起成长。收费采用"服务费+销售额提成"的模式,大大增加了用户服务的深度和黏性。

三、"定金+服务费+销售额提成"模式

该种收费模式分为三个部分:第一部分是收取一定比例的定金,该定金会形成企业的现金流,定金幅度参照服务客户一到两个月的服务费而定;第二部分是服务费,这是企业最基本和核心的收费项目,根据客户的不同情况来收取;第三部分是销售额提成,即帮助客户完成一定销量后,基于销售额抽取的一定分成比例,这个比例通常根据不同行业不同的毛利率来设定。

第六节　跨境电商代运营企业的组织结构

一个功能完整的跨境电商代运营企业的组织结构与各部门的工作职责是:①财务部,负责企业的财务管理;②行政部,负责企业的行政管理;③运营部,负责企业内部资源

由上到下地整合、计划、组织、跟进团队的运营事务，掌控全局、综合统筹，把控团队方向；④销售部，直接面对客户，以最优的服务态度，利用销售技巧，寻找和满足买家的需求点，并提供良好的售后服务，提供买家良好的客户体验；⑤产品部，负责新产品方案与创新，进行已有产品的客户分析与反馈等；⑥视觉设计部，对美工设计、网页设计、动画与视频设计等事务负责；⑦营销推广部，负责品牌宣传推广、网络软营销与广告、网店运营、网店促销等；⑧客服部，负责接待售后客户，处理纠纷、退换货、评价处理、客户答疑等；⑨技术部，负责技术开发与应用；⑩项目部，负责所有项目团队的统筹与管理；⑪物流部，负责管理仓库，如进货、打包发货、进销存管理等。跨境电商代运营企业的组织结构如图13-2所示。

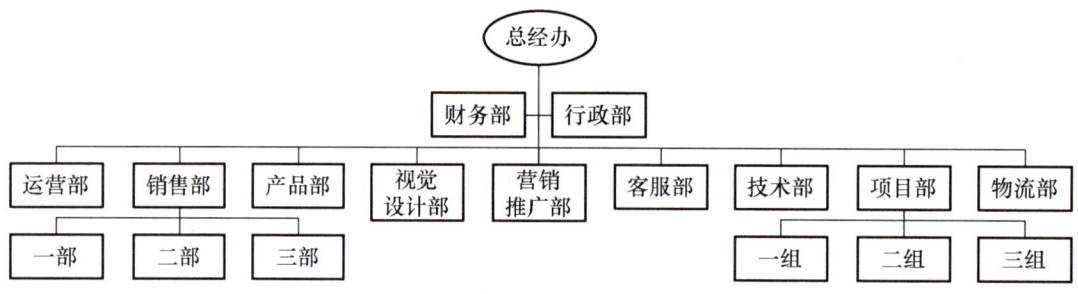

图 13-2 跨境电商代运营企业的组织结构

第七节 跨境电商代运营企业的职责分配

根据业务模式不同，代运营企业与委托企业的职责分配也有显著不同。第一类代运营企业往往不控制货源，也不管物流，只负责帮助品牌商在网上开店，前端商品展示，获取订单，而前端供货与后端的配货发货、物流配送、供应链统筹管理等都由委托企业自己负责，这也是跨境电商代运营企业常见的工作模式。第二类代运营企业则有前后端供应链支撑，为委托企业提供一揽子解决方案，从品牌定位、产品规划到供应链体系，为客户提供更多的增值服务。但是，这种工作职责的划分并不是绝对的，例如，上海宝尊电子商务有限公司能给客户提供一揽子解决方案，同时全国运营多个物流仓，保障仓储能力。

代运营企业与委托企业应采用合同的形式详细规定各方的权利与义务，保障各方尽职履行自身的义务以保证合作的长期进行，同时合同也是保障各方合法收入的重要后盾。在合同中，应注意：①仔细确认店铺的所有权，即店铺所有权应归于委托企业，而代运营企业只是代为管理达成统一的认识；②对涉及的产品和服务范围进行认定；③对工作评估标准和争端解决机制进行设定，提前签订一份清楚表明何种行为可以接受，以及在不符合标准的行为发生时应如何处理的文件，防止争议的发生；④对收益分配方式进行认定，收益的分配应与代运营企业和委托企业风险的分摊、资源的投入和目标绩效考核结果密切相关。

第十三章　跨境电商代运营

为体现公平性，使收益分配方案对各方起到激励的作用，在合同中设计收益的分配方案时应考虑：风险共担、利益共享的原则，即收益的分配应与企业所实际承担的风险正相关；多投入多受益的原则，鼓励代运营企业与委托企业资源的投入；动态原则，分配方案应适应绩效考核的动态性，以代运营企业绩效考核的结果为分配依据，以起到激励先进企业、鞭策落后企业的作用。

> **资料链接**
>
> ## 委托方与代运营方的职责分配
>
> 委托方（委托企业）与代运营方（代运营企业）的义务与合作事项如下。
>
> ### 一、委托方的义务
>
> 1. 应当全力配合对方的运营工作，包括拍摄、产品信息提供、新品开发等。按照要求提供所销售产品的详细介绍、图片、价格等相关资料，并向工作人员提供产品相关知识。
>
> 2. 可以对店铺运营的任何操作提出建议，但须由代运营方确认并操作，产品库存、价格、属性等若有调整应及时告知。
>
> 3. 委托方配合代运营方按时发货并提供产品售后的支持工作，如打包、填写快递单号、退换货、退款等相关操作。如由于委托方发货延迟，有效追踪率不达标导致的订单缺陷率（order defect rate，ODR）各项指标过高，或者客户发起未收到货或收到的货物与订单不符、退单（charge back）等相关投诉造成账号安全问题的，由委托方承担责任。其应在收到代运营方发货通知24小时内安排发货，若超出48小时仍未发货，代运营方不对因此造成的客户投诉、差评、扣分等后续负面结果承担责任。
>
> 4. 若因委托方备货不符合代运营方要求或规定时限，造成缺货、排名下降等负面结果，由委托方承担责任。
>
> 5. 物流公司、仓库或其他代发货仓库等所造成的损失，应由委托方与其交涉处理并承担相关法律责任，代运营方可配合提供相应证明材料，但不承担任何直接或间接责任。
>
> 6. 委托方应及时、足额支付代运营方相应的营业额佣金。
>
> 7. 销售过程中若因产品出现侵权行为（包括但不限于：品牌侵权、图片侵权、产品外观侵权、产品知识产权侵权等）或质量问题、瑕疵，由此引起的相关责任由委托方自行承担。
>
> ### 二、代运营方的义务
>
> 1. 须以合法方式提供代运营服务，遵守平台的管理规定。

2. 定期以书面形式向甲方通报运营情况,包括运营成果报告、商品排名分析、下一阶段工作计划、推广活动安排等。

3. 若单方面违约须支付一定赔偿金额。

4. 应自发现异常情况起1小时内通知委托方,并采取积极措施尽量避免由此造成的损失,未及时通知或未积极采取措施造成损失扩大的,该部分损失由代运营方承担。

此外,委托企业与代运营企业之间还应建立信任关系,促进合作。①合作建立项目团队、共享培训和其他机会。②建立长期沟通协调机制,对于积极和消极的信息都要进行分享,使双方在发生危机前可以进行补救。③减少关键人员的更替,以保证合作的连续性。随着时间的推移,与双方关系相关的诸多因素难免变化,如消费者的需求变动,因此双方必须随时准备在上述情况发生时调整合作关系。

第八节 对跨境电商代运营企业的选择

通过对以上内容的分析,我们对跨境电商代运营已经有了一个基本的了解,那么在实际操作中,该如何选择代运营企业呢?

一、筛选出少数意向代运营企业

通过搜索引擎对关键词进行检索,进入各大电商平台了解相关代运营企业排名,从新媒体平台收集相关信息或是同行推荐锁定少数可能具有资质的代运营企业。

二、对备选代运营企业进行详细了解

1. 对代运营企业的经营状况进行整体评估

委托企业可以选取企业家才能、技术装备水平、企业外部关系(企业与同行业其他合作企业及服务对象等的关系)及企业长期发展能力预测四项指标作为评估代运营企业的定性指标。定量指标体系由三部分组成:收益性指标、安全性指标和成长性指标。其中,安全性指标中的资产负债率、投资回收期为费用型指标;收益性指标中的销售利润率、净现值、内部收益率和成长性指标中的销售增长率、利润增长率均为效益型指标。

2. 对代运营企业相关的项目服务水平进行评估

根据企业需要托管的业务重点了解代运营企业过往同类项目的执行情况和业绩数据,如团队配备、业务流程、现在托管的网上店铺经营数据及服务评分,重点关注与本企业有同类产品的店铺的经营状况。除此之外,还应关注代运营企业相关项目的续签率。

3. 对意向代运营企业进行实地考察

锁定意向代运营企业以后,如果条件允许,尽量去代运营企业进行实地考察,查看代

运营企业的软硬件情况,并尽可能与相关项目的负责人进行面对面交流,了解过往类似项目的服务细节。

4. 根据所需服务确定代运营企业

通过与少数备选代运营企业就托管业务进行具体交流,了解可能的投入与团队配置,以及预期经营销售收益等,可以确定最终选择哪家企业。

第九节 联合运营

在代运营服务之外,市场上还出现了联合运营的模式。从服务内容上看,联合运营和代运营大同小异,即服务方依托于自身所具有的电商运营资源或能力,为缺乏运营资源或能力的企业、工厂提供涵盖店铺运营、品牌营销、物流财税等多方位的服务。但相比代运营,联合运营更强调运营服务方和需求方之间的合作关系,双方可共享收益、共担风险。联合运营的需求方能够密切地参与到运营中,而不仅是在代运营模式下,将品牌或店铺委托于第三方企业代理运营。

一、联合运营概述

1. 商业模式与价值创造

联合运营与代运营模式的对比能够帮我们更好地理解联合运营的模式。代运营是指那些缺少电商资源或能力的企业或个人,委托第三方运营机构,有偿代理运营自有店铺,以提升业绩和销量的一种运营模式。

代运营模式的存在有其合理性。随着互联网和新一代数字技术加速市场的动态变化,较多的传统工厂、国内品牌等在竞争压力下,试图开辟跨境电商等新的渠道,以寻求新的利润增长点。而这些企业在海外线上渠道的拓展和运营方面大多缺乏经验、能力和资源,因此存在着对运营支持服务的市场需求。代运营服务能够帮助企业降低经营成本、弥补稀缺资源问题、有效提升业绩和减少运营风险等。

但代运营在跨境电商行业饱受争议。一是代运营机构鱼龙混杂,有些不法运营商凭借虚假承诺、伪造业绩等多种手段,对卖家收取高额服务费;二是代运营机构与品牌方、工厂方沟通效率低下,店铺业绩和销量难有起色。

为了加强双方的信任和合作,联合运营的概念被提出。跨境电商行业中对于联合运营还没有较为统一的定义。跨境眼的一项研究认为:联合运营可看成代运营的升级版,海外线上店铺实操运营是基础服务,同时从产品打造、海外线上店铺运营、品牌营销、售后服务、IT服务、物流财税等方面深入贯穿出海链条的前中后端。联合运营的服务范围如图13-3所示。

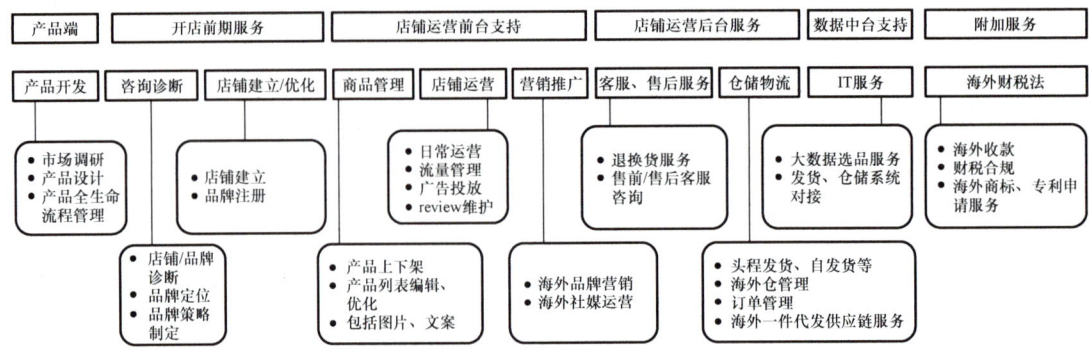

图 13-3 联合运营的服务范围

 案例链接

通拓科技的联合运营服务

深圳市通拓科技有限公司（简称通拓科技）具有强大的全球物流供应链资源、IT支持系统、全球营销资源、覆盖多渠道平台的专业运营团队，以及多年积累的运营实力。对于目前从事或期望从事跨境电商企业的痛点，如组建团队成本高、跨境经营风险高、出海资源缺乏等问题，有针对性地提供代销售、市场调研及竞品分析、营销活动策划及推广执行等服务。目前，通拓科技联合运营的客户主要是传统工厂，占比为70%～80%。

通拓科技的联合运营服务如图13-4所示。

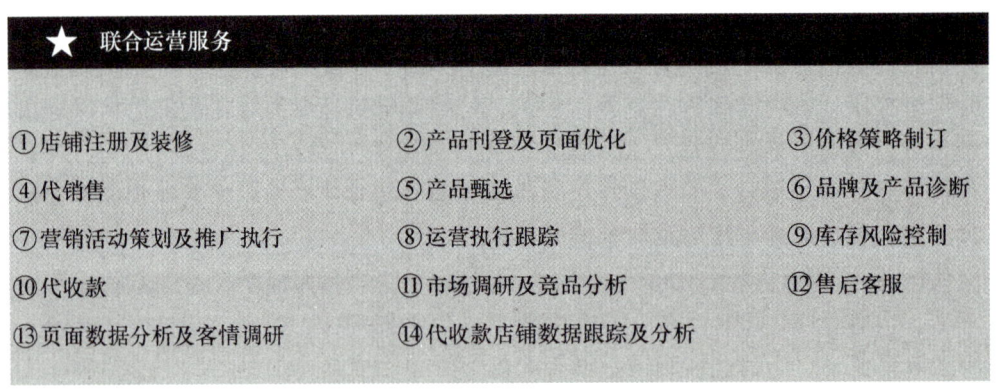

图 13-4 通拓科技的联合运营服务

2. 联合运营的主体及主体责任

（1）联合运营的服务方。

除了专业的第三方代运营服务企业，以通拓科技为代表的跨境电商的头部卖家也开始提供代运营服务及联合运营服务。头部卖家参与联合运营有其合理性。头部卖家的运营团队熟练掌握跨境电商运营的流程和规则，具有极高的海外市场敏感度，对前端的品牌打造

和店铺运营具有较为丰富的经验,在产品跨境供应链方面也自建有一套体系。除此之外,在数据能力、研发能力、人力资源和资金实力方面也具有较强的优势。以自身的运营经验和实力作为背书,头部卖家理所当然能够获得需求方的信任。

联合运营的服务方利用其数据、财务、税务、法律能力支持需求方业务快速落地;利用其持续创新、品牌塑造、全球销售能力助力需求方品牌打造;利用其供应链协同能力保障需求方运转效率。

(2)联合运营的需求方。

联合运营的需求方可能涉及寻求转型的传统工厂、国内品牌,以及新创业的跨境电商企业等。需求方具有的共性特征是正在从事或期望从事跨境电商业务但缺乏资源、知识和能力的企业。

国内诸多的传统工厂面临着各项运作成本和原料成本上涨、人才短缺、外贸订单转移等困境。在电商渠道发展、品牌出海的大趋势之下,有大量外贸工厂转向跨境电商,寻求转型和发展。但如何转型的问题成为摆在工厂面前的挑战。

传统工厂长期的业务运营,已积累了一定的供应链优势、产品优势和生产能力。但线上化的、自营或打造品牌的B2C的运营思路,与传统的订单制的、批量生产交付的B2B的思路存在巨大的差异。这种差异,包括需求驱动和数据驱动的选品与备货,能够适应跨境电商小批量、零散、定制化订单的柔性化和灵活的库存管理、流水线管理与供应链管理,以及对专门的跨境电商运营人才的需求、组织结构的调整、对电商平台规则学习的需求。

正因为传统工厂自主转型跨境电商品牌出海难度大,才给了联合运营模式生长的空间。进入新市场需要依靠营销、渠道、流量、资金、技术等资源的强力投入,而联合运营的服务方能够弥补传统工厂转型的瓶颈资源。

由于联合运营的模式不只是服务方的单方服务,而是服务方和需求方之间的优势互补、资源共享和合作共赢。因此,在服务方为需求方提供运营服务时,需求方同时可密切参与到运营中,工厂方、品牌方、运营方等从新品开发、品质控制到市场销售过程密切配合,形成一个有机整体。

3. 联合运营主体之间的关系

最初的代运营模式,主体之间是委托人和代理人的契约关系。需求方支付佣金和服务费,代理方按照合同规定完成代理业务,即代理委托方运营线上平台,从中收取服务费、佣金或销售额提成,不享受分红的同时也不承担亏损。

在委托代理关系下,控制权和所有权分离。委托人和代理人之间存在着明显的信息不对称,即委托人对代理人的行动细节并不了解。由于信息不对称,在报酬由委托人支付的情况下,代理人从自身的利益出发,可能采取某些机会主义的行为,使自身效用最大化,并降低自身承担的风险。

由于上述问题的存在,委托人对代理人的行为予以激励与监控,双方建立契约执行的规则和良好的合作关系,就成为委托代理关系的焦点问题。而企业要想建立契约执行的规则和良好的合作关系，代理成本是必须付出的。

相比之下，联合运营模式更侧重于主体之间的合作关系。通常联合运营会通过共同出资成立新主体、战略合作、股权合作、战略投资等方式约定双方权责和利润分配方式，从而加深双方的合作深度，建立更为紧密的联系。代理人能够获得分红，也要承担风险。这种收益共享、风险共担的形式，能够降低委托人的监督成本，建立信任关系。

二、联合运营的本质

1. 获得发展和转型的必要资源

企业是资源的集合体。企业必须与其所处的环境进行交换来获取需要的资源，这就需要企业与外部实体之间的相互依赖，这有助于企业长期绩效的产生。企业在与其他外部组织建立的合作中，可以获取其他企业的独特的资源，实现关键资源的互补。

在联合运营的场景下，服务方和需求方结成运营合作关系，服务方凭借自身已有的运营能力、大量的电商运营人才、平台运营所需的账号、营销和物流等资源，需求方凭借自身已有的供应链资源或设计能力等，本着互惠互利的原则，通过资源互补以追求共同利益。

2. 构建跨境电商服务生态，建立或维持竞争优势

在快速变化的市场环境下，跨境电商企业的商业模式逐渐发生转变。以往跨境电商企业以货物贸易的底层逻辑运营跨境电商，即通过互联网渠道或电商平台进行产品的线上进出口贸易，从而获取产品的差价利润。

而随着跨境电商市场同质化竞争越发激烈，传统的差价利润越发微薄。不少跨境电商企业开始寻求更大范围的生存和发展。这些企业不局限于从事跨境电商货物进出口，而是逐渐整合全球范围内的服务资源，与众多的市场主体构建合作伙伴关系，如国内外的设计师、品牌方、数据服务提供商、供应链服务商等，相互之间以服务作为联系的纽带，彼此提供服务。从而为最终客户提供差异化的、具有更高使用价值的产品和服务，并从服务中获取价值增值。

总体而言，这种方式可被认为是跨境电商企业在构建自身的服务生态。跨境电商服务生态的概念，会在下一章进行详述。

在服务生态构建的战略逻辑之下，跨境电商企业是将联合运营作为其获得更多的服务资源、扩大服务生态范围的方式，以此寻找新的经济增长点、分散风险，以维持竞争优势。

首先，企业利用已经建立的包括营销、供应链、研发的服务生态，服务于更多的企业或工厂，这本就是企业利用现有基础，将联合运营服务作为一项新的业务及收益增长点。其次，企业可将这些联合运营企业的产品、品牌或供应链资源纳入自身的服务生态中，并且利用这些卖家资源，能够源源不断地与更多的企业建立合作关系，如营销广告提供商、物流服务商等。从而迭代性地扩充服务生态的范围，发掘出更多新的业务和利润增长点。最后，面对外部经济环境和市场环境的不确定性，企业生态中所积累的较多的资源能够

增强企业抵御风险的能力，多品牌也能够帮助企业分散风险，最终维持企业的市场竞争优势。

三、联合运营良性发展的条件

1. 联合运营以相互选择为前提

选择合适的合作方是联合运营成功的前提和基本保证。在进行选择时，服务方和需求方可以从以下几个方面考虑：目标的一致性、资源的匹配性和互补性、所在市场和业务的相似性等。

首先，双方所要实现的价值目标需要保持一致，比如需求方是以品牌建设为目标，还是以渠道开辟和快速实现收益为目标，不同目标的需求方可能对启动期的忍耐度是不同的，因此如果目标不一致，会导致合作出现矛盾。其次，双方需要关注资源的匹配性和互补性。作为运营方看中的是工厂方的供应链资源和能力，或是新创品牌的研发或设计能力。而需求方则是看中运营方的店铺实操、海外渠道拓展、流量获取及品牌建设等方面的能力。企业各自所具有的资源是合作的基础。最后，双方所在市场和业务的相似性是双方在合作过程中能够实现较为顺畅的交流的基础。例如，传统工厂、线下贸易商与跨境电商贸易企业虽然主营业务有所差异，但都具有一定国际贸易实务的经验和知识，因此在合作交流过程中以共同的经验知识作为支点开展联合运营。

2. 联合运营的良性发展以双方的协调与平衡为基础

在选择好联合运营的合作方后，在实际运营的过程中，双方需要对运营过程进行一定的控制和管理，并且是建立在达成共识和相互信任的基础上。

控制和管理是指双方需要建立相对公平的资源投入程序、合理的利益分配机制、有效的风险防范机制和争端解决机制。从而最大限度地减少双方行为的不确定性，进而起到改善联合运营绩效的作用。

信任有利于提高合作伙伴对联合运营的共同活动和目标实现的满意度，能够有效地简化联盟内部的复杂性，减少伙伴间的冲突，降低合作的协调成本。

在合作过程中，互相理解彼此的底层逻辑、核心价值体现尤为重要。需要有良好的沟通及互相的引导、教育等，以在合作中不断地进行协商，达成共识、化解分歧。

3. 联合运营本身的法律问题

根据《中华人民共和国民法通则》（注：该法在2021年1月1日因《中华人民共和国民法典》生效而废止，但其中"联营"的概念可以借鉴）的相关规定，联营有以下三种形式。

① 法人型联营，即企业之间或者企业、事业单位之间联营，组成新的经济实体，独立承担民事责任，具备法人条件的，经主管机关核准登记，取得法人资格。

② 合伙型联营，企业之间或者企业、事业单位之间联营，共同经营、不具备法人条件的，由联营各方按照出资比例或者协议的约定，以各自所有的或者经营管理的财产承担民事责任。依照法律的规定或者协议的约定负连带责任的，承担连带责任。

③ 合同型联营，即企业之间或者企业、事业单位之间联营，按照合同的约定各自独立经营的，它的权利和义务由合同约定，各自承担民事责任。

总之，所谓联营即联合经营，就是联营体各方按照协议约定共同出资、共同经营管理、共担风险的一种经营模式，其主要特征是共负盈亏、共担风险。

企业若要签署正式的合同，以建立联营关系，则需要关注以下问题。

① 对联营投资项目要进行充分的尽职调查，重点调查联营的主体是否合格，是否获得授权，开展联营活动是否经过法定审批程序。

② 签订"联营协议"一定要体现双方共负盈亏、共担风险的合作原则，并在实际经营管理活动中体现双方的共同参与，不得约定联营保底条款，使一方仅分享利润，不承担亏损，甚至提前支付联营期间的预估利润分配。

本 章 小 结

为了满足跨境电商企业将部分繁复的运营流程外包出去的迫切需求，产生了跨境电商代运营。跨境电商代运营是跨境电商企业针对跨境电商运营需求开展的一种商业服务，是指企业以合同方式委托专业第三方，根据自身情况及需求，由电商第三方服务商为其提供的以营销推广为核心，包含电子商务平台网站建设、技术维护、物流、经营推广、客户联络和服务、售后服务等一系列全流程或部分环节的代运营服务。从价值链的角度来看，跨境电商业务运作流程可分为产品筛选或产品设计、制造、网站/网页构思和设计、平台选择、营销推广、售前客服、在线支付、订单处理、运输配送、售后客服等环节。从业务模式上看，大部分企业专注于整个电子商务业务流程中的一个或几个环节，这些环节包括电子商务平台前期战略定位和规划、电子商务网络平台搭建、电子商务平台用户体验专项优化、电子商务营销策划顾问及执行、电子商务平台推广、物流配送方案及执行、财务结算方案及执行、客户服务、电商平台融资与小额贷款（抵押贷款）服务、人才培训服务。跨境电商代运营的收费模式包括"服务费"模式、"服务费+销售额提成"模式，以及"定金+服务费+销售额提成"模式。根据业务模式不同，代运营企业与委托企业的职责分配也有显著不同。此外，对代运营企业的选择过程包括筛选出少数意向代运营企业，对备选代运营企业进行详细了解，并根据所需服务最终确定代运营企业。

名词解释

跨境电商代运营：跨境电商代运营是跨境电商企业针对跨境电商运营需求开展的一种商业服务，是指企业以合同方式委托专业第三方，根据自身情况及需求，由电商第三方服务商为其提供的以营销推广为核心，包含电子商务平台网站建设、技术维护、物流、经营推广、客户联络和服务、售后服务等一系列全流程或部分环节的代运营服务。

第十三章　跨境电商代运营

课后思考题

1. 试分析跨境电商代运营的概念及产生原因。
2. 试分析跨境电商代运营的种类、组织结构与主要业务环节。
3. 试分析跨境电商代运营企业与委托企业的主要职责分配。
4. 假如你是一个跨境电商企业主,你将如何选择一个满意的代运营企业,请简述选择过程。

第十四章 跨境电商服务生态

本章概要

本章的主题是跨境电商服务生态,共分为三节内容。第一节分析跨境电商市场的新发展:服务成为市场竞争优势的核心。第二节介绍跨境电商服务生态的概念及特征。第三节主要介绍新型跨境电商企业:探索构建服务生态。

学习目标

- 了解跨境电商企业构建服务生态的市场背景;
- 理解跨境电商服务生态的概念及特征;
- 了解跨境电商企业构建服务生态的主要方式。

第十四章 跨境电商服务生态

思维导图

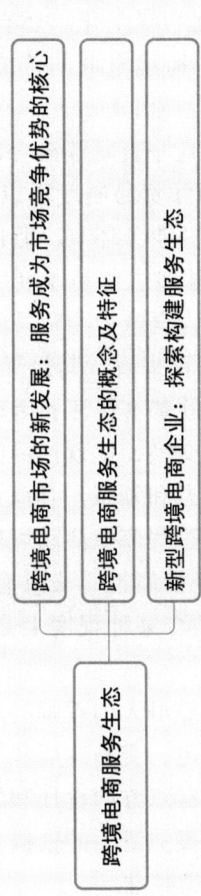

跨境电商服务生态
- 跨境电商市场的新发展：服务成为市场竞争优势的核心
- 跨境电商服务生态的概念及特征
- 新型跨境电商企业：探索构建服务生态

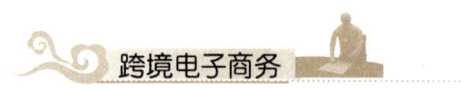

第一节　跨境电商市场的新发展：服务成为市场竞争优势的核心

一直以来，跨境电商都基本上被认为是商品进出口活动的一种贸易创新形式，这种创新更多地被反映在它是互联网电子商务与传统外贸进出口的一种结合。对出口商来讲，是通过互联网渠道或电商平台把产品卖到国际市场，再配送到终端消费者的手中。对进口商来讲，是通过互联网渠道或电商平台进口产品，再直接把产品卖给国内的消费者。

因此，跨境电商的创新一般被理解为是外贸中间渠道环节的变化和创新。一些人把跨境电商理解为外贸进出口的电子化和线上化。还有很多人把跨境电商更狭义地理解为是跨境网络零售。但从本质上来看，跨境电商同传统外贸一样，也是一种商品的进出口活动。

商品的进出口活动自古就有，而且一直延续至今，是人类商品交换活动延伸到跨境的最基础、最核心的部分，也是现今国际贸易制度得以建立的基础。WTO 最早多边贸易协定的形成就是围绕着货物贸易进出口的业务环节，通过关税减让促进全球贸易发展。WTO《货物贸易多边协定》恰恰体现了全球多边贸易谈判所形成的基本共识，即货物贸易是全球贸易的基本形态。跨境电商被理解为全球货物贸易的创新方式也是无可厚非的。

从跨境电商本身的发展和演变历程来看，其最早是从货物贸易演变而来的。在未来，跨境电商领域依然还会存在货物贸易的基本特征和活动内容。

贸易活动本身就是为了实现商品交换，体现商品的价值。贸易是在制造商与消费者之间逐渐分离出来的一种特殊的商业形态和领域。其商业价值并不在于产品的生产制造，而在于以商品为载体的商业活动，通过这些商业活动可以实现商品价值增值，进而帮助制造商实现商品交换。贸易既具有商品交换属性，又具有服务属性。贸易的本质，实际上是一种服务的提供，但这种服务的提供在某种程度上是贸易商承担了商品价格波动的市场风险。

货物贸易产生已有悠久的历史，最早人们理解的贸易就是产品交换或货物贸易。国际货物贸易以货物流动作为企业合同制定、交易达成和政府监管规则制定的基础。按照国际贸易惯例，通常以货物流向来界定交易双方的责任和风险转移，以各种承载货物信息的单据作为跨境运输、货款收付、保险和报关清关的依据。海关监管和贸易政策的制定，以货物的各种属性、技术标准、原产地等为基准。

以上是货物贸易的商品交换属性的表现。从本质上来看，商品交换属性是指通过货物所有权的转移，供应商或贸易商获得商品的价值或进出口差价利润，需求方则获得商品的使用价值。

国际服务贸易概念的提出晚于国际货物贸易。从历史起源来看，最早的国际服务贸易是直接基于货物贸易而产生的，如国际运输、国际结算、运输机械的跨国维修和保养等服务，贯穿于货物贸易发展的历程，在货物贸易中发挥着重要且基础性的作用。

随着人类社会的不断进步和技术的不断创新，商业和交换活动的范围逐渐扩大。服务的内涵已不再局限于与货物贸易相联系的服务。服务贸易是人类在工业化社会后期才赋予的概念。这也形成了货物贸易与服务贸易分属不同领域的现实结果。

服务贸易的本质体现在人类劳动或服务提供所实现的价值创造，主要是区别于以工业化生产制造为特征的价值创造活动，更强调在商业价值创造当中人的劳动、人的知识、人的智慧，人的行为所创造的非产品属性的价值。

因此，若从产品属性和服务属性的角度分析跨境电商，则跨境电商已不能再简单地被理解为是外贸进出口的线上化，更是一种服务属性占主导地位的新型商业模式，从而与一般贸易逐渐分离。而这主要体现在跨境电商的业态形式、市场结构和商业决策与货物贸易的区别中。

一、跨境电商的业态创新主要在服务领域

信息技术的发展促进平台服务能力的提升，国内外电商需求和供给市场的壮大推动平台业态形式的不断创新，出现诸如垂直跨境电商平台、移动跨境电商平台、独立站建站平台等新的平台形式。

消费者对产品即时性的要求，推动海外仓和国际专线物流的打造和广泛应用。消费者对产品多样性和个性化的需求，催生出各类设计平台和选品服务。直播营销、社交营销等新营销方式的出现，充分提升了客户的购买体验，从而吸引更多的潜在客户。

随着以云计算、大数据、人工智能为主的数字技术不断迭代，数据越发成为跨境电商市场的核心资源，跨境电商的业态逐渐数字化。例如，基于供应链数据，平台可提供视化数据服务或完善跨境电商 ERP 系统，并能够及时提醒商家缺货补货，帮助商家管理订单。基于消费者信息，数据挖掘服务能够刻画客户群体、定位目标客户，起到辅助商业决策的作用。订单履行技术有助于整合在线零售的前端（即用户界面和客户体验）和后端（即物流和交付）。物流、支付、营销等供应链服务在数据的指导下向更加精细化、定制化和提供整体解决方案的方向发展。

二、市场结构强调服务在主体间的连接作用

货物贸易中的核心市场主体是产品的供给方和需求方，二者构成产品买卖关系。而在跨境电商市场中，交易平台发挥最关键的中介作用，买卖双方绝大多数的情况下需要通过平台进行交易，而平台的本质是提供服务。

客户需求成为增值的核心。在跨境电商的价值链中，消费者虽然处于价值链的末端，但是与各方共创价值。需求信息在价值链中流动，推动各类服务和生产制造更具有市场导向性。

三、企业商业决策的重心向服务倾斜

跨境电商企业的思维方式和商业决策呈现出服务化、生态化的发展趋势。

1. 跨境电商发展初期，企业贸易流程与一般贸易无差异

在跨境电商发展初期，跨境展示和磋商平台出现。买卖双方虽可通过平台进行产品和信息的展示，但是交易达成、合同签订和商品交付仍需双方自行线下完成。虽然企业可以借助互联网向世界市场传递贸易信息，但是依然无法在线完成交易。因此，跨境电商在发展初期的交易模式等同于线上撮合、线下交付的货物贸易。

2. 跨境电商的成长期，新渠道收益显著，但问题也逐渐暴露

互联网和信息技术促进平台的快速发展，帮助实现供应链服务的线上化和效率改进。渠道的完善，消除了一部分线上贸易的阻碍。通过平台，企业得以绕过诸多中间环节，直接对接客户，缩短产业链，从而为商家提供充足的利润空间。价格低廉的中国制造商品在国外往往能以出厂价数倍的价格出售。

因而，便捷的渠道和丰厚的收益吸引着更多不同规模的供应商、分销商、品牌商参与到跨境贸易中来。有的企业获得先入者优势，获取跨境电商进出口贸易的大量红利。而有的企业因为未掌握跨境电商的运营规则而亏损，被迫放弃这一市场。

在跨境电商的成长期，企业的主要做法有两种。一种是大量的中小企业和创业者成为平台贸易商，借助于平台服务，打通上下游供应链，实现跨境产品交易。另一种是具有一定规模的贸易商脱离平台，建立批发兼零售的独立网站。

之后，市场竞争越发激烈。更多线下和传统行业的企业开始逐渐转型进入跨境电商市场。贸易商主要的商业模式是通过跨境电商这一便利的渠道销售现有产品，依托于规模经济和范围经济获取丰厚的利润。但是随之而来的问题也很多，如假冒产品频繁出现，营销、支付等服务成本被推高，产品同质化严重，替代弹性提高，同行业价格竞争激烈，以及人才缺乏等。

3. 在跨境电商快速发展时期，企业商业决策开始发生变化

在利润空间不断被压缩，而跨境电商服务逐渐智能化、精细化、全链路化的市场环境下，跨境电商主要市场参与者的供应链管理能力、多渠道运营能力和创新性营销能力逐渐增强，平台销售的产品逐渐从二手货源向原创优质产品转变。这些变化的背后是企业的思维方式和商业决策的改变。

企业的商业目标不再局限于获取产品交易的增值，而是向产品创新、用户购买体验提升和品牌打造倾斜。而这些目标的实现离不开各类服务资源的支撑，包括研发设计资源、供应链资源、流量资源等。

企业的商业决策，在运营二手货源销售和批发、获得产品进销差价的商业模式之外，逐渐侧重于为客户提供本土化服务，创新服务形式，或是通过协同合作伙伴、整合服务资源的方式创建新的商业模式，从而构建起企业独有的服务生态，从服务中获得增值。跨境电商的服务，从辅助产品进出口逐渐转变成为企业打造差异化竞争优势。

跨境电商发展时间线如图14-1所示。从2016年开始，跨境电商平台所推出的营销工具逐渐向全方位打造品牌、全链路服务推动品牌出海转变，例如，2016年，"企业+品牌"成为速卖通入驻的新门槛。2018年，Shopify进入中国，以独立站形式运营跨境电商的企业猛增，通过独立站，企业可以降低平台对品牌识别的影响，具有更多的品牌打造的自主性。自营型、垂直类跨境电商平台逐渐增加，更加注重优质品牌供应商的引进、控制源头产品品质、自建供应链。2020 年，受疫情影响，各行各业都受到了剧烈的冲击，电商行业却因为线上交易的优势而屹立不倒。2020 年，Lazada 联合天猫发布"新国货出海计划"，根据该计划，双方将扶持天猫平台上超 2000 个品牌拓销东南亚，并孵化 500 个以上的天猫品牌年成交额过千万。此外，Lazada 还将为天猫上的品牌提供一整套的东南亚跨境物流解决方案。2021 年顺应海南自贸港建设浪潮，诸多企业逐渐重视对将要封关建设的海南市场商机的探索和业务布局。卓志集团发布"海南方案"，为更多品牌方和客户提供集商流、物流、信息流合一的解决方案。

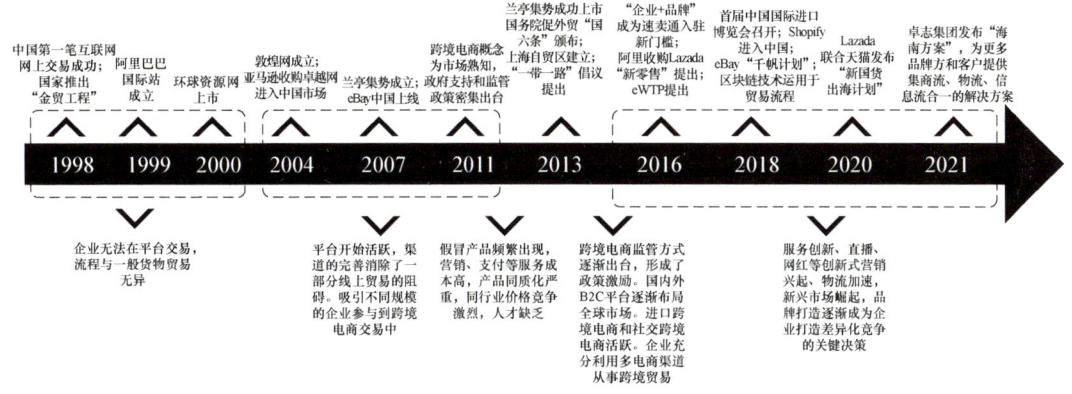

图 14-1　跨境电商发展时间线

第二节　跨境电商服务生态的概念及特征

市场习惯于从贸易的视角分析跨境电商，这一思维方式带来的是企业对贸易成本和市场规模的关注，前者如贸易壁垒、运输成本和汇率，后者如人均收入、潜在消费群体规模等。而从服务的视角分析跨境电商，则这一市场会包含各种相互连接、彼此依存的服务业态。正如党的二十大报告中提到的必须坚持系统观念。万事万物是相互联系、相互依存的。只有用普遍联系的、全面系统的、发展变化的观点观察事物，才能把握事物发展规律。对于跨境电商的分析也应该遵循坚持系统观念的原则。为了厘清跨境电商的多样性和复杂性，构建服务生态框架是一种有效的方式。

生态是由整合和应用彼此资源的参与者交互构建形成的。具体来讲，**跨境电商的服务生态是一个多生态的集合，以贸易作为主链条，存在一系列供应链服务和商业服务构建而成的服务主生态。同时，以主生态中的各个环节为中心，构成多主体协同的次生态。**最终，生态不断迭代，围绕着次生态，还会延伸出更多细化和新颖的服务业态。生态中的各类主体以服务为连接的纽带,依托于互联网进行协同合作,相互提供服务、相互依存、收益共享。

一、主生态

主生态是以贸易作为主链条,供应链、价值链和商业服务多个环节的纵向整合。它既包括货物贸易的基础供应链服务,如选品、营销、物流、支付、通关等,又包括供应链上游与生产制造相关的服务和研发设计服务,客户服务,财税、商业决策等商业服务。而这些货物贸易之外的服务逐渐成为提升主生态价值的关键。

二、次生态

次生态是以主生态各个环节为中心,同行业主体和资源的横向联合,或是上下游主体和资源的纵向整合。

横向联合以围绕商业决策本身的生态为例。咨询交流类平台为企业提供开放的跨境电商运营培训、知识学习、资讯获取、同业交流的场所。跨境电商ERP管理系统依托于数字技术,为商家提供多维数据报表、进销存管理、广告管理、客服管理等一站式运营管理工具。企业利用数据挖掘和分析服务,实现运营关键数据可视化,对目标人群、市场趋势和产品潜力进行数据洞察,用数据辅助经营和决策。

纵向整合以围绕产品生产制造的生态为例。生产制造不只是厂商的任务,一些B2B平台也可以为供应商和制造商提供原料或产能信息展示和交易的场所。跨境电商产业园也会为入驻企业提供货源和供应商信息。之后,国内外合作供应商提供优质原料,制造商则进行产品的生产。追求更高附加值的企业会在产品制造中整合研发设计,而企业的研发设计灵感来源多样,包括用户反馈、专业博主意见、同业产品、在线设计平台等。此外,原料的采购和半成品、成品的流转离不开物流服务和支付服务的支持。

另外,无论是主生态还是次生态,跨境电商的服务生态都离不开基础服务,包括能够支持生态主体产生信息流的信息技术服务,以及能够向生态主体输送人力资源的教育培训服务。信息资源和人力资源是跨境电商服务生态可持续发展的必要资源。

因此,跨境电商服务生态可描绘成如图14-2所示的形式。

三、服务生态的特征

1. 以服务为纽带

服务生态的主体之间,以服务作为纽带,相互依存、相互提供服务、相互创造价值、共享收益。主体之间的关系具有服务的逻辑,而不是供应链上下游企业之间货物买卖、逐级差价的链条。

第十四章　跨境电商服务生态

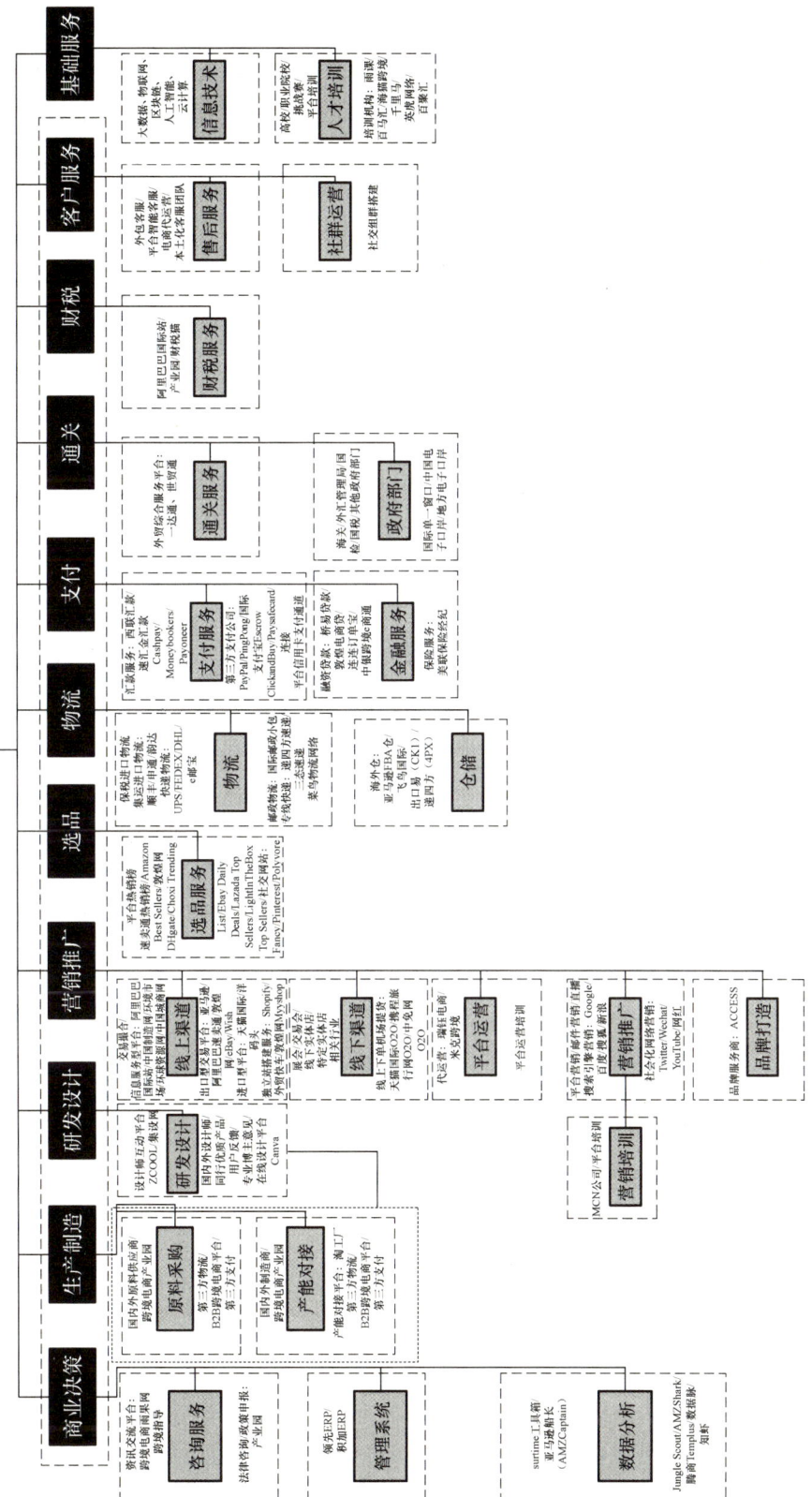

图 14-2　跨境电商服务生态

2. 多生态

服务生态由主次生态共同构成。主次生态中的各个主体,依托于信息技术,通过一定的创造性的机制,实现资源的整合和流动,主体之间的协同合作,国内、国外有机联动,以及政府、市场之间的高效协同。不断创新的业态形式扩充次生态的范围,打造差异化竞争优势,因此次生态往往比主链条,比产品买卖更加重要。

3. 网络结构

服务生态的构成,是以互联网为基础。信息技术使得企业相互协调的成本降低,国内外合作网络中的企业能够及时进行信息的共享和传递,从而提升服务质量和生态系统的协同性。

第三节 新型跨境电商企业:探索构建服务生态

一、跨境电商企业构建服务生态的主要方式

在将跨境电商作为进出口贸易的思维方式下,企业关注的重点在于选择市场效益高的产品;选择高流量和高潜力的平台;选择购买力旺盛,线上消费普及的市场,以及流程畅通的供应链。因此,产品卖得速度越快、价格越高、数量越多和成本越低,进出口利润空间就越大。

在如今进出口贸易竞争越来越激烈的市场环境下,企业的经营决策不仅关注产品买卖和供应链畅通,而且更关注服务的作用。供应商或贸易公司,逐渐在从事传统的原厂委托制造(original equipment manufacture,OEM)/原厂委托设计(original design manufacture,ODM)业务,或是分销业务之外,整合各类服务,从而满足市场对多样化和差异化的需求。

1. 创造性整合

创造性整合是指跨境电商企业将现有的资源、技术、商业模式和创意想法等,通过技术促进的或非技术促进的方式进行整合,从而形成一种新的业务形式或商业模式。

创造性整合的背后是系统性思维的体现。与系统性思维相对立的是局部性思维,即企业局限于分析和调整已获得的资源和现有的商业模式,以维持现有业务的稳定的思维方式。而具有系统性思维的企业,则是立足于市场,分析整个市场的资源、商业模式、技术和发展趋势,并将具有价值和潜力的要素进行整合,从而升级原有的商业模式,或形成全新的商业模式。

如面向非洲的服装跨境电商平台UNAKU,创始人曾经历过从国内市场采购成衣,然后通过跨境电商平台,向非洲市场销售,但逐渐发现仅采用批发和分销模式的盈利空间有限,市场竞争十分激烈,利润微薄。

因而创始人选择突破传统批发和分销的经营模式，以系统化的思维方式重新定位市场需求，调整商业模式。UNAKU 平台类似于跨境电商交易平台，平台不提供产品，而是通过将价值链上的各类服务进行整合，以获取商业服务的价值。UNAKU 平台不是现有产品的分销商，也不是制造商，而是通过整合当地市场的设计和营销资源、国内市场的原料和生产制造能力，以及供应链服务，向非洲消费者提供具有更高附加值的产品。UNAKU 平台所获得的价值增值并不是主要来源于产品有限的差价，而是主要来源于服务的增值。

2. 横向联合

横向联合强调市场主体之间的合作。跨境电商需要运营较长的跨境供应链，应对国内、国外市场和关境的复杂环境及激烈的市场竞争。因此单个企业无法仅依靠内部资源处理经营中有关竞争、创新、规则和供应链的各种阻碍。与其他市场主体的合作，与合作方优势互补，是跨境电商的重要选择。

在跨境电商运营中，为了提升产业链的附加值，企业会选择自建营销、研发、客户服务和平台运营等团队，这与寻求和外部企业的合作并不矛盾。企业内部营销团队可以和电商平台团队、直播营销团队等合作，以打造更具吸引力和创新性的营销活动。研发团队可以通过在线设计师平台，与国内外其他设计师共享和沟通创意。设计团队也需要与生产制造商和原料供应商合作，将想法付诸成品。另外，企业最基本的是要与物流商、综合服务平台和支付服务商合作，以打通跨境供应链。

横向联合最终的目标是实现主体间的价值共创，这涉及与客户和网络中的其他合作伙伴共享信息，共同规划和执行方案，或共同解决问题，超越通常情况下基于市场的分工。因而横向联合对企业间的协调提出了更高的要求。首先要求市场主体具备专业化的服务能力，并且符合跨境电商运营的一般需求，以提高在合作时的互补性。其次要求合作方之间具有一定的协调机制。这可以是系统对接的有效性，如基于云的服务是促进跨组织协作，构建具有增强相互操作能力的信息技术环境的一种有效和有前景的方法。协调机制也可以是合作的利益分配机制，如杭州安致电子商务公司，联动上下游供应链，使价值链各主体共同参与到跨境电商市场中，让品牌附加值在整个链条中释放。改变以前大量的利润归属于品牌商，而制造型企业利润微薄的分配机制。

信息技术极大地减少了企业横向联合之间的阻碍，提高了企业之间的沟通效率，并且增加了企业之间合作的协调性。同时，数字技术促进服务更加专业化，提升了企业对市场需求的响应能力。

3. 充分利用当地市场资源

跨境电商涉及国内和国外两个市场。通常从事一般贸易的商家，重点关注国外的客户需求，并针对需求进行采购，最多是将产品按照客户的需求进行一定程度的改进，以迎合当地市场。

以客户的需求作为商业策略起点的做法毋庸置疑，但企业往往忽略了当地市场的资源。而实际上，企业利用最贴近本土需求的东道国资源，能够拉近与当地客户的心理距离，且几乎不需要考虑与当地标准不符的情况。本土

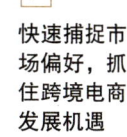

快速捕捉市场偏好，抓住跨境电商发展机遇

化的服务也更加具有及时性和有效性,并将因地域差异造成的服务障碍降到最低。例如,在研发设计方面,当地的设计师更了解当地的文化和流行趋势;在客户服务方面,国外当地的客服团队与国内客服和平台的智能客服结合,提供全天候的客户服务;在营销方面,当地团队或当地红人已具备相当的流量基础,用本地语言与消费者沟通能够提升消费者对产品的信任感。因此,充分利用当地资源是企业本土化战略中较为直接且有效的一种方式。

例如,安克创新科技股份有限公司在全球开展线下发布会,建立属地办公机构,利用当地团队进行营销推广;ELEGOO专门雇佣英国本土客服,无时差地解答用户咨询;UNAKU将非洲当地设计师的创意融入产品,并利用本土团队和网红营销,使非洲元素深深扎根于品牌形象之中。

4. 产品与服务的融合创新

从产品创新的角度而言,消费者对产品的需求更加多样化,不仅是对产品实用性的需求,而且包括对产品个性化、高品质、多功能,以及对其互补性产品的需求。

如果企业只是一味增加产品的种类和数量,而忽视产品对市场需求的契合度,以及产品的创新性,就会逐渐与市场需求脱节。产品对市场需求的契合度要求企业对市场趋势进行数据分析和洞察,而产品的创新性依赖于产品与服务的融合。

如乐歌人体工学科技股份有限公司(以下简称乐歌)从一家出口型公司转型为M2B2C(manufacture to business to customer)模式的公司,从单一化的分销商品到建立自有品牌。公司围绕产品,整合市场调研、产品企划、研发设计、信息技术、供应链管理、渠道建设、品牌营销和售后等服务,形成全价值链业务模式。

除此之外,一些主营高新技术产品的企业在提供产品之余,还深耕某一领域的技术创新,从而成为方案提供商,由服务于有限的消费者,变成服务于企业端客户,让这些企业端客户再服务于更多的消费者,形成服务的辐射效应。例如,上海小蚁科技有限公司,将其视觉技术在一定范围内进行共享,让技术服务于更多的客户。

5. 构建服务生态

实际上,上述四种商业决策及其体现的商业思维,都是构建服务生态的基础。企业通过国内外服务资源的整合和市场主体的协同,构造了用以打造差异化竞争的独特的服务生态。

打造服务生态体系,推动贸易数字化发展

构建服务生态的新型跨境电商企业,大致可以分为两种类型。

一种是以自建团队为主。企业将各种服务整合于产品中,提升产品的附加值。服务的增加延长了企业以往的仅生产或仅分销的链路,企业内部的组织结构覆盖较多的跨境电商业务,因而能够对供给方和需求方的变化,及时做出响应和调整。这类企业以制造业为主,构建服务团队补充生产能力。

另一种是以整合外部资源为主。这类企业构建的服务生态是桥梁式的、开放性的和合作性的。桥梁式是指企业自身不具备生产或研发能力,而是通过在国内外原料供应商、制造商、设计师、营销团队等企业之间搭建桥梁,构建自身的商业体系。开放性是指一系列服务的提供者并不是一成不变的,企业会不断地选择与更具有市场潜力的企业进行合作，从而保持服务和产品的迭代。合作性是指企业构建合作的平台，使相关主体都能够参与到交易中，共享商业成果和收益。

例如，UNAKU整合制造商的生产能力、非洲当地设计师的设计能力、第三方物流和支付平台的服务、非洲当地网红直播营销，以及实体店铺的资源，面向非洲目标人群提供具有高附加值的产品。图14-3所示为UNAKU构建的服务生态。

综上所述，企业构建了一个以产品贸易作为主链条，多维度、多主体协同的服务生态。从底层的信息技术、人员培训，到顶层的商业决策；从供应链末端的原料供应，到前端的营销推广；从深层的客户洞察、数据分析，到表层的产品供应链等，一系列合作伙伴的协同和服务资源的整合，最终以实现客户价值为目的。

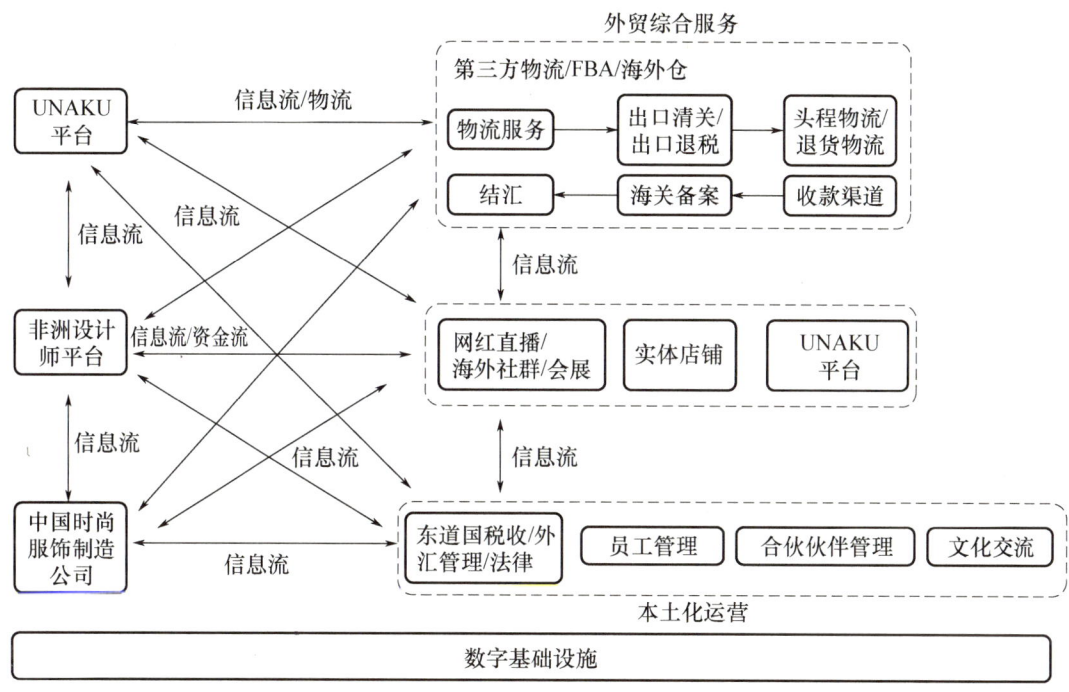

图14-3　UNAKU构建的服务生态

二、跨境电商与服务业的融合需要创新政策环境

企业经营管理是在一定的政策环境下进行的。政府部门针对不同行业制定的支持、监管政策会对企业的发展产生较大影响。政府部门的统计、评估体系，则会影响企业的发展方向。

党的二十大报告中指出要"深入推进改革创新""着力破解深层次体制机制障碍"。由于跨境电商和服务贸易的融合创新首先是基于跨境电商服务生态而言的，因此这需要政府部门调整原来监管和评估的方式。将常规的跨境电商进出口的监管方式，与服务贸易的政策相结合，如对服务行业制定相关标准和政策等。

在服务生态下，服务资源的整合和企业的协同合作往往涉及多个行业多个部门。这就需要政府能够减少一些行业准入壁垒，营造便于融合创新的制度环境。

在跨境电商发展的评估方面，不仅停留在对贸易规模和订单量等贸易指标的衡量上，相关服务业的发展规模、创新投入和人才培养等同样可以成为对跨境电商行业发展评估的内容。

本章小结

跨境电商通常被认为是线上化的货物贸易。实际上，贸易既具有商品交换属性，又具有服务属性，并且，其服务属性从属于产品交换属性。

跨境电商经过多年的发展，其服务属性越发显著，因而逐渐区别于货物贸易。跨境电商的服务化体现在业态形式、市场结构和商业决策方面。跨境电商的业态创新主要在服务领域，市场结构强调服务在主体间的连接作用，企业商业决策的重心向服务倾斜。企业不再局限于获取产品交易的差价利润，而是寻求服务的价值增值。

若从服务属性看跨境电商，则可将跨境电商描述成一个服务生态。跨境电商的服务生态是多层次、多维度的。由以贸易为核心的主生态和以主生态中各环节服务为核心的次生态共同构成。生态中的主体，以服务作为连接的纽带，共创价值、共享收益。

市场中出现一些新型的跨境电商企业，通过创造性整合服务资源、横向联合市场主体、充分利用当地市场资源，以及产品和服务融合创新的四种方式，探索构建以服务价值创造为主的生态系统。

当然，新型跨境电商企业的出现，并不意味着以往通过跨境电商平台进行产品进出口的模式无可取之处。实际上，通过跨境电商平台开展业务的贸易商在市场中仍占有很大比重。服务生态的提出，只是为企业和相关政府部门提供从服务的角度认识跨境电商的新视角，为企业打造差异化的竞争优势提供新的思路。

名词解释

跨境电商的服务生态：是一个多生态的集合，以贸易作为主链条，存在一系列供应链服务和商业服务构建而成的服务主生态。同时，以主生态中的各个环节为中心，构成多主体协同的次生态。

课后思考题

1. 结合实际案例，谈谈对跨境电商服务生态的理解。
2. 结合实际案例，分析跨境电商企业服务生态构建的方式。

第五篇　跨境电子商务法规环境

第十五章　跨境电商平台规则
第十六章　跨境电子商务的海关监管与政策
第十七章　跨境电子商务法律与规则体系

第十五章 跨境电商平台规则

本章概要

本章的主题是跨境电商平台规则,共分为五节内容。本章主要介绍目前跨境电商平台制定的、与商家在平台上运营紧密相关的规则,包括注册规则、商品刊登规则、店铺评分规则、搜索排序规则、知识产权规则。

学习目标

了解跨境电商平台所制定的注册规则、商品刊登规则、店铺评分规则、搜索排序规则和知识产权规则。

思维导图

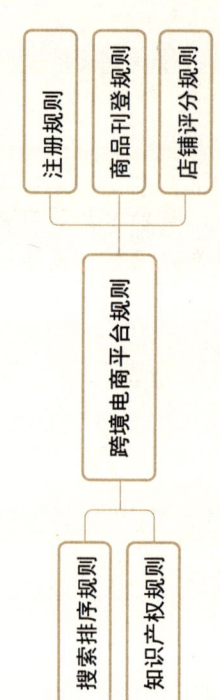

第十五章　跨境电商平台规则

跨境电商平台是进出口企业从事跨境电商交易的主要场所。平台就像是商场，为各家店铺（企业）营造良好的经营氛围，制订招商和管理办法，对商品质量和服务水平进行监管，对支付和退换货业务进行统一管理。入驻企业需要经过商场的审核，依据商场的整体风格装修店面、展示商品、为顾客提供服务、参加商场的促销活动等，所有入驻商场的企业都需要遵守商场的规章制度。跨境电商平台类似于虚拟商场，每个平台上的店铺企业就如同入驻商场的一个企业，都需要接受平台的管理，遵守平台的规则，同时也享受平台的服务。

跨境电商平台可以从 B2C 和 B2B 的角度进行区分。前者包括 eBay、亚马逊、速卖通、Lazada、Shopee、Wish 等主流平台，后者包括阿里巴巴国际站、中国制造网、环球资源网等，其中阿里巴巴的市场份额具有绝对优势。跨境电商平台还可以分为第三方平台和独立站，目前第三方平台还是跨境电商企业最主要的选择，每个平台上都入驻了成千上万家店铺，平台规则对广大企业产生着广泛而深远的影响。本章主要介绍第三方跨境电商平台的核心规则，涵盖了主流跨境 B2C 和 B2B 平台。

虽然每个平台都有一套自己的规则体系，但是这些规则具有很多相通之处。了解了跨境电商平台的核心规则，就可以掌握平台对店铺的基本管理思路。跨境电商平台的规则主要分为注册规则、商品刊登规则、店铺评分规则、搜索排序规则、知识产权规则等。

第一节　注 册 规 则

一、入驻资质

跨境 B2B 平台主要经营企业间的外贸批发业务，因此只有企业身份才能入驻平台，如阿里巴巴国际站。跨境 B2C 平台目前大多要求卖家需具有企业身份（包括个体企业），如速卖通从 2017 年开始只接受企业店铺入驻平台。东南亚最大的两个跨境电商平台 Lazada 和 Shopee 在中国有招商，仅限企业入驻。

有的跨境 B2C 平台允许个人卖家入驻，但是其店铺权限与企业卖家存在不小差距。亚马逊上的个人卖家无店铺月租，只需缴纳一定的操作费，但是每月限卖 40 件产品，没有购物车设置，不能使用 FBA（fulfillment by Amazon）仓储服务，不能生成官方报告；而企业卖家有店铺月租费，需缴纳 8%～15% 的操作佣金，但是销售产品的数量无限制，有购物车设置，可以使用 FBA 仓储服务。eBay 的个人卖家可以上传商品的额度很低，产品数量少；而企业卖家则不受限制，并且有平台的客户经理给予协助。

二、注册要求

如果想在一个跨境电商平台上开店，个人或企业卖家首先需要注册一个账号，提供一个真实的验证邮箱。个人卖家需要上传本人手持身份证的正面照片，企业卖家则需要提供公司名称、营业执照号及照片、公司法人及其手持身份证的正面照片、带有公司名称及门牌的照片等。个人账号一般在3个工作日即可完成审核，企业账户则需要等待较长时间。

平台通常规定卖家需保证注册证明材料的真实性。卖家在注册成功后需妥善保存自己的账号及密码，账号仅限会员本人使用，未经国际站事先审核并同意，会员不得擅自转让、出借或授权第三方使用本人账号。凡通过已注册账号及已设定密码进行的操作均被视为会员本人行为，相应责任和后果由会员自行承担。

有的平台对入驻店铺收取月租费，如亚马逊。有的平台对店铺收取商品类目保证金，如速卖通上的店铺需根据经营类目缴纳相应的保证金，店铺如果退出经营且不存在违规行为，保证金将在店铺退出类目经营之后的30个自然日后全额原路返还至卖家绑定的支付宝账号中。

三、店铺关联规则

1. 店铺关联的含义

跨境电商平台大多会查处店铺关联问题。店铺关联就是一个卖家在同一个平台上拥有两个以上店铺账号，发布类似的产品，用来互相引流。店铺关联会导致卖家之间的不公平竞争，因此平台通常允许一个人或一家公司只能拥有一个店铺账号。平台会通过对各种数据的监测核对，匹配关联因素，如果发现一个卖家主体拥有两个以上账号，这些账号就会被判定为关联账号。

2. 店铺关联的后果

店铺关联的后果可能有以下几个方面。

（1）强制下架新账号的全部商品。

如果平台认定几个账号关联，而账号之间所售产品有交叉，一般会要求强制下架新账号的全部 Listing①。

（2）全部继续存活。

如果平台认定几个账号关联，但是各账号所售产品各不相同，且账号表现良好，则几个账号可以全部继续存活。

（3）关闭账号。

Shopee平台一旦发现店铺关联，就会以重复入驻为名，冻结该公司名下的所有店铺。亚马逊平台上被认定为关联账号中的某一个账号被关闭，则其他账号也一定会被关闭，但关闭时间不确定。

3. 平台判定店铺关联的方法

平台通过算法监测以下数据来判断店铺是否关联。

① 计算机：计算机指硬盘信息。

② 网关：主要指外网 IP 地址，但因为国内 IP 地址多是浮动的，难免会出现多个账号

---

① Listing 即一个完整的商品页面，包括产品标题、图片、产品主要功能、特征、产品描述、产品评论、产品评级等要素。

IP 地址相同的情况，所以，IP 地址仅仅是判定店铺是否关联的一个因素而非唯一因素。

③ 网卡 MAC 地址：有些卖家基于成本的考虑，在一个账号被关闭后，将计算机格式化、系统重装后重新登录新的账号，如果计算机网卡是集成的，没有禁用网卡和更换新网卡，同样容易导致关联。

④ 路由器：由相同路由器的物理地址判定关联账号。

⑤ 浏览器：如插件、Cookies、系统字体、操作系统版本、打字方式、打字速度等。

⑥ 邮件图片或 Flash。

⑦ 账户信息：注册人姓名、信用卡持卡人姓名、收款账号信息、邮箱地址、家庭地址信息、电话号码、密码等。

⑧ 店铺产品信息：各店铺之间的产品重复信息不超过 30%。

第二节　商品刊登规则

一、禁限售规则

店铺注册好以后就可以开始上架商品了。每个平台都有自己禁止或限制销售的商品清单，店铺首先要了解平台的禁限售规则，避免违规、扣分。各跨境电商平台禁限售的商品主要分为以下几类。

1. 法律禁止销售的产品

法律禁止销售的产品包括毒品及制毒工具、枪支弹药、管制器具、军警用品、含色情暴力的物品、人体器官、保护动物、赌博工具、非法用途产品（盗窃工具、开锁工具、窃听设备等）等。

2. 电商禁止销售的产品

有些商品虽然可以在线下销售，但是不允许通过电商渠道进行销售，如处方药品、烟草、贵金属和收藏品。处方药品关乎人民生命安全，需要在具有相关资质的药店或医疗机构购买，而电商难以控制药品的质量和渠道。烟草是一种特殊商品，根据《中华人民共和国烟草专卖法》的规定，经营烟草专卖品必须取得烟草专卖许可证，并且有固定的经营场所，因此在线上贩卖香烟是违法的。贵金属和收藏品的真伪和价值不好判断，因此不适合在线上销售。

3. 国别禁止销售特定的产品

根据外部贸易环境变化以及特定进口国法律法规的规定，平台会不定期通过发布公告的方式规定特定产品在特定国家禁止展示或销售，卖家需关注目标销售市场的禁售产品动态。如果发现店铺采取不正当手段，如产品标题词变形、错放类目等方式恶意规避产品国别禁售管控措施的，平台除有权直接删除违规产品信息外，还可以对违规账号扣除相应分数。

> 资料链接

阿里巴巴国际站禁限售商品目录

阿里巴巴国际站禁止、限制销售产品目录及处罚标准,如表 15-1 和表 15-2 所示。

表 15-1 禁止销售产品目录及处罚标准

禁止销售产品目录		处罚标准
毒品、易制毒化学品及吸毒、制毒工具	麻醉镇定类、精神药品、天然类毒品、合成类毒品、一类/二类易制毒化学品、类固醇、管控物质或管控成分	A+/A 级违规,将视情节扣 48 分或 6 分/次
	三类易制毒化学品	B 级违规,2 分/次
	毒品吸食、注射工具及配件	B 级违规,2 分/次
	帮助走私、存储、贩卖、运输、制造毒品的工具	C 级违规,1 分/次
	制作毒品的方法、书籍	C 级违规,1 分/次
危险化学品	爆炸物及引爆装置	A+ 级违规,扣 48 分
	易燃易爆化学品	A 级违规,6 分/次
	放射性物质	A 级违规,6 分/次
	剧毒化学品	A 级违规,6 分/次
	有毒化学品	B 级违规,2 分/次
	消耗臭氧层物质	C 级违规,1 分/次
	石棉及含有石棉的产品	C 级违规,1 分/次
	剧毒农药	C 级违规,1 分/次
枪支弹药	大规模杀伤性武器、真枪、弹药、军用设备及相关器材	A+ 级违规,扣 48 分
	仿真枪及枪支部件	A 级违规,6 分/次
	潜在威胁工艺品类	B 级违规,2 分/次
管制器具	刑具及限制自由工具	A 级违规,6 分/次
	管制刀具	A 级违规,6 分/次
	严重危害他人人身安全的管制器具	A 级违规,6 分/次

续表

禁止销售产品目录		处罚标准
管制器具	弩	A级违规，6分/次
	一般危害他人人身安全的管制器具	B级违规，2分/次
军警用品	制服、标志、设备及制品	B级违规，2分/次
药品及其相关产品	处方药、非处方药、激素类、放射类药品、含有违禁成分的其他药品、原料药和药物中间体	A+/A级违规，将视情节扣48分或6分/次
	特殊药制品、疫苗	A+/A级违规，将视情节扣48分或6分/次
	兽用药、人兽共用药	A+/A级违规，将视情节扣48分或6分/次
	口服、注射性药及含违禁成分的减肥药、保健品或非保健品类减肥药	A+/A级违规，将视情节扣48分或6分/次
	中药、中药材、中药饮剂	B级违规，2分/次
	性保健品	B级违规，2分/次
非法用途产品	政府机构颁发的文件、证书、公章、勋章，身份证及其他身份证明文件，用于伪造、变造相关文件的工具、主要材料及方法	A+级违规，扣48分
	单证、票证、印章、政府及专门机构徽章	A级违规，6分/次
	金融证件、银行卡，用于伪造、变造相关的工具、主要材料及方法；涉及伪造证件类及金融类证件的相关敏感信息	B级违规，2分/次
	信号干扰器	A级违规，6分/次
	用于监听、窃取隐私或机密的软件及设备	A级违规，6分/次
	非法软件及黑客类产品	B级违规，2分/次
	用于非法摄像、录音、取证等用途的设备	B级违规，2分/次
	非法用途工具（如盗窃工具、开锁工具、银行卡复制器）	B级违规，2分/次

续表

	禁止销售产品目录	处罚标准
非法用途产品	用来获取需授权方可访问的电视节目、网络、电话、数据或其他受保护、限制的服务的译码机或其他设备（如卫星信号收发装置及软件、电视棒）	B级违规，2分/次
	POS机（包括MPOS）、刷卡器等受理终端	B级违规，2分/次
	用于妨碍、规避及以其他方式干扰执法车辆或道路安全/其他法律规定的产品；用于遮挡牌照使其无法读取或识别的牌照防拍喷剂或牌照盖板、汽车识别号（VIN）标牌、用于更改里程表的产品等	C级违规，1分/次
非法服务	提供银行、金融咨询服务或洗钱、非法集资等服务	A+/A级违规，将视情节扣48分或6分/次
	提供视频、色情陪聊服务	A+级违规，扣48分
	提供医疗咨询和医疗服务	A级违规，6分/次
	提供个人隐私信息及企业内部数据；提供个人手机定位、电话清单查询、银行账户查询等服务	B级违规，2分/次
	提供法律咨询、彩票服务、医疗服务、教育类证书代办等相关服务	B级违规，2分/次
	提供追讨服务、代加粉丝或听众服务	E级违规，0.5分/次
	非法规避或者偷、逃关税	D级违规，0分/次
收藏类	任何形式的货币、金融票证、仿制货币、假币及其他类似或可能会被误认为货币、金融票证的商品；明示或暗示用于伪造、变造货币、金融票证、仿币的主要材料、工具及方法	A+级违规，扣48分；A级违规，6分/次；E级违规，0.5分/次
	虚拟货币（如比特币）及矿机类产品	A级违规，6分/次
	金、银和其他贵重金属	B级违规，2分/次
	国家保护的文物、化石及其他收藏品	B级违规，2分/次
	经过辐照处理的宝石、净度增强的白钻石、玻璃填充的红宝石	D级违规，0分/次

续表

禁止销售产品目录		处罚标准
人体器官、动植物及动物捕杀工具	人体器官、遗体	A+级违规，扣48分
	国家重点保护、濒危保护动物活体、器官、标本、相关制品及捕杀、加工工具	B级违规，2分/次
	猫、狗等动物的活体、器官、标本、相关制品及加工工具	B级违规，2分/次
	国家重点保护、濒危野生植物及其相关制品	C级违规，1分/次
	活体动物、植物、种子及其制品，以及动物粪便	D级违规，0分/次
	其他受管制的动、植物及其制品	D级违规，0分/次
危害国家安全及侮辱性信息	宣扬恐怖组织和极端组织信息	A+级违规，扣48分
	宣传国家分裂及其他各国禁止传播发布的敏感信息	A+级违规，扣48分
	涉及种族、性别、宗教、地域等歧视性或侮辱性信息	B级违规，2分/次
	其他含有政治色彩的信息	E级违规，0.5分/次
烟草	成品烟及烟草制品	A级违规，6分/次
	电子烟及其配件	A级违规，6分/次
赌博	在线赌博信息	B级违规，2分/次
	赌博工具	B级违规，2分/次
制裁及管制产品	禁运或限制进出口的产品	C级违规，1分/次
	其他制裁产品	C级违规，1分/次
违反目的国产品质量技术法规/法令/标准的、劣质的、存在风险的产品	经权威质检部门或生产商认定、公布或召回的产品；各国明令淘汰或停止销售的产品；过期、失效、变质的产品、无生产日期、无保质期、无生产厂家的产品	B级违规，2分/次
	高风险及安全隐患类产品	C级违规，1分/次
违背社会道德、公序良俗、人道主义精神等的争议性商品	违反各国基本社会道德、社会公序良俗、人道主义精神上存在争议或各国法律法规或舆论上存在争议的商品，包括但不限于堕胎工具相关商品、动物克隆、动物或人类实验相关商品，以及违反国际环境保护宗旨等的商品。阿里巴巴保留对此定义及范围修改、补充的权利	B级违规，2分/次

表 15-2 限制销售产品目录及处罚标准

限制销售产品目录	处罚标准
烟花爆竹、点火器及配件	首次违规不扣分，第二次违规：E 级违规，0.5 分 / 次
限制发布的警用品	首次违规不扣分，第二次违规：E 级违规，0.5 分 / 次
医疗器械	首次违规不扣分，第二次违规：E 级违规，0.5 分 / 次
保健食品类口服减肥药	首次违规不扣分，第二次违规：E 级违规，0.5 分 / 次
制烟材料及烟草专用机械	首次违规不扣分，第二次违规：E 级违规，0.5 分 / 次
防疫物资	首次违规不扣分，第二次违规：E 级违规，0.5 分 / 次
婴幼儿食品	详参规则
电动平衡车	首次违规不扣分，第二次违规：E 级违规，0.5 分 / 次
保健食品（膳食补充剂）	详参规则
签证服务	首次违规不扣分，第二次违规：E 级违规，0.5 分 / 次
黑色金属及有色金属	详参规则
食品和饮料、农产品	详参规则
化妆品商品	详参规则

资料来源：https://rulechannel.alibaba.com/icbu?type=detail&ruleId=1992&cId=1318#/rule/detail?cId=1318&ruleId=1992&activekey=%28%E4%B8%80%29%C2%A0%E6%AF%92%E5%93%81%E3%80%81%E6%98%93%E5%88%B6%E6%AF%92%E5%8C%96%E5%AD%A6%E5%93%81%E5%8F%8A%E6%AF%92%E5%93%81%E5%B7%A5%E5%85%B7%C2%A0%E3%80%90%E8%A7%A3%E8%AF%BB%E3%80%91-2.（2023-02-16）[2023-05-24].

二、类目选择规则

选择好合适的商品后，就需要进行商品刊登上架工作了，第一步就是选择商品类目。商品必须刊登在正确的类别中，如出售物品存在多级子分类，需将商品刊登在相对应的分类中。例如，出售戒指需要刊登在"珠宝 > 戒指"分类中，而不能刊登在"珠宝 > 其他"分类中。

选择正确的类目是上架商品获得合理搜索曝光量的前提，反之，类目错放不仅会影响商品流量的获得，而且还会受到平台的处罚。例如，Shopee 平台规定，若卖家将商品设置成了错误的品类，第一次被平台发现，该商品将会被系统下架；若卖家修改后该商品仍为错误品类，该商品将被系统删除并产生相应的惩罚如扣分；若卖家第三次上传该商品仍为错误品类，该商品将被系统删除，卖家将获得1分额外的惩罚计分。

三、标题写作规则

标题撰写是商品刊登中非常重要的一步。标题由与商品密切相关的核心词、属性词、长尾关键词，以及营销词、品牌词等关键词按照一定的顺序组合构成。商品标题应反映商品的关键特征，符合消费者的阅读习惯，它既是消费者决定是否点击一个商品链接的重要考虑因素，也是平台搜索引擎向消费者提供搜索结果的重要依据。各平台对商品标题的字数要求有所不同，速卖通的标题上限为128个字符，阿里巴巴国际站建议标题长度为80个字符；Shoppee平台对标题长度依国家而有所区别：马来西亚为80个字符、新加坡为80个字符、印度尼西亚为100个字符、泰国为120个字符。各平台通常要求标题撰写应符合以下规则。

1. 真实、准确

标题应真实反映商品的特征和本质属性。如果标题描述与商品不一致，容易造成引流不准确，消费者点击进去而不购买，从而降低转化率。标题撰写不准确会影响商品描述质量分，降低商品的排名，影响商品和店铺的曝光量。

2. 不要堆砌关键词

堆砌关键词是指在标题中反复使用同一个关键词，如夏季海边雪纺连衣裙修身连衣裙女装连衣裙。反复使用同一个关键词并不会帮助商品获得更多的流量，反而会浪费有限的标题字数，降低信息容量，影响消费者的阅读体验。

3. 不要含有无关关键词

商品中包含的信息与所销售的商品不对应或不相关，则会被视为垃圾刊登商品。为了防止卖家滥用关键词误导消费者及影响消费者的浏览体验，Shopee平台会通知卖家重新编辑商品。若再次检查不合格，商品将会被删除。这个问题在一些小语种站点尤其容易发生，当翻译软件把中文翻译成小语种（如泰语）时，由于翻译不准确，很容易出现无关关键词，因此不懂小语种的卖家最好直接用英文撰写标题。

4. 不能出现侵权品牌词

有的店铺为了给自己的商品引流，把本行业知名度高的品牌词放在了标题里，造成了对其他品牌的侵权行为。有的店铺则不是故意侵权，而是在整理流量较大的热搜词时，没有辨认出来某些品牌词，把它们放进了商品标题。如果非自有品牌，且没有品牌授权证明的话，产品标题是不能出现品牌词及LOGO的。平台一旦发现，会给卖家发送侵权邮件，记一次严重侵权，若侵权达到3次就会封店。

四、图片发布规则

高品质的图片是提高消费者点击率和下单率的重要因素。各平台对商品图片的要求一般包含以下几项。

1. 数量与像素

大多数平台规定一个 Listing 可以最多上传 9 张图片（不含详情页中的图片），其中一张是白底图。速卖通要求图片尺寸为 800 像素 ×800 像素及以上，横向和纵向比例建议在 1:1～1:1.3；图片要求无边框和水印，不允许拼图；LOGO 统一放在图片左上角。eBay 要求图片不得包含任何边框、文字或插图。Shopee 规定图片最多 9 张，最少 4 张；每张图片小于 2MB，建议尺寸为 1 024 像素 ×1 024 像素，全方位显示商品的不同角度；多选项的可以在商品照片上标注分类信息，以便买家选择所需的分类。

2. 图片盗用

图片盗用是指卖家未经图片所有人许可而擅自使用其他卖家发布的图片的行为。图片盗用属于侵权行为，一旦图片所有人投诉成功，平台将对盗用方实施处罚。例如，阿里巴巴国际站，针对被投诉方账号，首次投诉成立 5 天内算一次，扣 3 分；第 6 天开始，被第二次投诉成立扣 3 分；被第三次及以上投诉成立扣 6 分；一天内若有多次投诉扣一次分（投诉成立结案将删除涉案商品）。所有时间以投诉处理完结时间为准。若卖家首次被投诉侵权，Shopee 平台会将相应侵权商品下架。若卖家再次被投诉侵权，Shopee 平台会将被投诉的卖家账号暂时冻结 7 天；账号解冻后若再次被投诉侵权，则继续冻结 7 天；以此类推。

3. 图片含有外部链接

大多数平台都不允许卖家利用平台把流量导入外部网站，如公司官网或独立站，一旦发现，将会下架该商品。例如，阿里巴巴国际站规定，卖家不得发布可能存在交易风险，或有损平台利益，或妨碍平台服务正常运行的外部网站或应用信息，包括但不限于在沟通、商品详情、店铺页面、直播、短视频等场景发布外部网站或 App 的名称、超链接、二维码等信息。

五、重复刊登规则

重复刊登是指将各项信息完全相同，或者重要属性完全相同或高度相似的产品进行多次刊登的行为。卖家进行重复刊登是为了提高商品的曝光量，但是这种行为扰乱了竞争秩序，影响了消费者的购物体验，因此会受到平台的处罚。

1. 重复刊登的形式

（1）卖家在其不同的店铺刊登相同的产品。

同一个卖家刊登的产品之间必须有显著的区别（如图片、标题、价格、属性、描述等），否则将被视为重复刊登的商品。卖家应仅在一家店铺（而非多家店铺）出售同一件商品。对于有严重重复刊登行为的店铺（同一卖家），平台将保留最初的店铺，关闭其余所有店铺。

（2）将相同的产品刊登在不同的类别下。

例如，将同一款智能手表同时发布在"移动设备和配件"和"手表"类别下，也属于重复刊登。卖家应选择与所售产品相关度最高的一个类别进行刊登。

（3）微调产品信息后重复上传。

卖家把一个 Listing 的图片、标题、价格、属性、描述等进行微调后上传，也会被认为是重复刊登。

（4）以下情况目前不会被视为重复刊登。

当同一款产品有多种型号/款式，在同一个 Listing 下无法全部刊登时，卖家可以分开上传多个，但需确保没有刊登重复的型号/款式。

2. 重复刊登的处罚

（1）刊登被平台移除。

（2）刊登不在平台的搜索结果里显示。

（3）账户的买卖权限被终止。

（4）账户搜索排名降低，曝光量降低。

（5）卖家惩罚积分系统会对卖家进行惩罚积分。

第三节 店铺评分规则

一、评分维度

店铺评分对于商品的搜索排序、曝光量及成交率都有重要影响。评分高的店铺能够参加更多平台促销活动，获得平台更大的流量支持；消费者也更愿意在评分较高的店铺下单。每个跨境电商平台对店铺都有一套考核评分机制，在阿里巴巴国际站称为"商家星等级"，通过评分把卖家分为1星到5星卖家，在买家的产品搜索页就可以清楚地看到每个店铺的星级；在 eBay 称为"卖家服务评级"（detailed seller rating，DSR），从物品描述准确性、沟通质量及回应速度、物品运送时间、运费及处理费合理性四个维度进行评分；在速卖通称为"卖家服务等级"，主要考核卖家的产品描述、沟通及物流服务。

虽然每个平台的店铺评分机制各有不同，但是基本上都包含以下几个方面：商品描述、服务质量、物流及交易转化等。

二、商品描述评分

商品描述考核的是商品标题、关键词、图片、属性及详情页的制作质量，要求商品信息描述真实准确完整，属性填写完整，标题准确、易读、重点突出，图片质量高。高质量的商品描述是提高下单转化率的基础，店铺应努力做好每一条Listing的商品描述，平台也会给予优质Listing更多的流量倾斜。

三、服务质量评分

服务质量主要通过平均响应时间、买家反馈与评论等指标进行考察。

1. 平均响应时间

平台通过统计店铺客服针对每条买家询问的平均响应时间来考核店铺的服务质量，平均响应时间越短，代表服务质量越高。以阿里巴巴国际站为例，平均回复时间是指对7天内买家发来的所有有效询盘的平均回复时间，以小时为单位计算，进行四舍五入。

2. 买家评论与反馈

平台可以通过买家给店铺的评分来量化买家的反馈，并把评分作为衡量店铺服务质量的一个依据。买家的评论直接影响着店铺的销量，一个差评给店铺带来的不良影响是非常显著的。

亚马逊平台特别重视买家的评论数据，制定了两个重要评价体系，分别是评论（Review）和反馈（Feedback）：Review是对Listing本身的评价，亚马逊用户无论是否购买此产品，都可以对一条Listing做出自己的评价；Feedback是对具体订单而言，只有在购买行为产生之后买家才可以对已有订单做出评价。

Review是只能针对这个产品本身，与客服、物流等其他因素无关。Review是对Listing本身而言的，通常展示在产品页面的下方，对Listing的曝光、流量、排名和转化率都产生着直接的影响。

Feedback是客户对他所购买的产品的这个订单的评价（订单的评价），它可能包括产品质量、客服质量、物流速度等一系列的因素。Feedback体现在对店铺的影响上，是账号表现的一个考核指标，买家只有在进入卖家店铺页面时，才能够看到该店铺的Feedback情况。

四、物流评分

物流评分主要考察发货速度、到货情况、物流纠纷率等指标。物流是跨境电商的重要组成部分，发货速度快、运费适当的店铺更容易吸引消费者下单，而发货延迟、货物破损或丢失、交错货物则是最容易引发物流纠纷的原因。阿里巴巴国际站用按时发货率来衡量卖家的物流水平。

按时发货率 = 最近180天内按时发货且未取消的订单数 /（统计周期内的所有订单数 –
已取消的订单数 – 未到约定发货时间的订单数）

eBay用物品运送时间（shipping time）和运费及处理费（shipping and handling charges）两个指标来衡量卖家的物流水平。

五、交易转化率

交易转化率体现了店铺把流量转化为下单量的能力,也是店铺评分的重要考量因素,转化率越高的店铺越能够得到平台的流量倾斜。阿里巴巴国际站用"信用保障交易额"与"信用保障交易买家数"来衡量店铺的交易转化能力。"信用保障交易额"是指最近90天预付款匹配到账的订单总额。"信用保障交易买家数"是指最近90天匹配到账的信用保障订单买家数。

六、其他指标

1. 点击率

点击率是指一段时间内,店铺产品信息在搜索结果列表页或类目浏览列表等页面被买家点击的次数/看到的次数,即点击量/曝光量。点击率高代表店铺的转化能力较强。

2. 满意订单率

满意订单率是指一段时间内店铺成交且未发生仲裁的订单与这段时间成交的订单总数的比值。

3. 店铺转化率

店铺转化率指最近一段时间内店铺访客中转化成活跃客户的比例。活跃客户是指发过咨询或询盘的买家。

第四节 搜索排序规则

当买家在平台上搜索一件商品时,每个平台都有一套统一的算法,自动把它认为最合适的商品按顺序展示给买家。商品在搜索页面的排序包含多种因素,包括但不限于商品相关性、商品质量、卖家服务能力、搜索作弊情况、卖家评级等。

一、商品相关性

商品的相关性是指产品与关键词或类目相匹配的程度。当用户搜索关键词或类目时,会与产品的多项信息进行匹配,如标题、类目、属性、详情描述等。所有可以被匹配到的结果都会出现在搜索列表页。匹配度越高的产品,得分也就越高,排序就会越靠前。这几个的相关度是相互关联的,即如果标题匹配,但详情页描述不匹配,或者描述匹配,而类目不匹配,得分就会受到影响。因此,卖家在上传商品时需注意以下几点:①商品一定要上传至准确的类目;②商品的名称要尽可能准确全面地描述商品;③商品属性要尽量完善。

二、商品质量

商品质量是指商品是否为优质商品，商品质量从根本上决定了买家是否会最终下单并成功支付。此项分数影响因素较多，主要有四个方面：商品销售额、商品转化率、商品价格、商品图片。

1. 商品销售额

商品销售额是指商品的售出情况和金额。售出越多，分数越高。

2. 商品转化率

商品转化率是指商品被曝光后获得的点击和购买情况。转化率对新品尤其重要。被消费者浏览的数量、被加入购物车的数量及被收藏的数量等都会提升商品的搜索排名。

3. 商品价格

商品的定价要合理。平台会从销售数据、同类商品市场价格等多方面来判断商品的价格是否合理，对于恶意压价和抬价的商品会予以减分。

4. 商品图片

对于商品图片，平台从数量和质量都会做一个判断，数量多、质量高的图片得分较高。商品的主图是商品描述中不可或缺的部分，买家更加喜欢实物拍摄的高质量、多角度的图片，因为这些能够帮助卖家更清楚地了解商品，从而做出购买决策。

三、卖家服务能力

除商品本身的质量外，卖家的服务能力是直接影响买家采购体验的因素，因此平台会将能提供优质服务的卖家排名靠前，而服务能力差、买家投诉严重的卖家排名靠后甚至不参与排名。卖家服务能力主要考虑以下几个因素。

1. 卖家的服务响应能力

服务响应能力包含卖家利用平台的聊天工具及邮件对客户询问做出响应的速度和质量，及时答复买家的询问将有助于提升卖家在服务响应能力上的评分。

2. 订单的执行情况

卖家发布商品进行销售时承诺了发货时间，就应该兑现对买家的承诺。买家付款后，平台期望卖家能够及时发货。无货空挂、拍而不卖的行为将对买家的体验造成严重的负面影响，也会严重影响卖家所有商品的排名情况，情节严重的卖家所有商品将不参与排名。

3. 订单的纠纷、退款情况

卖家在发布商品进行销售时，应该如实描述，向买家真实准确地介绍自己的商品，保证商品的质量，避免买家收到货以后产生纠纷、退款的情况。如遇到买家有不满意的时候，应该提前积极主动地与买家沟通、协商，避免纠纷的产生，特别是要避免纠纷上升到需要平台介入进行处理的情况。平台对于纠纷少的卖家会进行鼓励，对于纠纷严重的卖家将会受到搜索排名靠后甚至不参与排名的处罚，当然，非卖家责任引起的纠纷、退款情况除外。

4. 卖家的好评率

卖家的好评率直接代表着交易结束后买家对于商品、卖家服务能力的评价，是买家满意与否的最直接的体现。平台会优先推荐好评率高的卖家，给予更多曝光机会和推广资源，对于好评率低的卖家进行大幅的排名靠后处理甚至不参与排名的处罚。

5. 重复购买率

重复购买包括回平台重复购买和回到自己店铺重复购买。重复购买率越高，该项得分越高，排名就越靠前。

四、搜索作弊情况

常见的搜索作弊情况包括：重复铺货、重复开通小账号骗取曝光、标题关键词滥用、商品发布类目错误、用超低价或超高价骗取曝光、商品价格与运费倒挂、发布广告商品、商品销量炒作、卖家信用炒作等。

对于搜索作弊骗取曝光机会、排名靠前情况，平台会进行日常的监控和处理，及时清理作弊的商品。处理手段包括商品的排名靠后、商品不参与排名或隐藏该商品，对于作弊行为严重或屡犯的卖家，会进行店铺一段时间内整体排名靠后或不参与排名的处罚，特别严重者，甚至会关闭账号并进行清退。

五、卖家评级

卖家的评级越高，在同类商品搜索排名时越容易靠前。在敦煌网上，P（优秀商户）级、T（顶级商户）级卖家在搜索排序中有一定优势。在阿里巴巴国际站上，评级越高的卖家越容易排在前面。

第五节　知识产权规则

跨境电商的交易范围遍及世界各地，有的国家对知识产权问题要求非常严格，因此各平台通常都很重视产品的侵权问题，制定了专门的知识产权规则，对违规行为进行严厉处罚。

一、知识产权侵权类型

各种智力创造（如发明、外观设计、文学和艺术作品），以及在商业中使用的标志、名称、图像，都可被认为是某一个人或组织所拥有的知识产权。知识产权，也称知识所属权，是指权利人对其智力劳动所创作的成果和经营活动中的标记、信誉所依法享有的专有权利，一般只在有限时间内有效。跨境电商中的知识产权侵权类型主要包括商标侵权、著作权侵权和专利侵权。

1. 商标侵权

商标侵权是指未经权利人许可，在所发布、销售的同一种产品上使用与其注册商标相同或相似的商标，以及其他商标性使用的情况。

2. 著作权侵权

著作权侵权是指未经著作权人许可，擅自发布、复制、销售受著作权保护的产品（如书籍、文字、图片、电子出版物、音像制品、软件、工艺品等），以及其他未经著作权人许可不当使用他人著作权的行为。例如：

① 发布或销售的产品或其包装是侵权复制品；

② 发布或销售的产品或其包装是非侵权复制品，但包含未经授权的受著作权保护的内容或图片；

③ 在详情页上未经授权使用权利人的图片作品；

④ 在详情页上未经授权使用权利人的文字作品。

3. 专利侵权

专利侵权是指未经权利人许可，擅自发布、销售包含他人专利（包含外观设计专利、实用新型专利或发明专利等）的产品，以及其他未经权利人许可，不当使用他人专利的行为。

二、知识产权侵权处罚

平台针对知识产权侵权的处罚方式主要是扣分，降低搜索权重，严重时关闭账号。

速卖通规定：由于侵权问题首次投诉成立不扣分，5天内被同一知识产权投诉成立算一次；第6天开始，再被同一知识产权投诉成立扣12分（被冻结账户7天）；第三次再被同一知识产权投诉成立扣36分（被冻结账户30天）；一天内若被同一知识产权多次投诉成立扣一次分，时间以投诉处理时间为准（每次违规后，均须进行知识产权学习）。店铺扣分累计达到48分，账号将被关闭。

阿里巴巴国际站规定：商家由于商标侵权严重违规累计被记振次数达三次的违规者将会被关闭账号，一般违规每次扣6分，累计达48分者关闭账号；著作权侵权首次违规不扣分，其后每次重复违规扣6分，累计达48分者关闭账号。

本 章 小 结

跨境电商平台类似于虚拟商场，每个平台上的店铺就如同入驻商场的企业，在享受平台服务的同时，需要接受平台的管理，遵守平台的规则。

平台规则对企业在跨境电商平台上的良性运营起着广泛而深远的影响。本章主要介绍

第十五章 跨境电商平台规则

第三方跨境电商平台的核心规则，涵盖注册规则、商品刊登规则、店铺评分规则、搜索排序规则、知识产权规则五个方面。

课后思考题

1. 分析平台规则对跨境电商企业运营的影响。
2. 除了本章提到的平台规则，还有哪些平台规则是目前备受关注的？企业应如何正确应对平台规则？

第十六章 跨境电子商务的海关监管与政策

本章概要

本章的主题是跨境电子商务的海关监管与政策,共分为两节内容。第一节分析了国外跨境电商的海关监管与政策,主要包括世界海关组织跨境电商标准框架,以及跨境电商适用的各国关税征收标准。第二节主要分析了我国跨境电商的海关监管与政策。

学习目标

- 了解国外跨境电商的海关监管与政策;
- 了解我国跨境电商的海关监管与政策;
- 掌握具有代表性的监管与政策。

第十六章 跨境电子商务的海关监管与政策

思维导图

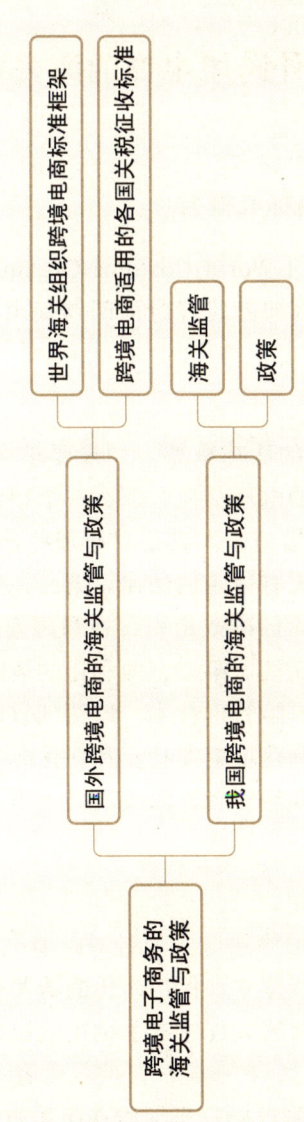

近年来，跨境电子商务市场的快速发展对中国而言既是机遇，也同时存在风险和挑战。政府高度重视并且积极鼓励跨境电商市场的发展，与此同时也不断加强对跨境电商市场的治理和引导，促使其朝着阳光化、规范化方向发展。海关监管与政策对于跨境电商市场的发展起着至关重要的作用，本章将对国内外跨境电商市场的海关监管与相关政策进行介绍。

第一节　国外跨境电商的海关监管与政策

一、世界海关组织跨境电商标准框架

2018年6月，世界海关组织（World Customs Organization，WCO）发布了《世界海关组织跨境电商标准框架》，该框架就跨境电商问题提出了8项基本原则和相应的标准，具体内容如下。

1. 电子数据预处理和风险管理

第一，建立电子数据预处理的法律框架。如果要求在电商供应链从业者和海关与其他政府部门间预先进行相关数据的电子交换，那么一个相应的法律法规框架应当被建立起来，从而提升便利性和改善控制措施，尤其是对于那些涉及竞争（反垄断）和数据安全、隐私保护、所有权的领域，应考虑有适用的法律。第二，使用国际标准进行电子数据预处理。相关的WCO标准和其他国际标准或指引，在和国家政策一致的情况下应当被采用，从而促使电子数据能有效协调和交换。第三，便利化的风险管理及控制。海关当局应当开发和应用针对电子商务的有力的风险管理技术，以甄别有风险的货物。第四，使用非侵入式查验技术和数字分析法。从便利跨境电商物流和强化海关控制的角度考虑，作为风险管理的一部分，对于各种运输方式和经营者，海关当局应当结合非侵入式查验设备，使用数字分析法和屏选法。

2. 便利化和程序简化

第一，简化的清关手续。海关当局应当通过对跨境电商货物的提前申报和风险评估，以及和其他政府部门的合作，酌情建立和保持简化的清关程序或手续，对低风险到港或离港货物执行即刻放行程序。简化的清关程序或手续还应视情况包括一个用于税款征收和处理退运货物的账户管理系统。第二，扩展经认证的经营者（authorized economic operator，AEO）理念至跨境电商领域。海关当局应当探索在跨境电商领域应用AEO认证程序和互认安排协议的可能性，包括利用中介机构的作用，使中小微企业和个人能充分享受跨境电商带来的好处。

3. 公平和高效的税款征收

第一，税款征收模式。和合适的机构和部门合作的海关当局，应当酌情考虑应用多

样化的税款征收模式,如卖家模式、中介模式或买家模式等。为了保证税款得到征收,海关应当给出电子支付选项,提供相应的网上信息,并允许采用灵活的支付形式,以保证程序公平、透明。为了给各类跨境电商参与者创造一个多样化的商业模式和公平竞争的环境,那些被应用的征收模式应当是有效的、高效的、可扩展的和灵活的。第二,最低起征点。在回顾和调整税款的最低起征点时,政府应当基于全国范围的具体情况作出明智的决策。

4. 安全和可靠

第一,阻止欺诈和非法贸易。针对阻止和侦测欺诈、制止滥用跨境电商渠道和阻断非法流动,海关当局应当和其他政府部门合作建立分析和调查非法跨境电商贸易活动的程序。第二,跨部门间的合作和信息共享。各国政府应当在不同的政府部门间及其内部建立合作框架。通过相关的电子数据交换机制,如国际贸易单一窗口,提供有力的、可协调的、安全可靠的预防跨境电商风险的应对措施,以促进合法贸易。

5. 合作关系

第一,公共和私人的合作关系。海关当局应当建立和强化与跨境电商利益相关人的合作关系,以加强相互间的沟通、协调与合作,达到优化合规和便利化的目的。第二,国际合作。为了保证合规和便利化,各海关当局应当将海关间的合作和伙伴关系拓展至跨境电商领域。

6. 公众关注、推广和能力建设

海关当局应当通过综合知识提升、交流、教育和推广活动等,使消费者、公众和其他利益相关人知晓与跨境电商有关的监管要求、风险及责任。

7. 评估和分析

海关当局应当在和利益相关方紧密合作的情况下同相关政府部门一起,采用与国际统计标准和国家政策一致的方法,精确地捕捉、评估、分析并公布跨境电商的统计数据,为制定合理的决策服务。

8. 采用变革性的技术方法

海关当局通过和其他相关政府机构、私营部门、学术界的合作,探索革命性的技术发展,并思考这些发展是否有助于跨境电商更有效、更高效地管理,以及是否对提高便利性有所贡献。

二、跨境电商适用的各国关税征收标准

跨境电商适用的关税征收标准与普通的进出口贸易差异不大,但由于跨境电商多为低价值、多批量的零售,因此应当尤其关注各国海关关税起征点的差异。关税起征点以下不用缴纳进口关税,关税起征点以上需要根据各国综合关税的构成依法缴纳进口关税。因此,从事跨境电商的企业可按照关税起征点的标准分批进口,以减轻关税负担。

货物通关时,需向海关进行价值申报,海关通过抽查来查验申报价值与货物实际价值

是否相符。近年来,各国海关对货物价值申报采取了更加严格的监管措施来防止出现逃税的情况,如欧盟海关认为质量大于 8 千克的货物,如果申报价值低于 22 欧元,则可能存在申报不符的情况,货物会在海关滞留并要求重新申报,同时自 2011 年 5 月 18 日起,高值货物经过英国转运的,将被征收 20% 的增值税和 4 英镑的高值清关费,税金一律由发件人承担。明显低值申报或零申报的,除了有可能被停止提供物流服务,还有两大风险:一是货物扣关、清关延误,或海关强制退运等,跨境电商企业将承担由此带来的全部损失;二是若出现包裹丢包情况,各快递公司将根据包裹的申报金额进行赔偿,企业将承担由此产生的部分损失。所以,跨境电商企业在邮寄包裹的时候一定要清楚地填写正确、合理、真实的申报价值且各处填写的申报价值应保持一致。表 16-1 列出了部分国家的关税起征点及综合关税构成。

表 16-1 部分国家的关税起征点及综合关税构成

国家	关税起征点	综合关税构成
美国	800 美元	DUTY(进口税)+ADV(清关杂税),DUTY= 货值 × 税率
英国	15 英镑	VAT(增值税)+DUTY+ADV,VAT=(所申报货值 + 运费 + 进口税)× 20%
澳大利亚	1 000 澳元	DUTY+GST(货物服务税)+ADV,GST=(货值 + 运费 + 进口税)× 10%
法国	22 欧元	VAT+DUTY+ADV,VAT=(货值 + 运费 + 进口税)× 19.6%
意大利	22 欧元	VAT+DUTY+ADV,VAT=(货值 + 运费 + 进口税)× 20%,DUTY=(货值 + 运费 × 70%)× 产品税率
德国	22 欧元	VAT+DUTY+ADV,VAT=(货值 + 运费 + 进口税)× 19%,DUTY=(货值 + 运费 × 70%)× 产品税率
日本	130 美元	DUTY+CONSUMPTION TAX(消费税),CONSUMPTION TAX= 货值 × 8%
韩国	100 美元	DUTY+ 附加税,DUTY= 货值 × 8%
俄罗斯	10 000 卢布	根据商品种类适用货值的 5%、10%、15% 和 20% 四档

第二节 我国跨境电商的海关监管与政策

一、海关监管

我国高度重视对跨境电商市场的引导和监管,为适应市场的新形势不断调整相关的海关监管方式和关税制度,实行跨境电商零售进口商品清单,力促跨境电商向规范化、阳光化的方向发展。

1. 海关监管方式

进出口货物海关监管方式是以国际贸易中进出口货物的交易方式为基础,结合海关对进出口货物的征税、统计及监管条件综合设定的海关对进出口货物的管理方式。为适应跨境电商在国内的快速发展,中国海关总署相继增列海关监管方式代码"9610""1210""9710"和"9810"。

(1)跨境贸易电子商务"9610"。

2014年1月24日,海关总署发布《海关总署公告2014年第12号(关于增列海关监管方式代码的公告)》(总署公告〔2014〕12号),该公告中提出为促进跨境贸易电子商务零售进出口业务的发展,方便企业通关,规范海关管理,实现贸易统计,决定增列海关监管方式代码"9610",全称"跨境贸易电子商务",简称"电子商务",采用"清单核放、汇总申报"模式为电子商务零售进出口商品办理通关手续(通过海关特殊监管区域或保税监管场所一线的电子商务零售进出口商品除外)。以"9610"海关监管方式开展电子商务零售进出口业务的电子商务企业、监管场所经营企业、支付企业和物流企业应当按照规定向海关备案,并通过电子商务通关服务平台实时向电子商务通关管理平台传送交易、支付、仓储和物流等数据。经营主体可在网上提交相关电子文件,将货物以邮寄快件的方式分批运送,海关凭清单核放出境,并按照外汇和税务部门要求,向海关申请签发报关单证明联。

在"9610"海关监管方式发布之前,中国跨境电商缺乏有针对性的有效监管方式。灰色通关不仅造成了国家税收的流失,而且导致国内出口的货物无法正常退税。同时,跨境电商的物流成本居高不下,严重影响了中国跨境电商的正常发展和国际竞争力。"9610"海关监管方式针对跨境电商产品种类多、发货零散且频次高的特点,采用"清单核放、汇总申报"的模式办理通关手续,企业可以每21天进行一次申报,节约了企业的报关成本,也提高了海关的工作效率。

(2)保税跨境贸易电子商务"1210"。

跨境电商保税进口1210模式

2014年7月30日,海关总署发布《海关总署公告2014年第57号(关于增列海关监管方式代码的公告)》(总署公告〔2014〕57号),该公告中提出为促进跨境贸易电子商务进出口业务发展、方便企业通关、规范海关管理、实施海关统计,决定增列海关监管方式代码"1210",全称"保税跨境贸易电子商务",简称"保税电商",适用于境内个人或电子商务企业在经海关认证的电子商务平台实现跨境交易,并通过海关特殊监管区域或保税监管场所进出的电子商务零售进出境商品〔海关特殊监管区域、保税监管场所与境内区外(场所外)之间通过电子商务平台交易的零售进出口商品不适用该监管方式〕。此外,"1210"海关监管方式用于进口时,仅限经批准开展跨境贸易电子商务进口试点的海关特殊监管区域和保税物流中心(B型)。以"1210"海关监管方式开展跨境贸易电子商务零售进出口业务的电子商务企业、海关特殊监管区域或保税监管场所内跨境贸易电子商务经营企业、支付企业和物流企业应当按照规定向海关备案，并通过电子商务平台实时传送交易、支付、仓储和物流等数据。

"保税跨境电子商务"模式的特点是"先海外发货到保税仓再有订单"，商品储存在海关监管的保税区仓库，消费者订购的商品可以快速完成通关并且通过国内物流送达消费者手中，极大提高了订单履行速度，优化了消费者的购物体验。对于海关部门而言，"保税跨境贸易电子商务"模式在一定程度上解决了传统通关模式下海关监管的痛点，提高了监管的效率，也有利于跨境电商企业的阳光化、规范化发展。

（3）跨境电子商务企业对企业直接出口"9710"。

2020年6月12日，海关总署发布《海关总署公告2020年第75号（关于开展跨境电子商务企业对企业出口监管试点的公告）》（公告〔2020〕75号）增列海关监管方式代码"9710"，全称"跨境电子商务企业对企业直接出口"，简称"跨境电商B2B直接出口"，适用于跨境电商B2B直接出口的货物。境内企业通过跨境电商平台与境外企业达成交易后，通过跨境物流将货物直接出口送达境外企业，并根据海关要求传输相关电子数据的，按照"9710"代码接受海关监管。

跨境电商企业、跨境电商平台企业、物流企业等参与跨境电商B2B出口业务的境内企业，应当依据海关报关单位注册登记管理有关规定，向所在地海关办理注册登记。

（4）跨境电商海外仓"9810"

2020年6月12日，海关总署发布《海关公告2020年总署第75号（关于开展跨境电子商务企业对企业出口监管试点的公告）》（公告〔2020〕75号）增列海关监管方式代码"9810"，全称"跨境电子商务出口海外仓"，简称"跨境电商出口海外仓"，适用于跨境电商出口海外仓的货物。境内企业将出口货物通过跨境物流送达海外仓，通过跨境电商平台实现交易后从海外仓送达购买者，并根据海关要求传输相关电子数据的，按照"9810"代码接受海关监管。

跨境电商企业、跨境电商平台企业、物流企业等参与跨境电商B2B出口业务的境内企业，应当依据海关报关单位注册登记管理的有关规定，向所在地海关办理注册登记。开展出口海外仓业务的跨境电商企业，还应当在海关开展出口海外仓业务模式备案。

相比其他的物流方式，跨境电商企业通过海外仓将备货前置，可以使商品更快地送达海外消费者，提升物流时效。"9810"海关监管方式支持企业海外仓备货的物流方式发展，从监管方面规范海外仓出口的报关、清关、退税等流程。

2. 零售进口商品清单

2022年，商务部、海关总署等8个部门共同公布了《关于调整跨境电子商务零售进口商品清单的公告》，优化调整《跨境电子商务零售进口商品清单（2019年版）》，清单主要针对国内有一定消费需求，可满足相关部门监管要求且客观上能够以快件、邮件等方式进境的生活消费品，其中包括部分食品饮料、服装鞋帽、家用电器及部分化妆品、纸尿裤、儿童玩具、保温杯等。清单内的商品将免于向海关提交许可证件，检验检疫监督管理按照国家相关法律法规的规定执行；直购商品免于验核通关单，网购保税商品"一线"进区时需按货物验核通关单、"二线"出区时免于验核通关单。

继 2016 年首批清单后，跨境电商正面清单已经经过 4 次调整。此外，2016 年 5 月，《海关总署办公厅关于执行跨境电子商务零售进口新的监管要求有关事宜的通知》显示，过渡期内，在上海、杭州、宁波、郑州、福州、广东、深圳、重庆、天津、平潭 10 个跨境电商试点城市将按照新政之前的监管要求进行监管。网购保税商品"一线"进入海关特殊监管区域或保税物流中心（B型）时暂不核验通关单，暂不执行跨境电商正面清单中关于化妆品、婴幼儿配方奶粉、医疗器械、特殊食品的首次进口许可证、注册或备案要求；对于直购模式，通知也规定，暂不执行正面清单中关于化妆品、婴幼儿配方奶粉、医疗器械、特殊食品的首次进口许可证、注册或备案要求。这一过渡期监管措施将有利于支持跨境电子商务零售进口税收政策平稳过渡，有利于探索适应跨境电子商务零售进口发展特点的监管模式，有利于引导企业积极适应规范的监管要求，促进我国跨境电子商务健康发展。

正面清单

2018 年、2019 年相继放宽进口电商商品种类：2018 年增加了葡萄汽酒、麦芽酿造的啤酒、健身器材等 63 个税目商品；2019 年纳入了冷冻水产品、酒类等 92 个税目商品。2021 年，国务院多次发文就优化跨境电商零售进口清单作出部署。2022 年增加了 29 项近年来消费需求旺盛的商品。

3. 关税制度

关税是一国财政收入的重要来源，也是国家对进出口贸易进行管理的有力手段。为适应跨境电商在中国不同发展阶段的要求，政府制定了行邮税及综合税两种关税制度。

（1）行邮税。

行邮税是行李和邮递物品进口税的简称，是海关对入境旅客行李物品和个人邮递物品征收的进口税。目前，跨境电商采用直邮模式进口的商品适用行邮税。《中华人民共和国进出口关税条例》第五十六条规定：进境物品的关税以及进口环节海关代征税合并为进口税，由海关依法征收。课税对象包括入境旅客、运输工具，服务人员携带的应税行李物品、个人邮递物品、馈赠物品，以及以其他方式入境的个人物品等。行邮税采用从价方式计征，应税进口物品的完税价格由海关以该货物的成交价格为基础审查确定，成交价格不能确定时，完税价格由海关依法估定。根据《中华人民共和国海关法》的规定，进口物品的完税价格包括货物的货价、货物运抵中华人民共和国境内输入地点起卸前的运输及其相关费用、保险费。应纳的进口税税额为应税物品完税价格乘进口税率。

由于行邮税针对非贸易属性的进境物品，并对关税和进口环节的增值税、消费税三税统一征收，总体税费水平远低于一般进出口贸易税。但目前跨境电商零售进口作为一种贸易行为，在直邮进口模式下通过邮寄渠道进境仍按非贸易性质的行邮税标准征税，对一般进出口贸易产生了冲击。为优化税目结构，方便旅客和消费者申报、纳税，提高通关效率，我国自 2016 年 4 月 8 日起实施跨境电子商务零售进口税收政策并调整了行邮税政策，其中税目1主要为最惠国税率为零的商品，税目3主要为征收消费税的高档消费品，其他商品归入税目2。调整后，为保持各税目商品的行邮税税率与同类货物进口综合税率大体一致，税目1、2、3的税率将分别为15%、30%、60%，如表16-2所示。

表16-2 行邮税税率表

税目	适用商品品类	税率
1	书报、刊物、教育用影视材料，计算机、视频摄录一体机、数字照相机等信息技术产品，食品、饮料、金银、家具、玩具、游戏品、节日用品或其他娱乐用品	15%
2	运动用品（不含高尔夫球及球具）、钓鱼用品，纺织品及其制成品，电视、摄像机及其他电器用品，自行车，税目1、3中未包含的其他商品	30%
3	烟、酒，贵重首饰及珠宝玉石，高尔夫及其球具，高档手表，化妆品	60%

（2）综合税。

跨境电子商务零售进口综合税自2016年4月8日税改后开始实施，对通过跨境电商零售进口的商品按照货物来征收进口关税和进口环节产生的增值税、消费税。目前，通过跨境电商保税模式进口的商品适用综合税。2016年3月24日，《财政部 海关总署 税务总局关于跨境电子商务零售进口税收政策的通知》（财关税〔2016〕18号）规定，跨境电子商务零售进口商品的个人作为纳税义务人，实际交易价格〔包括货物零售价格、运费和保险费，一般为商品的到岸价格（cost insurance and freight，CIF）〕作为完税价格，电子商务企业、电子商务交易平台企业或物流企业可作为代收代缴义务人。跨境电子商务零售进口商品购买人（订购人）的身份信息应进行认证；未进行认证的，购买人（订购人）身份信息应与付款人一致。

综合税适用于从其他国家或地区进口的跨境电子商务零售进口商品清单范围内的所有通过与海关联网的电子商务交易平台的商品，能够实现交易、支付、物流电子信息"三单"比对的跨境电子商务零售进口商品，或者未通过与海关联网的电子商务交易平台交易，但快递、邮政企业能够统一提供交易、支付、物流等电子信息并承诺承担相应法律责任进境的跨境电子商务零售进口商品。

在综合税下，跨境电子商务零售进口商品的单次交易限值为人民币2 000元，个人年度交易限值为人民币20 000元。在限值以内进口的跨境电子商务零售进口商品，关税税率暂设为0%；进口环节增值税、消费税暂按法定应纳税额的70%征收，取消免征税额。超过单次限值、累加后超过个人年度限值的单次交易，以及完税价格超过2 000元限值的单个不可分割商品，均按照一般贸易方式全额征税。从2019年1月1日起，跨境电商零售进口产品的单次贸易限值由人民币2 000元上升到5 000元，年度交易限额由人民币20 000元上升到26 000元。跨境电子商务零售进口商品自海关放行之日起30日内退货的，可申请退税，并相应调整个人年度交易总额。

即在限额之内可得

跨境电商综合税额 =（消费税税额 + 增值税税额）× 0.7

= 完税价格 ×（消费税税率 + 增值税税率）/（1 - 消费税税率）× 0.7

其中

消费税税额 =（完税价格 + 关税税额）/（1 - 消费税税率）× 消费税税率

增值税税额 =（完税价格 + 关税 + 消费税）× 增值税税率

关税税额 = 完税价格 × 进口关税税率

超过限额可得

跨境电商综合税额 = 关税税额 + 消费税税额 + 增值税税额

= 完税价格 ×（进口关税税率 + 消费税税率 + 增值税税率 +

进口关税税率 × 增值税税率）/（1 - 消费税税率）

其中

消费税税额 =（完税价格 + 关税税额）/（1 - 消费税税率）× 消费税税率

增值税税额 =（完税价格 + 关税 + 消费税）× 增值税税率

关税税额 = 完税价格 × 进口税税率。

二、政策

国家高度重视和鼓励跨境电子商务的发展，近年来出台了一系列政策促进跨境电子商务的高效化发展，这些政策包括明确跨境电商经营主体、完善跨境支付和收付汇制度、设立跨境电商试点城市和综合试验区、提升贸易便利化水平，以及推动外贸综合服务企业发展等。

1. 经营主体

跨境电商的经营主体，从货物进出境的层面包括跨境出口电商和跨境进口电商。2013年8月21日，国务院办公厅以国办发〔2013〕89号转发商务部等部门出台的《关于实施支持跨境电子商务零售出口有关政策的意见》，该文件中对跨境出口电商经营主体进行了明确的界定，即经营主体分为三类：一是自建跨境电子商务销售平台的电子商务出口企业，二是利用第三方跨境电子商务平台开展电子商务出口的企业，三是为电子商务出口企业提供交易服务的跨境电子商务第三方平台。经营主体要按照现行规定办理注册、备案登记手续。在政策未实施地区注册的电子商务企业可在政策实施地区被确认为经营主体。

2. 跨境支付和收付汇制度

随着中国跨境电商的发展，跨境电商企业和消费者对跨境支付和收付汇提出了更高的要求。《关于实施支持跨境电子商务零售出口有关政策的意见》中提出支持电子商务出口企业正常收结汇，允许经营主体申请设立外汇账户，凭海关报关信息办理货物出口收结汇业务，同时加强对银行和经营主体通过跨境电子商务收结汇的监管。国办发〔2013〕89号文还提出鼓励银行机构和支付机构为跨境电子商务提供支付服务，支付机构办理电子商务外汇资金或人民币资金跨境支付业务，应分别向国家外汇管理局和中国人民银行申请并按照支付机构有关管理政策执行。完善跨境电子支付、清算、结算服务体系，切实加强对银行机构和支付机构跨境支付业务的监管力度。

此外，为了进一步推动跨境电商支付的改革，国家外汇管理局于2015年1月20日发布了《支付机构跨境外汇支付业务试点指导意见》（以下简称《指导意见》），在全国范围内开展支付机构跨境外汇支付业务试点。《指导意见》规定支付机构办理"贸易外汇收支企业名录"登记后可试点开办跨境外汇支付业务，同时将跨境支付的单笔交易限额由1万美元提高至5万美元。《指导意见》允许支付机构集中办理收付和结售汇业务，事后完成交易信息逐笔还原，从而提高支付机构的办理效率，以满足跨境电子商务大量的支付需求。

3. 跨境电子商务试点城市和综合试验区

海关总署组织有关示范城市开展跨境贸易电子商务服务试点工作，为解决目前中国跨境电商发展存在的问题，打造跨境电商完整的产业链和生态链，逐步形成一套适应和引领全球跨境电商发展的管理制度和规则，为推动中国跨境电商健康发展提供可复制、可推广的经验，国家开展跨境电商试点工作，在国内建设跨境电商试点城市和跨境电商综合试验区。

（1）跨境电商试点城市。

我国从2012年开始开展跨境电商试点城市工作，前有上海、杭州、宁波、郑州、重庆、广州、深圳为前驱，后有福州、平潭、天津等，均在国家政策支持下发展跨境电商。从试点城市特点来看，试点城市主要集中在物流集散地、口岸或是产品生产地等。

试点工作主要从两个方面进行创新：一是政策业务创新，探索适应跨境电商发展的管理制度；二是信息化手段创新，依托电子口岸协调机制和平台建设优势，实现口岸相关部门与电商、支付、物流等企业的业务协同及数据共享，解决跨境电子商务存在的问题。部分跨境电商试点城市及其发展经验如表16-3所示。

表16-3 部分跨境电商试点城市及其发展经验

试点城市	发展经验
郑州	率先实行将保税监管模式、邮件监管模式、快件监管模式集合成新的"1210监管模式"，成为海关总署面向全国推广的"郑州蓝本"，对特殊监管区内拟进口的法检货物，预先实施检验，货物实际进口出区时检验检疫机构将不再实施检验，凭借预检验的凭证便可分批核销放行，实现"秒通关"
广州	率先试行跨境电商备案制管理，最大限度降低企业开展跨境电商业务的门槛，开创集展览、供应链整合和促销、采购、宣传为一体的进口直购消费展模式，为跨境电商搭建与普通消费者、进口贸易商、渠道分销商、政府直接沟通的平台
杭州	率先建立电子商务产品质量监管机制，运用云信息、云监管、云服务等手段，探索形成了对网上产品质量进行风险监测、网上抽查、责任追溯、属地查处和信用管理的新型监管方式

(2）跨境电商综合试验区。

跨境电商综合试验区是中国设立的跨境电商综合性质的先行先试的城市区域，旨在跨境电商交易、支付、物流、通关、退税、结汇等环节的技术标准、业务流程、监管模式和信息化建设等方面先行先试，通过制度创新、管理创新、服务创新和协同发展，破解跨境电商发展中的深层次矛盾和体制性难题，打造跨境电商完整的产业链和生态链，逐步形成一套适应和引领全球跨境电商发展的管理制度和规则，为推动中国跨境电商健康发展提供可复制、可推广的经验。

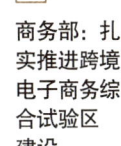

商务部：扎实推进跨境电子商务综合试验区建设

截至2022年年底，全国已设立共计165个跨境电商综合试验区，共分7个批次，详见表16-4。

表16-4 各批次跨境电商综合试验区

批次	获批时间	文件	城市
第1批	2015年3月7日	《国务院关于同意设立中国（杭州）跨境电子商务综合试验区的批复》（国函〔2015〕44号）	杭州市
第2批	2016年1月12日	《国务院关于同意在天津等12个城市设立跨境电子商务综合试验区的批复》（国函〔2016〕17号）	天津市、上海市、重庆市、合肥市、郑州市、广州市、成都市、大连市、宁波市、青岛市、深圳市、苏州市
第3批	2018年7月24日	《国务院关于同意在北京等22个城市设立跨境电子商务综合试验区的批复》（国函〔2018〕93号）	北京市、呼和浩特市、沈阳市、长春市、哈尔滨市、南京市、南昌市、武汉市、长沙市、南宁市、海口市、贵阳市、昆明市、西安市、兰州市、厦门市、唐山市、无锡市、威海市、珠海市、东莞市、义乌市
第4批	2019年12月15日	《国务院关于同意在石家庄等24个城市设立跨境电子商务综合试验区的批复》（国函〔2019〕137号）	石家庄市、太原市、赤峰市、抚顺市、珲春市、绥芬河市、徐州市、南通市、温州市、绍兴市、芜湖市、福州市、泉州市、赣州市、济南市、烟台市、洛阳市、黄石市、岳阳市、汕头市、佛山市、泸州市、海东市、银川市

续表

批次	获批时间	文件	城市
第5批	2020年4月27日	《国务院关于同意在雄安新区等46个城市和地区设立跨境电子商务综合试验区的批复》	雄安新区、大同市、满洲里市、营口市、盘锦市、吉林市、黑河市、常州市、连云港市、淮安市、盐城市、宿迁市、湖州市、嘉兴市、衢州市、台州市、丽水市、安庆市、漳州市、莆田市、龙岩市、九江市、东营市、潍坊市、临沂市、南阳市、宜昌市、湘潭市、郴州市、梅州市、惠州市、中山市、江门市、湛江市、茂名市、肇庆市、崇左市、三亚市、德阳市、绵阳市、遵义市、德宏傣族景颇族自治州、延安市、天水市、西宁市、乌鲁木齐市
第6批	2022年1月22日	《国务院关于同意在鄂尔多斯等27个城市和地区设立跨境电子商务综合试验区的批复》（国函〔2022〕8号）	鄂尔多斯市、扬州市、镇江市、泰州市、金华市、舟山市、马鞍山市、宣城市、景德镇市、上饶市、淄博市、日照市、襄阳市、韶关市、汕尾市、河源市、阳江市、清远市、潮州市、揭阳市、云浮市、南充市、眉山市、红河哈尼族彝族自治州、宝鸡市、喀什地区、阿拉山口市
第7批	2022年11月14日	《国务院关于同意在廊坊等33个城市和地区设立跨境电子商务综合试验区的批复》（国函〔2022〕126号）	廊坊市、沧州市、运城市、包头市、鞍山市、延吉市、同江市、蚌埠市、南平市、宁德市、萍乡市、新余市、宜春市、吉安市、枣庄市、济宁市、泰安市、德州市、聊城市、滨州市、菏泽市、焦作市、许昌市、衡阳市、株洲市、柳州市、贺州市、宜宾市、达州市、铜仁市、大理白族自治州、拉萨市、伊犁哈萨克自治州

国函〔2015〕44号指出将先行试点的中国（杭州）跨境电子商务综合试验区初步探索出的"六大体系、两个平台"等相关政策体系和管理制度向更大范围推广。"六大体系"是指信息共享体系、金融服务体系、智能物流体系、信用保障体系、统计监测体系和风险防范体系。"两个平台"是指线上"单一窗口"和线下综合园区两个平台，实现政府部门间信息互换、监管互认、执法互助，汇聚物流、金融等配套设施和服务，为跨境电商打造完整的产业链和生态圈，以更加便捷高效的新模式释放市场活力，促进企业降成本、增效

益，支撑外贸优进优出、升级发展。

4. 贸易便利化

贸易便利化的基本精神是简化和协调贸易程序，加速贸易过程中各要素跨境的流通。在实践中，各种促进贸易便利化的措施大多体现在通过贸易程序和手续的简化、适用法律和规定的协调、基础设施的标准化和改善等，为国际贸易活动创造一个简化的、协调的、透明的、可预见的环境。

国务院于 2015 年 6 月发布《国务院办公厅关于促进跨境电子商务健康快速发展的指导意见》（国办发〔2015〕46 号），该文件提出旨在最大限度地减少对电子商务市场的行政干预，并且着重提升跨境电子商务通关方面的行政效率，进一步完善跨境电子商务进出境货物、物品管理模式，优化跨境电子商务海关进出口通关作业流程。对跨境电子商务进出口商品采取集中申报、集中查验、集中放行等便利措施，不断加强电子商务领域的国际合作。

政府出台的一系列提高贸易便利化水平的政策有利于促进中国加快建立适应跨境电子商务特点的政策体系和监管体系，提高跨境电子商务贸易各环节的便利化水平，对促进中国跨境电子商务的发展及外贸转型升级都起到了积极的作用。

5. 外贸综合服务

外贸综合服务是指以整合各类环节服务为基础，统一投放给中小外贸企业，主要包括融资、通关、退税，以及物流、保险等对外贸易的必经环节，盈利也来自服务的批发和零售。2013 年 7 月，国务院出台促进外贸发展的"国六条"，其中明确指出支持外贸综合服务企业为中小民营企业出口提供融资、通关、退税等服务。2015 年 6 月，《国务院办公厅关于促进跨境电子商务健康快速发展的指导意见》中再次强调要支持外贸综合服务企业发展，向跨境电子商务外贸综合服务企业提供有效的融资、保险支持。2016 年 9 月，商务部发布的《商务部等 5 部门正式启动外贸综合服务企业试点工作》中提到将中建材国际贸易有限公司、宁波世贸通国际贸易有限公司、厦门嘉晟供应链股份有限公司、广东汇富控股集团股份有限公司纳入外贸综合服务试点企业，以探索有利于外贸综合服务企业发展的管理模式。试点工作将针对外贸综合服务企业特点，按照"稳妥推进、责权对称、风险可控"的原则，着力在创新监管方式等方面先行先试，通过制度创新、管理创新、服务创新和协同发展，逐步形成适应外贸综合服务企业发展的管理模式，为推动外贸综合服务企业健康发展提供可复制、可推广的经验。

本 章 小 结

海关监管与政策对于跨境电商的发展起着至关重要的作用，海关通关监管是指海关运用国家赋予的权力，通过一系列管理制度与管理程序，依法对进出境工具、货物、物品的进出境活动所实施的行政管理。关税是一国财政收入的重要来源，也是国家对进出口贸易进行管理的有力手段。对跨境电商企业而言，关税是其成本构成的重要部分，了解贸易国及本国的关税制度对于企业开展外贸业务及合理避税都有重要意义。各国针对跨境电商都有相关的海关监管与关税制度。中国也出台了"9610""1210"等海关监管代码、零售进口商品清单,以及相应的进出口税率,还有跨境电商试点城市等相关政策支持与规范跨境电商发展。

课后思考题

1. 试分析海关监管对跨境电商发展的影响。
2. 中国在跨境电商的监管方面出台了哪些政策?为支持跨境电商发展进行了哪些有益尝试?

第十七章 跨境电子商务法律与规则体系

本章概要

本章的主题是跨境电子商务法律与规则体系，将从以下 8 个方面进行分析：跨境电子商务征税、网上争议解决、消费者保护、跨境网络安全、跨境个人数据保护与隐私规则、双边自贸协定中的跨境电子商务政策、跨境电子商务法律法规的国际协调及跨境电子商务的法律管辖权。

学习目标

- 掌握跨境电子商务法律与规则体系的主要内容；
- 了解跨境电子商务征税、网上争议解决、消费者保护、跨境网络安全、跨境个人数据保护与隐私规则、双边自贸协定中的跨境电子商务政策、跨境电子商务法律法规的国际协调及跨境电子商务法律管辖权。

思维导图

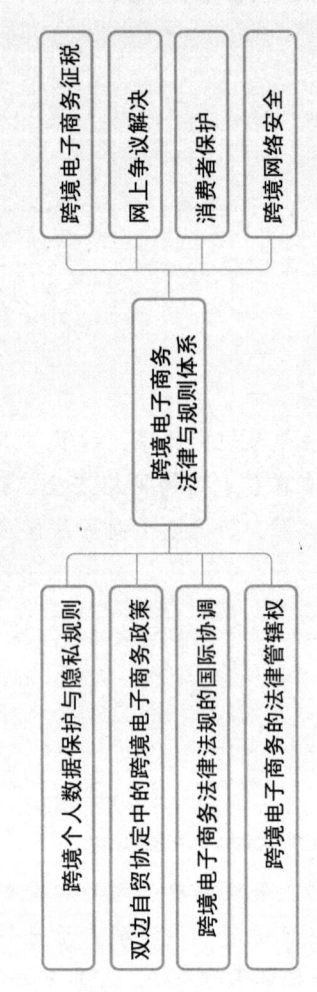

第十七章　跨境电子商务法律与规则体系

商务活动都要受到法律的监管，跨境电子商务是一种特殊形式的交易活动，其买卖双方的利益需要受到法律的保护，交易中产生的冲突也需要法律来解决。跨境电子商务法律与规则体系是由规范跨境电子商务活动的各国法律及国际组织的规则体系共同构成的，具有其特殊性：①不同于传统的商事法律；②不同于国内电子商务法律；③增加了国际组织和区域经济组织的规则体系。

跨境电子商务由于跨越了国境，触碰到了不同国家的电子商务法律与规则体系，涉及各国电子商务法律的协调问题及管辖权问题，比国内电子商务法律法规体系更为复杂，因此这些内容单列一章，进行系统阐述。跨境电子商务法律与规则体系包括但不限于以下主要方面：跨境电商征税、网上争议解决、消费者保护、跨境网络安全、跨境个人数据保护与隐私规则、跨境电子商务的法律管辖权、双边自贸协定中的跨境电子商务政策，以及跨境电子商务法律法规的国际协调问题。

了解跨境电子商务法律与规则体系对跨境电商企业具有重要意义。首先，可以避免由于不遵守东道国法律政策而受到制裁。比如，欧盟一些国家曾以不遵守东道国的数据隐私保护相关法律为由对 Google 处以几十亿欧元的罚款，并责令其在门户网站进行公开道歉。跨境电商企业只有了解各国相关法律政策，才能避免在国外的法律壁垒面前遭受重创。其次，遇到争端能够找到正确的解决方案。通过了解跨境电商法律的管辖权及国际协调机制，跨境电商企业可以在进行跨国经营时，合理规避法律风险，在应诉时援引正确的法律条款。最后，了解并加入相关国际规则体系，主动掌握规则，有利于跨境电商企业在国际竞争中取得本行业的优势。

第一节　跨境电子商务征税

一、跨境电子商务征税的难点

（一）跨境电子商务征税的主要问题

根据跨境电子商务的交易特点，潜在的交易速度和复杂性给征税带来困难。纳税人交易信息电子数据化，账簿和记账凭证是以网上数字信息形式存在的，缺乏凭证，难以操作。跨境电子商务征税的问题主要表现在以下几个方面。

（1）纳税主体难以确定。由于跨境电子商务不同于传统的外贸经营模式，没有常设机构或非独立代理人，通过在连接国际互联网的服务器上维持一个相对固定的网址即可完成整体商业过程，因而很难确定纳税主体。

（2）纳税时间确定困难。现行税法对纳税期限的规定是按月、季、年。而跨境电子商务完成的交易与传统的交易行为在交易方式上存在明显不同，是按现行税法规定来确定电子商务的纳税期限（按月、按季），还是按发生交易当时来确定纳税期限，税务机关无法界定。纳税环节多样化,交易双方可以通过网上订单、网上支付、网上发货的方式进行,瞬间即可完成交易过程,而且交易具有隐匿性,因而纳税环节的准确时间难以判断。

(3)纳税地点难以确认。电子商务交易行为的发生所涉及的买卖双方主体、网上银行、服务器、网络服务商等各方,都可能处于不同的地方。因此,到底是以电子商务机构的所在地或是注册登记地为纳税义务发生地,还是以营业行为发生地为纳税义务发生地,或是以服务器所在地为纳税义务发生地,税务机关在实际工作中难以准确把握。

(二)跨境电子商务征税的其他问题

跨境电子商务征税面临的其他问题有是否对跨境电子商务进行税收优惠、是否对跨境电子商务征收新税等。

(1)跨境电商交易量大、进出口频繁,传统的税收政策不符合跨境电商交易特点,很多国家相关部门制定措施给予税收优惠政策,但是为了与传统一般贸易利益保持平衡,长期高度倾斜跨境保税的政策需要调整。

(2)为了平衡跨境电商交易和一般贸易,有些国家倡导对跨境电商征收增值税。我国对跨境电商征收行邮税,而一般贸易则征收进口关税、增值税、消费税等。同时,对跨境电商征收的增值税税率远低于一般贸易的综合税率,体现出国家对跨境电商的政策扶持。

二、跨境电子商务征税的相关法规

(一)国际通行法规

1. 国际性组织

一些国家或国际性组织已就电子商务税务政策形成了框架协议并确立了相应的原则。1988年5月,世界贸易组织在日内瓦召开了为期3天的互联网商务会议,经过激烈的协商,与会的各方代表就互联网交易征税问题达成一致,即一年内暂时免征网上传输的商品关税。这被称为国际电子商务发展史上的里程碑。但是协议仅限于软件、有偿信息等无形的网上传输的商品,而不适用于采用互联网形式交易但是采用传统方式运输的有形商品。

2. 美国

产品的运输过程中涉及国境征税的管理和控制问题,但如果运输也实现电子化,就很难有效地控制税收。因此,免征税费为互联网的发展降低了成本,有效地促进了网络技术的创新和发展,进一步拓展了跨境电商的发展空间。美国在跨境电商征税方面一直倡导免征关税。此外,美国还积极地与国际组织合作,力求实现跨境电子商务税收问题的全球统一。

3. 欧盟

欧盟在税收方面提倡法律确定性、纳税中立性。1998年,欧盟委员会确立了电子商务征收间接税的征收准则。2000年6月,欧盟委员会提出了新的网上交易增值税议案,规定对欧盟境外的公司,通过互联网向欧盟境内顾客销售货物或提供应税劳务,规定销售额在10万欧元以上的,应在欧盟国家进行增值税纳税登记,并按当地税率缴纳增值税,并逐步建立起完善的电子商务税收管理体系。欧盟的征税规则已被很多国家和地区采纳。

（二）我国相关的法规

1. 进出口税收政策

我国在跨境电商征税方面积极地实施适应电子商务出口的税收政策，主要解决电子商务出口企业无法办理出口退税的问题。2014年，国家出台跨境电商零售进口政策，并进一步制定跨境电商零售进口税收政策。2015年，国务院发布的《国务院关于促进跨境电子商务健康快速发展的指导意见》指出将继续推进出口跨境电商增值税、消费税退税或免税政策。

2. 征税体制

我国借鉴国际上的征税体制，在华北、华东、西南、华南等区域推行电子发票，并已在全国范围内推广，建立与电子工商登记配套的电子商务税收征管体系。但是更完善的征税体系尚在探讨中。通过建立以网络交易平台为中心的控制"信息流"的税收征管模式，以及以银行和第三方支付平台为中心的控制"资金流"的税收征管模式成为趋势。

3. 征税政策调整

我国的税收政策必须从当下电子发票的全方位推行开始，坚持税收中性原则，采用个人所得税的征管方式，对跨境C2C的收入实行超额累进税率的形式，并结合网络数字化、高效化的特色，探索出针对跨境C2C业务的网络税收征管体系。现行的跨境关税政策，对小额的跨境电子商务实行免税的政策，极大地促进了跨境电子商务的发展，但是大额的跨境电子商务交易并没有与之相匹配的跨境关税政策。目前多数跨境电子商务平台为了适应跨境电子商务快速发展的需求都是通过快递小包的形式，以600美元以下标准分散出境，没有正规的报关、报检等手续，出口企业只能取得速递公司的运输单，却无法提供海关出口报关单等合法凭证，因而很多出口商品都无法退税和进行电子商务跨境结汇。对跨境电子商务应该采取扶持策略，征税须暂缓，或实行征税优惠政策，或进行电子征税。

第二节 网上争议解决

一、网上争议解决概况

由于跨境电商环境下交易主体的特殊性和交易方式的灵活性，使跨境电商的争议与传统交易争议的解决方式有很大差别，特别是小额交易的争议问题难以用传统的争议解决方式进行处理，建立公平、合理、公正的跨境电商网上争议解决机制势在必行。网上争议解决就是利用互联网手段，采取在线和解、在线调解、在线仲裁的方式，解决跨境电子商务过程中产生的纠纷。网上争议解决有两大模式：在线和解的计算机自动化处理模式和在线调解、在线仲裁的网络技术加中立第三方模式。前一种模式是跨境电商销售网站一般都会具备的计算机自动化处理方式，争议双方在不知晓对方报价的情况下各自报价，可以大大缩短争议解决的时间，有效降低争议解决的成本和费用。后一种模式是利用现代先进的网络传输技术建立模拟的调解或仲裁场景，除了自动化的处理方式，还需要中立第三方（如调解员或仲裁员）进行引导，促使争议有效解决。

二、联合国国际贸易法委员会网上争议解决机制

由于跨境电商的争议涉及国家之间的政策和法律的差异，导致跨境电商的网上争议解决无法顺利进行。为了解决跨境电商网上争议解决的困难，国际性的组织制定了相应的解决机制。网上争议解决（online dispute resolution，ODR）也称在线争议解决，是指所有网络上由非法庭但公正的第三方来解决企业与消费者之间因电子商务契约产生的争执。其主要特征是程序的在线性、规则的灵活性、信息的机密性和协议的非强制性，同时ODR还具有不排除法院的实体审查、不排除当事人起诉的权利、传统仲裁裁决和法院判决优先的特征。ODR可以采用多种形式进行，主要包括在线谈判、在线调解、在线仲裁、在线消费者投诉处理和在线诉讼。

但ODR也存在很多局限性，如对于大多数不能自动裁决的争议需要考虑跨境的法律法规和法律管辖，而各国的网上争议解决的规定存在差异，为网上争议解决带来困难。另外，网上争议的主体身份难以确定，也给网上争议解决造成一定的阻碍。《中华人民共和国涉外民事关系法律适用法》对确定民事主体资格，认定为自然人适用经常居所地法律，法人则适用登记地法律；《中华人民共和国涉外民事关系法律适用法》第四十一条规定，当事人可以协议选择合同适用的法律。当事人没有选择的，适用履行义务最能体现该合同特征的一方当事人经常居所地法律或者其他与该合同有最密切联系的法律。由此可见，对于涉外电子合同的法律适用，在作出相关限制的同时，我国依然采取了合同自体法原则。ODR网站取得案件管辖权的主要方式是协议管辖，但是ODR网站采取的商业化的运作模式难以保证对ODR的公正性。由于人们对于虚拟环境的不信任，以及ODR程序存在弹性等，在世界范围内仅有为数不多的ODR网站的裁决具有司法强制执行力，远远不能满足跨境电商发展的需求。

三、最新进展

（一）《纽约公约》

联合国国际贸易法委员会（简称贸易法委员会）已于2011年明确提出要努力推动《承认及执行外国仲裁裁决公约》（简称《纽约公约》）关于执行网上仲裁裁定的议定书的订立，希望促成《纽约公约》框架下对网上仲裁协议效力的认可，《纽约公约》也把书面形式作为承认和执行外国仲裁裁决的要件。

（二）《跨境电子商务交易网上争议解决：程序规则草案》

贸易法委员会通过的《跨境电子商务交易网上争议解决：程序规则草案》，目的在于

建立快捷、简易和低费解决低价值跨境争议的渠道。美洲国家组织自 2003 年以来已通过美洲国际私法专门会议审议该问题，希望建立一个"美洲国家网上争议解决平台"，能够统一解决美洲各国之间货物和服务销售的跨境电子商务合同争议，其工作也已进入实质性探讨阶段。

第三节　消费者保护

近年来跨境网络消费者数量激增，消费纠纷也随之产生。在跨境贸易中，由于语言障碍、法律差异、司法管辖等问题，导致消费者维权成本很高；无论是国内消费者还是国外消费者，都面临同样的维权难题，因此建立合理可行的跨境消费者权益保护制度十分迫切。

一、消费者权益保护的内容

跨境电商时代，在线交易的消费者权益保护主要涉及个人数据与隐私的保护、统一适用的退货换货制度、消费者支付款项的安全、消费者网络交易知情权、网上交易消费者权益保护的行政监管和司法诉讼机制。

消费者权益保护的内容包括以下几个方面。①个人数据与隐私的保护：个人数据是指可识别的与特定主体相关的数据，这是对消费者的基础保护。②退换货权利：网络交易的特殊性使得消费者错误购买的概率增大，消费者的权益也是影响消费者退换货权利的因素之一。③交易安全保护：消费者通过网上银行进行交易，存在系统入侵的风险，如消费者账户被篡改、交易支付密码被盗、账户资金被非法划走或莫名丢失等，交易应受到保护。④知情权：包括商家的身份信息，其登记名称、负责人姓名、主营网址和地理位置、联系方式等；商家的信用情况，认证机构的认证及社会团体、社会中介机构对产品或服务质量作出的承诺和保证；与交易相关的信息，商品或服务的性质、种类、价格、付款方式、送货方式、售后服务等；网络通信所采用的方式、所需的费用；争议解决办法及法律依据；等等。

二、消费者权益保护存在的问题

在跨境电子商务环境下，消费者权益受到侵害的现象屡见不鲜，其存在的问题主要有以下几点：一是消费者对于他国法律对产品安全、信息披露等方面的规制和要求不熟悉往往会导致交易失败；二是跨境物流相关的法律法规的滞后性导致了众多消费者权益得不到应有的保障，购买境外商品的消费者无法享受《中华人民共和国消费者权益保护法》新增的网购无理由退货制度；三是侵权者可能会利用网络的虚拟性和高科技性很快地毁灭侵权证据，使消费者和监管者难以掌握证据，因而其侵权行为变得更加难以识别、难以控制；四是消费者保护的国际管辖问题；五是以往国际组织推动消费者权益保护的落脚点放在改善国内立法方面,而直接体现在国际协定内容里的条款较为少见。

三、建立和完善消费者权益保护机制

针对以上提出的跨境电子商务消费者权益保护存在的问题,应从多个方面有针对性地采取相应的措施对网络跨境消费者的权益予以保护。

一是注重保护个人交易数据和隐私安全。对于消费者个人的网上交易数据隐私保护,在现行的消费者权益保护法中还没有明确的规定。在跨境网络交易的有关立法中,规定网络商家应承诺只在所申明的使用目的范围内及消费者本人同意的情形下使用消费者个人资料;未经消费者授权,不得将信息提供给第三人等。二是严格市场准入机制。对从事网络经营的企业进行严格的市场准入限制,在立法上建立详尽的资格认证审核制度,可以通过设立专门的网站,主管网络商店的设立申请及登记、审查和核发网络商店的营业执照。三是维护网络消费者的知情权。应完善网络交易信息披露规则,应出台法律条款规定跨境网络商家有提供产品信息和服务的义务及应达到的要求,如商品介绍使用的语言最好是目标消费者所在国家的主要语言。四是完善国内相关法规,促进国际法规的协调性。例如,我国部分管理性行政规章制度,不仅与以前所立之位阶较高的法律相冲突,且与司法解释相互不协调,造成管理与司法的冲突。各个国家在跨境交易的立法和政策上存在较大差异,即使有些国家设立了关于网络跨境消费者权益保护的法律法规,也存在很多问题,有待完善和优化。

第四节 跨境网络安全

网络安全是保障跨境交易过程的基础,不法分子利用网络进行欺诈,严重损害了消费者的利益。对于开拓海外市场的商家来说,若开拓市场所在国的法律制度和网络系统不安全,则需要在防范网络威胁方面投入较高的成本。了解跨境网络威胁的特点,对跨境网络进行安全防范,可以有效降低跨境电商交易的风险,保证跨境电商健康快速地发展。

一、跨境网络安全的基本内容

跨境网络安全问题包括在跨境电商环境中以互联网为载体的交易和支付安全问题,以及由互联网引起的个人数据和隐私受到侵犯等问题。跨境电商面临的网络安全威胁表现在多个方面:信息在网络的传输过程中被截获、传输的文件被篡改、伪造电子邮件、假冒他人身份、不承认或抵赖已作过的交易等。在跨境电商中网络安全的基本原则应为授权合法性、不可抵赖性、私密性、身份的真实性、信息的完整性、储存信息的安全性。

二、跨境网络安全的预防措施

加强网络和信息核心技术的关键基础设施及数据的安全可控要在总体国家安全观的

统领下做好网络安全工作,各国之间应做好协调工作,建立通行的国际互联网安全防范机制,确保跨境网络的安全。一是要签订安全电子交易协议;二是要加强对网络安全系统的建设和动态监管,增加防火墙、入侵检测系统、公钥基础设施建设,以及数字签名、身份认证、数字时间戳和数字证书等方式;三是要深入开展信息网络安全人员的培训工作,普及网络安全知识,提高网络用户的安全意识。

三、跨境网络安全法律法规

(一)国际相关法规

1. 各国跨境数据流的管理和制约

大规模的政府数据、商业数据和个人数据通过云服务来存储和处理,随着跨境数据流动越来越频繁,各国开始重视跨境数据流动的管制并重点关注政府和公共部门数据的跨境管理。

澳大利亚在联邦个人隐私原则中对"数据的国际流动"进行了规定,要求机构向海外组织或信息主体以外的某人传送信息会受到一定的制约,其在《政府信息外包、离岸存储和处理ICT安排政策与风险管理指南》中规定,为政府部门开发的云服务,属于安全分类的数据不能存储在任何离岸公共云数据库中,应存储在拥有较高级别安全协议的私有云或社区云的数据库中。在美国的外资安全审查机制中,对于国外网络运营商通常会要求其与电信小组签署安全协定,要求其通信基础设施应位于美国境内,将通信数据、交易数据、用户信息等仅存储在美国境内。意大利、匈牙利等国在当地的法律法规中禁止将政府数据存储于国外的IaaS服务提供商处。印度尼西亚在立法中要求提供公共服务的电子系统运营商必须在印度尼西亚境内建立数据中心,交易数据必须存储在境内。韩国《信息通信网络的促进利用与信息保护法》中规定政府可要求信息通信服务的提供商或用户采取必要手段防止任何有关工业、经济、科学、技术等的重要信息通过信息通信网络向国外流动。印度的电信许可协议中要求各类电信企业(包括互联网服务提供商)禁止将用户账户信息、用户个人信息(除了外国用户的漫游信息)转移至境外,否则可能面临吊销许可证的后果。

2. 网络空间安全法律法规

2002年以来,美国通过了近50部与网络空间安全有关的联邦法律,包括《1984年伪造接入设备及计算机欺诈与滥用法》《1986年电子通信隐私法》《1987年计算机安全法》《1995年削减公文法》《1996年信息技术管理改革法》《2002年国土安全法》《2002年网络安全研发法》《2002年电子政务法》《2002年联邦信息安全管理法》等。后来逐步发展出成熟的国家和国际性网络空间安全战略,制定了网络空间安全的三大战略,相关文件有《网络空间安全国家战略》《网络空间国际战略》《网络空间行动战略》。

欧盟网络安全法律法规始于1992年。《信息安全框架决议》掀开了欧盟信息安全立法新的一页,该决议的目标在于给一般用户、行政管理部门和工商业界存储电子信息提供有效而切实的安全保护,进而保护公众的利益。1999年1月25日,欧洲议会和欧盟理事会制定的《关于采取通过打击全球互联网上的非法和有害内容以促进更安全使用互联网的多年度共同体行动计划的第 276 / 1999 / EC 号决定》强调必须安全使用网络，为欧盟介入互联网管制，杜绝种族歧视、分裂主义等非法和有害信息提供法律依据。[①] 自 2003 年欧盟理事会通过《关于建立欧洲网络信息安全文化的决议》起，欧盟已经不满足于仅仅通过技术手段来保障网络与信息安全，而是意识到要向所有利益相关者阐明网络信息安全的责任，通过合作与交流，提高全社会的网络安全意识。2005 年，欧盟掀起了一个信息安全立法的高潮，通过了《打击信息系统犯罪的框架决议》规定的应受到惩罚的犯罪包括三类：非法接触信息系统、非法进行系统干扰、非法进行数据干扰。2007 年，欧盟正式通过了《关于建立欧洲信息安全社会战略的决议》，标志着欧盟已经将区域的信息安全提升到社会形态的高度，要求在全社会实现网络和信息系统的规制，以保障信息网络系统的安全。欧盟于 2016 年通过关于网络安全的第一部综合性立法——《网络和信息系统安全指令》（简称《NIS 指令》）。2023 年，《关于在欧盟全境实现高度统一网络安全措施的指令》（简称《NIS 2 指令》）正式生效。《NIS 2 指令》主要在增强监管和执法力度、加强欧盟成员国合作和网络安全风险管理等方面对《NIS 指令》进行了更新。

（二）我国相关的法律法规

我国有关计算机和网络安全方面的法规有《计算机软件保护条例》《中华人民共和国计算机信息系统安全保护条例》。《中华人民共和国刑法》中第一次增加"计算机犯罪"的罪名。2011 年，国务院公布了《互联网信息服务管理办法》。2016 年，国务院审议并通过了《中华人民共和国电信条例》，规范电信市场秩序，加强对互联网内容服务的监督管理，维护国家安全、社会稳定和公共秩序。2016 年出台的《中华人民共和国网络安全法》是我国第一部全面规范网络空间安全管理方面问题的基础性法律，是我国网络空间法治建设的重要里程碑，是依法治网、化解网络风险的法律重器，是让互联网在法治轨道上健康运行的重要保障。2022 年出台的《中华人民共和国反电信网络诈骗法》是为了预防、遏制和惩治电信网络诈骗活动，加强反电信网络诈骗工作，保护公民和组织的合法权益，维护国家安全和社会稳定，是根据宪法制定的法规。

第五节　跨境个人数据保护与隐私规则

一、跨境个人数据保护与隐私规则的基本内容

（一）范畴

传统的隐私权主要是指自然人（非法人）在以下三个方面享受被保护的权利，即个人

---

① 郭春涛，2009. 欧盟信息网络安全法律规制及其借鉴意义 [J]. 信息网络安全（8）：27-30.

信息、个人行为自由和个人空间。随着计算机技术和互联网的广泛应用，个人隐私更多表现为网络上的个人数据，数据隐私于是体现为三个新的方面，即个人数据、网络浏览踪迹、个人邮箱及网络空间。电子商务需要收集、利用、加工、传输消费者的个人数据，在网页上抓取消费者的浏览踪迹，给消费者的电子邮箱发送广告邮件，因此涉及数据隐私保护问题，具体分析如下。

首先，对于个人数据。消费者对于个人数据何时被收集、怎么收集、收集的内容拥有知情权，即电商应在网站显眼的位置公布其隐私政策，写明关于个人数据利用、加工、传输的相关政策，不得未经数据主体同意向第三方泄露其个人数据，由于商业需求向第三方传输个人数据时，应采取合理的手段保证数据接收方给予数据主体相当的保护。其次，对于网络浏览踪迹。利用一些软件如cookie，电商网站可以抓取到消费者的浏览路径，推测其购买喜好，实时地向其推销相关产品。有的消费者不喜欢自己的浏览路径被跟踪，拒绝软件对自己进行定位，电商企业应尊重消费者的隐私权利。最后，对于个人网络空间。个人拥有网络空间不被打扰的权利。垃圾邮件充斥个人邮箱、广告信息侵扰个人网络空间就是侵犯个人隐私的行为，电商企业不应给消费者滥发广告邮件，并且应给予消费者选择退订广告邮件的权利。

跨境电子商务的隐私保护在电子商务隐私保护的基础上多了一些特殊性，即电商企业应该对国外消费者的个人数据进行保护，未经国外消费者允许不能随意抓取其浏览踪迹，不给国外消费者滥发广告邮件；向国外第三方传输个人数据时应保证数据接收方给予同等的保护。然而，跨境电子商务的隐私保护问题不仅涉及消费者的不同国籍问题，而且还涉及不同国家的法律体系，因此需考虑法律管辖的问题及国际协调问题。另外，还有一些国际经济组织针对跨境电商隐私保护出台了指导文件，创建了隐私规则体系，跨境电商企业也需要了解。

（二）主要保护模式

各国的隐私保护模式主要有两大类：以欧盟为代表的法律规制模式和以美国为代表的行业自律模式。

1. 法律规制模式

采取法律规制模式的国家主要通过颁布法律、严格执法程序来实现对数据隐私的保护。到目前为止，世界上已经有几十个国家和地区颁布了数据隐私保护法律，如欧盟的《通用数据保护条例》、日本的《个人信息保护法》、加拿大的《个人信息保护与电子文件法》等。采用法律规制模式的国家主要以法律监管措施来规范电商企业的隐私保护行为，通过罚款、强制执行等手段对电商企业产生震慑力。

2. 行业自律模式

采取行业自律模式的国家通常是市场经济发达的国家，重视市场调节手段，弱化政府干预力度。美国有很多不同类型的行业自律组织：倡议性隐私保护自律组织（如网络隐私联盟）、个人隐私保护认证组织（如TRUSTe和BBBonline），以及行业协会。

在美国，行业组织主要通过对电商企业的隐私保护政策进行审核，并在其网站张贴隐私保护信赖标志的形式，引导消费者购物，以市场的力量促使电商企业提高隐私保护标准。

两种模式各有利弊，并且出现了融合的趋势。美国已经修订并颁布了十多部法律来保护数据隐私安全，而欧盟也开始采用企业自愿认证的行业自律模式。总体来说，采取行业自律模式的国家电子商务发展水平较高，而采取法律规制模式的国家对电商企业的束缚较多，略显活力不足。

（三）国际数据隐私保护规则体系

由于跨境个人数据保护涉及不同国家法律政策的协调问题，而不是单个国家可以解决的，因此不少区域经济组织或国际经济组织纷纷出台了相关的指南和框架，还构建了区域的跨境隐私规则体系。

经济合作与发展组织（Organization for Economic Co-operation and Development，OECD）颁布的相关法律文件包括：1980年OECD出台的《隐私保护与个人数据跨境流动指南》、1981年欧洲理事会出台的《与个人数据自动加工相关的隐私保护公约》、1990年联合国出台的《关于计算机数据文件处理的指南》、1995年欧盟委员会发布的《个人数据保护指令》，以及2004年亚太经济合作组织（Asia-Pacific Economic Cooperation，APEC）推出的隐私框架。在这些法律文件中，只有欧盟的指令具有法律效力，欧洲理事会的公约对签约国有效。

规则体系目前有两个，即欧盟的约束性公司规则（binding corporate rules，BCR）与APEC的跨境隐私规则（cross-border privacy rules，CBPR）。两个规则都以企业自愿申请为前提，对符合隐私保护标准的企业进行认证。规则体系结合了行业自律和法律监管的要素，获得认证的企业将继续受到规则体系的监管，并能够在区域内获得较大的竞争优势。

二、跨境个人数据保护与隐私规则的重要性

了解和掌握跨境个人数据保护与隐私规则对于跨境电商企业具有非常重要的意义。

首先，数据隐私保护是信息时代的核心商业规则。电子商务帝国的构建离不开消费者的个人信息。一个电商企业拥有的网上消费者数量越多，占有的市场份额就越大。在电商世界，个人数据是商业成功的法宝，在跨境电子商务中，拥有国外消费者的个人数据也是海外业务成功的保证。隐私保护不是电商企业吸引消费者的充分条件，但一定是留住消费者的必要条件。国外许多实证研究表明，隐私保护水平与消费者在该网站的购物意愿成正比。

其次，数据隐私规则体系可能成为跨境电商的新壁垒。为了保护信息时代的数据隐私，世界上已有几十个国家和地区颁布了自己的隐私保护法律，其中欧盟的保护力度最高。近来，欧盟已经频频对Google等跨境电商巨头发起指控和处罚，要求其对欧盟居民执行"被遗忘权"。类似于外贸中常见的反倾销调查、知识产权保护及其他技术标准，隐私保护规则很可能成为一个新的贸易壁垒，将对跨境电商的发展产生重要影响。

三、跨境个人数据保护与隐私规则的主要问题

跨境个人数据保护与隐私规则尚未解决的问题主要有以下四个。

一是法律水平差别问题。虽然世界上已经有几十个国家（尤其是发达国家）颁布了自己的个人数据保护法律，但是仍然有不少国家在这方面基本空白。在已经对个人数据进行立法保护的国家中，保护程度和立法严格程度也存在很大差别，比如欧盟的数据保护法律最严格，而有些国家只有一个法律框架，缺乏执法力度。不同国家数据保护水平的差异给跨境电商的发展带来了很多困难，因为保护水平高的国家会禁止将本国居民的个人信息输出到保护水平低的国家，这对跨境电商的发展造成了障碍。

二是国际协调问题。由于各国隐私保护法律的范畴、标准、原则、执法有所区别，而且跨境隐私保护执法也需要各国隐私保护部门的配合，因此需要建立国际协调机制。目前，鉴于各国分而治之，还没有完善的国际协调机制，一些区域经济组织建立的隐私规则体系对此做了有益的尝试。比如 APEC 的 CBPR 要求申请国必须至少有一个隐私保护执法机构加入"跨境执法安排"，在发生跨境隐私保护案件时与其他国家的隐私保护执法机构合作执法。

三是管辖权问题。由于跨境电子商务跨越了国界，因此会产生法律的适用问题。目前法律界有以下几种观点：适用电商企业所在国的法律、适用利益受到损害的消费者所在国法律、适用购买行为发生地的法律，以及适用服务器所在国法律等，有待学者和专家研究制定一个统一的标准。

四是全球隐私规则体系问题。由于各国隐私保护法律存在很大区别，最终还需要建立一个全球隐私规则体系，构建统一的隐私保护标准，把全球自愿加入并符合标准的跨境电商企业纳入体系中，以促进个人数据在全球范围内无障碍流动。目前已有的两个区域性隐私规则体系——欧盟的 BCR 和 APEC 的 CBPR，但其影响力还不够大。这两个规则体系正在讨论联手的可能性，有望成为全球隐私规则体系的雏形。

第六节 双边自贸协定中的跨境电子商务政策

随着电子商务的应用日益广泛，跨境电商已经成为双边自贸协定中必不可少的主题。双边自贸协定中关于跨境电商政策的规定，很大程度上都遵循消除跨境电商贸易壁垒和促进电子贸易繁荣的原则。双边自贸协定的跨境电商政策主要涉及以下几个方面的问题。

一、电子贸易的非歧视问题

双边自贸协定为促进跨境电商的发展，规定不得歧视电子贸易形式及数字产品。例如，澳美自贸协定规定不得对数字产品征收关税，不得歧视采用电子贸易形式的数字产品（在线音频产品与刻在光盘上的音频产品不应采用不同的收税标准）。不得歧视以电子贸易形式交易的商品，如用电子邮件发送的建筑设计图与通过传统邮寄形式发送的建筑设计

图不应采取不同的收税标准。

二、数字认证问题

数字经济与实体经济融合

双方政府应努力促成政府签发的数字证书的互认。例如，在证书互认的情况下，澳大利亚企业就可以直接在网上向美国政府机构办理数字产品的报关手续。通过网络提交的报关单据应视为与纸质单据具有同等效力。关于数字认证的合法性，双边自贸协定还规定，任何一方都不得以法律形式阻止电子交易双方采用适当的数字真实性认证方式；也不得剥夺电子交易双方在法庭上证明电子交易真实性的机会。双方应鼓励数字证书在商业领域的互认。

三、关税问题

跨境电商属于新兴的业态，政府通常对它采取免税的措施以促进其发展。双边自贸协定规定，无论是附着在物理媒介上还是通过网络传送的数字产品，双方政府都不得对其征收进口或出口关税。

四、消费者保护问题

促进跨境电商的同时，双边自贸协定也不忘强调对双方消费者的保护。双边自贸协定通常规定，应采取透明有效的措施来保护消费者的权益，使之在参与电子商务时免受欺诈。在制定个人数据保护标准时，双方应尽可能参照国际标准和相关国际组织的标准。

五、无纸化管理问题

双方政府部门应努力推进无纸化办公，并向公众公开电子表格。贸易监管部门应承认电子单据与纸质单据具有同等效力。双方应在无纸化管理上积极合作，扩大对贸易管理电子单据的接受程度。

第七节 跨境电子商务法律法规的国际协调

由于跨境电商的业务是通过互联网在全球范围内展开的，涉及不同的国家和地区，一旦发生纠纷，不太容易得到解决。在跨境电商方面，各国的相关法律法规有很大的区别，国与国之间的协调机制尚未建立，网上争议解决规则还不规范。一些主要的国际组织意识到了这个问题，从不同方面为跨境电商法律法规的国际协调做出了各自的贡献。

一、联合国

贸易法委员会于1966年成立，并一直致力于推动跨境电商法律法规政策的制定，为这种特殊的国际贸易形式保驾护航。早在20世纪90年代初，贸易法委员会就在推动电子数据交换的建设，有力地促进了国际贸易无纸化的发展。从20世纪90年代末至今，又在讨论电子可转让记录的规范问题。2010年，针对跨境电商在世界范围内蓬勃发展的状况，贸易法委员会决定成立专门的工作组来制定与跨境电商相关的网上争议解决规则。

2015年2月，ODR工作组在纽约召开了第31次会议，重点讨论了网上争议解决规则的草案，中国作为成员之一参加了会议。贸易法委员会网上争议解决规则旨在为价值低、数量大的跨境电商交易提供方便快捷、成本效益高的争议解决程序；旨在为跨境电商交易营造安全、可预测的法律环境，以确保交易者对网络市场抱有信心；旨在推动中小微企业通过电子商务和移动电子商务手段进入国际市场。

联合国贸易和发展会议（简称贸发会议）和中国丝路集团有限公司（简称丝路集团）于2019年7月10日在日内瓦签署合作协议，双方将共同开发适用于跨境电商的网上争议解决方案，利用区块链技术为跨境电商搭建存证、举证平台，从而降低争议仲裁难度，并更加有效地保护消费者权益。其中，丝路集团将提供区块链技术等方案所需的技术支持，而贸发会议则提供相应的法律支持等。

2021年2月21日，由联合国亚洲及太平洋经济社会委员会（简称亚太经社会）倡导发起的《亚洲及太平洋跨境无纸贸易便利化框架协定》（简称《协定》）正式生效。《协定》是联合国框架下跨境无纸贸易领域的第一个多边协定，涵盖国家贸易便利化政策框架和有利的国内法律环境、跨境无纸贸易便利化和发展单一窗口系统、电子形式贸易数据和文件的跨境互认、电子形式贸易数据和文件交换的国际标准，以及相关行动计划、能力建设、试点项目和经验交流等内容。①

二、OECD

人类已进入数字经济时代

OECD成立于1961年，是由34个市场经济国家和地区组成的政府间国际经济组织，旨在共同应对全球化带来的经济、社会和政府治理等方面的挑战，并把握全球化带来的机遇。

OECD是较早关注数字经济的国际经济组织，成立了OECD数字经济政策委员会（OECD's Committee for Digital Economy Policy），重点关注三个方面，即电子商务的信任问题、大数据和知识经济、互联网政策与治理。

电子商务的信任问题即个人信息保护问题，只有对个人信息采取恰当的保护措施，网络消费者才会建立起对电子商务的信任。早在1980年，OECD就出台了《隐私保护与个人数据跨境流动指南》，成为个人数据保护立法的蓝本，对欧盟1995年发布的《个人数据保护指令》具有重要影响。2007年，OECD发布了一份隐私保护执法跨境合作建议（Recommendation of the Council on Cross-border Co-operation in the Enforcement of Laws Protecting Privacy），得到了成员政府的积极响应，取得了很大的进步，尤其是2010年由隐私执法机构推出了新的国际合作网络，成效显著。2013年，OECD修订了《隐私保护与个人数据跨国流通指南》。

---

① https://www.gov.cn/xinwen/2021-02/21/content_5588057.htm.（2021-02-21）［2023-10-30］．

在大数据和知识经济方面，OECD一直努力推动大数据分析的创新和发展，为成员最大化利用数字经济的福利并且最小化相关风险提供政策指导。

在互联网政策与治理方面，OECD的长期工作目标之一是帮助政府制定刺激数字经济发展、造福全社会的政策。OECD出台了《互联网政策制定原则建议》，旨在保护隐私、互联网安全、知识产权、信息自由流动，以及在加强国际合作的基础上保持互联网的开放性。从2006年开始，OECD数字经济政策委员会每年都举办关于互联网政策与治理的高端会议，议题广泛，涉及信息基础建设、信息安全、隐私保护、知识产权、国家域名等，对一国的社会、经济和安全政策都有启示意义。

三、APEC

APEC是亚太地区最具影响力的经济合作官方论坛，共有21个正式成员和3个观察员。APEC主要讨论与全球及区域经济有关的议题，如促进全球多边贸易体制，实施亚太地区贸易投资自由化和便利化，推动金融稳定和改革，开展经济技术合作等。

APEC很关注区域内电子商务的发展和合作，专门设有电子商务指导组（Electronic Commerce Steering Group），下设无纸化贸易分组（Paperless Trading Subgroup）和数据隐私分组（Data Privacy Subgroup）。无纸化贸易分组积极推动区域内国际贸易电子化，先后就电子原产地证书、电子商务谈判、电子发票、电子卫生和植物检疫证书、电子提单、电子舱单、电子单据归档及电子贸易金融等问题进行研讨，制定了相关标准和文件，促进了亚太地区电子商务的协同发展。

数据隐私分组于2003年成立，致力于在保障区域内个人数据保护水平的基础上推动个人数据的自由流动。数据隐私分组于2004年推出隐私框架，经部长级会议签字认可；之后研究制定了能够落实隐私框架并具有可操作性的隐私规则体系——CBPR，从2012年开始接纳符合规则要求的成员。2012年12月，数据隐私分组和欧盟第29条工作会联合成立了一个工作组，讨论APEC的CBPR与欧盟的BCR规则体系之间的对接问题。2015年1月，APEC通过了数据加工企业的隐私认证项目，并启动纳新认证工作。数据隐私分组的工作主要是运用行业自律认证来促进企业提高数据隐私保护标准，最终实现亚太地区甚至欧盟地区个人数据的自由流动。2019年8月，APEC经济委员会经过多轮讨论，审议通过了《APEC跨境电商（B2B）在线争端解决合作框架》及《示范程序规则》。①

四、国际商会

国际商会是为世界商业服务的非政府间组织，是联合国等政府间组织的咨询机构。国际商会于1919年在美国发起，1920年正式成立，其总部设在法国巴黎。由于国际商会的成员公司和协会本身从事国际商业活动，因此它所制定用以规范国际商业合作的规章，如《托收统一规则》《跟单信用证统一惯例》《国际贸易术语解释通则》等被广泛地应用于国际贸易，并成为国际贸易不可缺少的一部分。国际商会下属的国际仲裁法庭是全球最高的

---

① https://www.ndrc.gov.cn/fggz/jjmy/dwjmjzcfx/202005/t20200529_1229383.html.［2021-05-29］（2023-10-30）.

仲裁机构，它为解决国际贸易争议起着重大的作用。

随着数字经济的到来，电子商务正在对国际贸易产生深刻的影响，国际商会成立了数字经济委员会（The Commission on the Digital Economy），开始研究制定相关的规则政策。数字经济委员会主要在以下三个方面进行了国际协调工作：互联网与电信、隐私与个人数据保护、网络安全。在互联网与电信方面，国际商会努力推动会员所在国政府加大电信基础设施建设，降低电信企业成本，为电子商务的发展建立良好的基础；引导企业经营管理实现透明化，提高诚信度，保证域名体系的安全和稳定。

在隐私与个人数据保护方面，国际商会针对欧盟保护跨境传输个人数据的标准合同条款（Standard Contractual Clauses，SCC）提出了合同范本，并针对欧盟 BCR 的申请制作了标准表格；对欧盟出台的《通用数据保护条例》（General Data Protection Regulations）发表意见；密切关注 APEC CBPR 的具体内容和进展情况；引导没有隐私保护法律的国家尽早立法，以提升电子商务领域消费者的信心。

在网络安全方面，数字经济委员会发布了《国际商会网络安全指南》，给企业信息技术部经理们提供实用的网络安全实践指导。国际商会是全球网络专家论坛的创始成员，来自世界各地的网络专家在此交流经验，促进全球网络应用水平的提高。

第八节 跨境电子商务的法律管辖权

一、传统的商务合同管辖权

传统的买卖合同存在四种管辖基础。①原告就被告原则——以被告住所地的人民法院为诉讼管辖法院，该原则在消费合同管辖中依然适用，它是确定民商事管辖的最主要依据。②协议管辖优先——商家和消费者如果签订了有效协议来选择管辖法院，则纠纷发生后在双方选择的法院地诉讼。协议管辖条款在消费合同中一般是由商品或服务提供者提供的。③合同履行地管辖——有关合同的案件，可以由债务履行地法院管辖。消费合同作为合同的一种，也同样可由合同履行地法院管辖。④消费者原地管辖——在消费合同中，消费者一方无论是在资源占有还是在经济实力上都处于劣势地位，因此各国都在法律上对消费者进行倾斜性规定以保护消费者利益。在消费者对合同另一方提起诉讼时，允许消费者在另一方住所地法院或在消费者本人住所地法院进行。在以上四种管辖基础中，协议管辖优先适用，消费者原地管辖次之，然后才适用原告就被告原则，最后是合同履行地管辖。

二、跨境电子商务对传统管辖权提出的挑战

跨境电子商务对传统的法律管辖权提出了挑战，具体有以下几个方面。

（1）原告就被告原则的难点在于，识别合同当事人身份及当事人所在地在目前的技术条件下仍是棘手的问题。

（2）协议管辖的最大挑战是协议管辖条款的效力问题。在网络环境下，一般为在线的格式合同，由于技术限制，消费者除了完全接受格式合同别无选择。况且该在线合同在消费者点选"我同意"后即进入下一界面，消费者难以保存该电子合同，使得该合同在诉讼中作为证据使用的难度增大。

（3）合同履行地很难判断。例如，某家网站提供在线电影收费观看服务，而此在线电影网站服务器很可能不在商家所在国，可能是租用的他国服务器，甚至可能连商家也不知道他租用的服务器真实所在国家，此时合同履行地点就无法判断。

（4）消费者原地有时也难以判断。商家在网络环境下，面对浩渺的商业信息，也难以全面掌控各种信息资源。并且电子商务是背对背的交易，商家不可能具有足够精力、技术来查明与其交易的消费者的真实信息，因此，其面对的消费者可能处于世界上任何一个角落，此种情况下坚持适用消费者原地管辖，则把商家推入全世界被诉的巨大风险中。

三、跨境电子商务管辖权的探索

电子商务是新兴领域，国际上有关电子商务消费合同管辖理论和实践尚处于起步阶段，还未构建出完整的理论体系，各国的立法也基本属于空白。《民商事管辖权及判决承认与执行条例》（又称《布鲁塞尔条例》）中涉及电子商务消费合同管辖的规定成为世界上关于电子商务管辖的第一部相关立法，对各国具有示范与借鉴意义。而海牙国际私法会议是最为重要和最富影响的从事国际统一私法的国际组织，为适应经济全球化的趋势，海牙国际私法会议正将关注的目光转向商法领域，于1971年通过了《民商事案件外国判决的承认和执行公约》《海牙公约》，开始致力于研究电子商务等新课题。

（一）欧盟电子商务消费合同管辖权的探索

1968年，法国、联邦德国、意大利、比利时、荷兰、卢森堡在布鲁塞尔签订了《关于民商法案件的管辖权及判决承认与执行公约》（《布鲁塞尔公约》），《布鲁塞尔公约》于1988年以《关于民商事管辖权和判决承认的卢加诺公约》（《卢加诺公约》）的形式将其主要规则扩展到欧洲自由贸易区。《卢加诺公约》确立了原地管辖规则，规定消费者对合同另一方提起诉讼，可在另一方住所地缔约国法院或在消费者本人住所地缔约国法院进行；消费合同另一方提出诉讼需在消费者住所地缔约国法院进行。《卢加诺公约》还对启动原地管辖规则规定了两项条件：一是在消费者住所地所在国，合同缔结前曾收到向其发出的明确特定的邀请或广告；二是消费者在该国采取了缔结合同的必要步骤。

随着科学技术的飞跃发展，贸易活动的不断演变，新的商务活动方式不断涌现，《卢加诺公约》不能有力解决电子商务问题，因此，欧盟于2000年通过了《布鲁塞尔条例》。《布鲁塞尔条例》将《卢加诺公约》规定的适用原地管辖的两项条件修改为：合同是与此类当事人缔结的所有其他情形包括消费者与其所居住的缔约国从事商业或职业活动的相对方订立的合同，或者与通过其他方式将其商业或职业活动指向该缔约国的相对方订立，且合同属于这些活动的范围。

（二）海牙国际私法会议对电子商务消费合同管辖权的探索

海牙国际私法会议是1893年成立的一个国际组织，于成立之初便将统一管辖权规则、建立国家间判决承认与执行机制作为任务之一。鉴于《海牙公约》的适用和影响范围有限，该组织于2005年通过了《选择法院协议公约》。由于各国现有的管辖权规则存在广泛差异以及互联网的发展对管辖权规则带来的巨大冲击，因此该公约以统一欧洲共同体和美国之间在民商事案件管辖权规则以及法院判决承认与执行方面的分歧为主要目的。在该公约的起草过程中，消费合同管辖问题始终是讨论的焦点。

《选择法院协议公约》在讨论并制定的几个草案中，一开始在消费合同管辖问题上借鉴了《卢加诺公约》的规定，确立了消费者原地管辖原则。其规定与《布鲁塞尔条例》有一些区别，如坚持消费者在其住所地采取"必要步骤"作为适用原地管辖的条件之一。这一规定使电子商务中的消费者难以适从，因为在互联网环境下，消费者进行交易时其自身真实所在地很难确认，在目前技术条件下无从判断消费者是否采取了必要步骤。其后，草案摒弃了过时的消费者采取"必要步骤"的要求，而主要根据商家将其商业活动指向消费者惯常居住地所在国，使消费者惯常居住地所在国享有管辖权。而且还规定，如果商家一方能够证明其采取了合理步骤来避免同惯常居住地在某国的消费者缔结合同，则商家行为不被看作指向该国。此项建议试图保护那些采取一定措施来避免受某特定国家管辖的商家。因为在商务实践中，已有企业通过网站声明其将不与某一国家居民进行交易，所以根据这一规定，此类企业将不接受网站声明地区法院的管辖。

本 章 小 结

商务活动都要受到法律的监管，跨境电子商务是一种特殊形式的交易活动，其买卖双方的利益需要受到法律的保护，交易中产生的冲突也需要法律来解决。跨境电子商务法律与规则体系是由规范跨境电子商务活动的各国法律及国际组织的规则体系共同构成的，包括但不限于以下方面：跨境电商征税、网上争议解决、消费者保护、跨境网络安全、跨境数据保护与隐私规则、双边自贸协定中关于跨境电商的规定、跨境法律法规国际协调及跨境电子商务法律管辖权。了解跨境电子商务法律与规则体系对于跨境电商企业具有重要意义。首先，可以避免由于不遵守东道国法律政策而受到制裁；其次，遇到争端能够找到正确的解决通道；最后，了解并加入相关国际规则体系，主动掌握规则，有利于跨境电商企业在国际竞争中取得本行业的优势。

试述跨境电子商务法律与规则体系的主要内容。

参 考 文 献

白红平,2008.电子商务消费合同管辖权规则的选择［J］.生产力研究（11）：68-70.

陈剑玲,2012.论消费者跨境电子商务争议的解决［J］.首都师范大学学报（社会科学版）（2）：154-156.

戴振华,2015.论国际数字产品贸易的关税问题［J］.理论观察（8）：85-86.

龚裕富,2017.跨境电商B2B出口业务发展研究：以杭州跨境电商综试区为例［D］.杭州：浙江大学.

鞠晔,2014.电子商务ODR争议解决机制研究［J］.商业经济（11）：65-67.

李婵玉,2015.跨境电子商务背景下的物流模式选择研究［D］.南昌：南昌大学.

李鹏博,2015.揭秘跨境电商［M］.北京：电子工业出版社.

李瑛,2015.跨境电商对传统国际贸易的影响［J］.现代经济信息（21）：130；152.

速卖通大学,2016.跨境电商数据化管理：阿里巴巴速卖通宝典［M］.北京：电子工业出版社.

速卖通大学,2016.跨境电商物流：阿里巴巴速卖通宝典［M］.北京：电子工业出版社.

速卖通大学,2016.跨境电商营销：阿里巴巴速卖通宝典［M］.北京：电子工业出版社.

王健,2002.电子商务导论：商务角度［M］.北京：对外经济贸易大学出版社.

王健,2015.跨境电子商务基础［M］.北京：中国商务出版社.

王军海,2018.跨境电子商务支付与结算［M］.北京：人民邮电出版社.

王香怡,杨蒟,2017.中国跨境电商试验区发展现状与经验：以广州跨境电商综合试验区为例［J］.对外经贸（9）：91-92.

魏浩,涂悦,2023.中国跨境电商零售进口：发展特点、存在问题与政策建议［J］.国际贸易（4）：31-39.

熊斌,邓彬彬,2015.揭秘外贸综合服务［M］.北京：团结出版社.

薛源,2014.跨境电子商务交易全球性网上争议解决体系的构建［J］.国际商务（对外经济贸易大学学报）（4）：95-103.

赵钧天,2020.跨境电子商务争议解决机制研究［D］.北京：中国社会科学研究生院.

HORNLE J,2009. Cross-Border Internet Dispute Resolution［M］. Cambridge：Cambridge University Press.